普通高等教育旅游管理专业系列教材

旅游服务礼仪

第 3 版

主　编　杨晓星　李雨轩
副主编　王宁宁　李　超
参　编　吴静雅　刘　军

机械工业出版社

本书从礼仪的基本知识入手，有针对性地介绍了对旅游从业人员的基本礼仪要求，重点对酒店服务礼仪、旅行社服务礼仪、旅游景区服务礼仪做了详细介绍；同时，考虑到涉外旅游交流的需要，还介绍了国际交往礼仪及相关涉外礼仪知识，这将有助于提高旅游从业人员的专业素质。

本书秉承理论与实践高度结合，突出技能操作的应用型人才教育理念，每章安排了案例导读和学习目标。本书从结构体例上重点突出了服务礼仪的可操作性，设置了拓展训练；同时，为了增强可读性，扩大学生的视野，还设置了案例分析、知识拓展等内容，力求从内容到形式都契合旅游管理专业与酒店管理专业的特点，同时突出实用性和针对性，具有较强的可操作性，以增强学生讲究礼仪的自觉性，满足旅游服务工作的需要。

本书可作为普通高等院校酒店管理专业、旅游管理专业的教材，也可作为相关从业人员的业务培训教材和自学参考书。

图书在版编目（CIP）数据

旅游服务礼仪/杨晓星，李雨轩主编．—3版．—北京：机械工业出版社，2024.4（2025.1重印）

普通高等教育旅游管理专业系列教材

ISBN 978-7-111-75537-1

Ⅰ.①旅⋯ Ⅱ.①杨⋯②李⋯ Ⅲ.①旅游服务-礼仪-高等学校-教材 Ⅳ.①F590.63

中国国家版本馆CIP数据核字（2024）第069980号

机械工业出版社（北京市百万庄大街22号　邮政编码100037）
策划编辑：裴　泱　　　　　责任编辑：裴　泱　单元花
责任校对：梁　园　李　杉　封面设计：王　旭
责任印制：李　昂
河北京平诚乾印刷有限公司印刷
2025年1月第3版第2次印刷
184mm×260mm・16.25印张・341千字
标准书号：ISBN 978-7-111-75537-1
定价：54.80元

电话服务　　　　　　　　　网络服务
客服电话：010-88361066　　机　工　官　网：www.cmpbook.com
　　　　　010-88379833　　机　工　官　博：weibo.com/cmp1952
　　　　　010-68326294　　金　书　网：www.golden-book.com
封底无防伪标均为盗版　机工教育服务网：www.cmpedu.com

普通高等教育旅游管理专业系列教材

编审委员会

主　任：王　琳

副主任（按拼音排序）：

丁　林　董林峰　单德朋　辛建荣

尹正江　张　侨　赵志忠

委　员（按拼音排序）：

窦梓雯　付　迎　高蓓蘅　金海龙　李　昭　李洁琼

李晓东　李雨轩　林子昱　刘红霞　罗艳菊　彭　聪

任　云　申琳琳　唐少霞　田言付　田　宇　魏亚平

吴丽娟　谢明山　余珊珊　袁秀芸　张　侨　张　夏

张洪双　张　静　周金泉　朱海冰　朱沁夫

旅游业是朝阳产业，发展前景广阔，在国民经济中的地位与作用日益显著。旅游管理类学科是随着我国旅游经济的发展、旅游产业的发育而建立的学科。2012年9月，教育部公布了调整后的专业目录，其中旅游管理类专业从工商管理类专业中独立出来，成为与工商管理类专业平级的一级学科。在2023年4月4日发布的专业目录中，旅游管理类专业下包括旅游管理、酒店管理、会展经济与管理、旅游管理与服务教育四个专业。旅游管理类专业就业前景较好，学生毕业后可以在旅行社、旅游景区、邮轮公司、邮轮接待港、酒店、旅游集散中心等相关旅游企业的服务岗位和管理岗位就业，就业范围很广。

近年来，为更好地培养旅游管理高层次应用型人才，旅游管理高等教育不断进行人才培养的改革探索。国内许多高等院校通过校企合作和国际交流，创新旅游管理高等教育的培养模式，在更加明确"理论与实践相结合"的同时，通过"课堂学习+校内实训+社会调查+专业综合实习"的培养方式，越来越突出应用型人才培养的目标。

建设一套满足高等院校旅游管理类专业应用型人才培养目标的课程体系和教材体系，是"旅游管理应用型人才培养"教学改革项目的核心内容之一，并成为旅游管理高等教育向应用型方向改革和发展的重要任务。为此，海南大学、丽江文化旅游学院、海口经济学院、三亚学院、琼州学院、海南师范大学等具有一定旅游管理高等教育基础和规模的院校联合起来，从我国旅游管理高等教育的实际情况出发，共同编写出版了本系列教材。

本系列教材以"高等院校应用型人才培养目标"为编写依据，以思想性、科学性、时代性为编写原则，以应用性、复合性、拓展性为编写要求，力求建立合理的教材结构，体现"高等教育"和"应用、实用、适用"的教学要求，培养旅游管理高层次应用型人才的创新精神和实践能力，满足社会对旅游管理人才的需要。

本系列教材的特色是强调实践性和可操作性，坚持做到理论与实践相结合、叙述与评价相结合、论证与个案相结合，具体体现在以下几点：

1. 教材内容"本土化"，有意识地把旅游管理的普遍原理与我国的旅游资源相结合，书中案例多采用国内案例。

2. 增设有特点的栏目，如"案例导读""知识拓展"等，以方便学生理解理论知识、扩大学生的视野，做到知识性和趣味性相结合。

3. 加大案例的比例，做到微型案例、中型案例和大型案例三者相结合，对案例进行理论分析，有益于教师进行案例教学，方便学生掌握知识并用于指导以后的实践工作。

本系列教材可作为高等院校旅游管理类专业的教材，也可供高等院校相关专业师生和从事相关工作的人员进修或自学使用。

普通高等教育旅游管理专业系列教材编审委员会

前言

礼仪是人类文明进步的重要标志之一，是一个国家、民族文化的重要组成部分。中华民族具有五千年文明史，是传承千年文明的民族，自古以来素有"礼仪之邦"的美誉。礼仪文化作为中国传统文化的一个重要组成部分，对中国乃至全世界的社会历史产生了广泛而深远的影响，其内容十分丰富。

礼仪涉及的范围十分广泛，几乎渗透社会的各个方面。旅游服务礼仪主要介绍旅游行业从业人员在工作岗位、社交等不同场合应该遵循的礼仪规范与程序，是一门实用性、技能性极强的行为学科。旅游服务业通常要求员工面对面待客服务，让客人充分感到受到尊重。旅游行业从业人员了解和掌握旅游服务礼仪，并运用于待客服务过程中，是提高服务质量的重要途径。

同其他领域的礼仪相比，旅游服务礼仪具有明显的规范性和可操作性。旅游接待与服务礼仪主要以服务人员的仪容、仪态、服饰、语言等方面的行为规范为基本内容，也体现在企业以尊重客人、方便客人、满足客人需求为原则所设计的服务操作规程中。

本书力求结合旅游服务行业的需要，有效地提高学习者的专业素养，并有序地组织操作，在较短的时间内达到训练效果，帮助学习者学以致用。

本书在以下方面做了一定的探索：

前言

1. 突出专业的针对性。本书力争在结构的设计、内容的组织，以及叙述说明中均能体现旅游服务行业的个性化需求。本书在介绍一般基本礼仪的基础上，结合旅游行业不同岗位、不同场合的实际要求，对酒店服务礼仪、旅行社服务礼仪和旅游景区服务礼仪进行了重点介绍。

2. 操作指导性强。本书特别强调操作训练，并力求对教师和学习者都起到有效的指导作用。例如，在仪态训练环节，不仅有具体的动作要领描述，还配有大量的图片，非常直观；本书还专门设计有操作训练的内容，总结了训练的目的、基本要求、注意要点、教学方法等。

3. 在本书各章节提供了本课程教学案例的一些建议，供教师教学时参考。

本书由杨晓星、李雨轩担任主编，王宁宁、李超担任副主编。第一章、第九章由李雨轩修订，第二章、第五章由王宁宁修订，第三章由吴静雅修订，第四章、第八章由杨晓星修订，第六章、第十章由李超修订，第七章由刘军修订。全书由杨晓星、李雨轩统稿。

本书在编写过程中，参阅了大量相关书籍资料，在此一并向有关作者致谢。由于编者学识水平有限，书中存在问题在所难免，敬请读者批评指正。

编 者

目录

序

前言

上篇 旅游服务礼仪入门

第一章 礼仪文化概述 … 2
第一节 礼仪的概念与意义 … 3
第二节 礼仪的沿革 … 7
第三节 礼仪在旅游服务中的地位和作用 … 13

第二章 旅游从业人员的形象礼仪 … 20
第一节 仪容仪表礼仪 … 20
第二节 仪态礼仪 … 23
第三节 着装礼仪 … 28

第三章 旅游从业人员的社交礼仪 … 43
第一节 见面礼仪 … 43
第二节 接待礼仪 … 49
第三节 宴请礼仪 … 54

中篇 旅游主要行业服务礼仪规范

第四章 酒店服务礼仪
- 第一节 酒店服务礼仪概述 ········ 72
- 第二节 前厅部服务礼仪 ········ 73
- 第三节 客房部服务礼仪 ········ 80
- 第四节 餐饮部服务礼仪 ········ 87

第五章 旅行社服务礼仪
- 第一节 旅行社接待服务的要求与形式 ········ 94
- 第二节 旅行社咨询接待礼仪 ········ 103
- 第三节 导游服务礼仪 ········ 107
- 第四节 旅游展览会礼仪 ········ 110

第六章 旅游景区服务礼仪
- 第一节 旅游景区环境与服务特点 ········ 116
- 第二节 旅游景区服务人员职业形象标准 ········ 122
- 第三节 旅游景区服务人员的服务语言 ········ 123
- 第四节 旅游景区日常接待礼仪 ········ 124

第二节 其他少数民族礼仪与习俗	244
参考文献	248

下篇 旅游文化

第七章 宗教文化礼仪 ... 136
- 第一节 道教礼仪 ... 136
- 第二节 佛教礼仪 ... 142
- 第三节 基督教礼仪 ... 147
- 第四节 伊斯兰教礼仪 ... 152

第八章 国际交往礼仪 ... 157
- 第一节 国际交往礼仪原则 ... 157
- 第二节 常见国际礼宾活动 ... 159

第九章 我国主要客源国（地区）习俗与礼仪 ... 173
- 第一节 亚洲国家和地区 ... 173
- 第二节 欧洲国家和地区 ... 194
- 第三节 美洲国家和地区 ... 204
- 第四节 大洋洲国家 ... 209
- 第五节 非洲国家和地区 ... 213

第十章 我国主要少数民族礼仪与习俗 ... 219
- 第一节 部分少数民族礼仪与习俗 ... 219

上篇
旅游服务礼仪入门

  我国是世界文明古国之一，拥有悠久的文明和礼仪传统，素有"礼仪之邦"的美称。几千年光辉灿烂的文化，培养了中华民族高尚的道德情操，也形成了一整套完善的礼仪。孔子曰："不学礼，无以立。"荀子曰："人无礼则不生，事无礼则不成，国家无礼则不宁。"的确，礼仪是一个人外在美与内在美的有机结合，是一个民族进步的标志，也是一个国家思想道德文化素质的体现。在社会生活中，人们常常把礼仪看作一个民族精神面貌和凝聚力的体现，把文明礼貌程度作为衡量一个国家和民族是否发达的标志之一。对个人而言，礼仪则是衡量道德水平和有无教养的尺度。一个人如果能以高雅的仪表风度、得体的语言表达、良好的个人形象来展示自己的气质修养，赢得尊重，将为自己生活和事业的成功打下良好的基础。

  旅游业作为展示服务礼仪的"窗口"行业，其从业人员不仅是本地区文化和信息的传播者，还是美的传递者与形象代言人，其个人形象等同于职业形象，甚至可能影响企业形象乃至国家形象。因此，内外兼修的礼仪是塑造旅游行业服务人员个人形象的核心。

第一章 礼仪文化概述

【案例导读】

城市志愿者服务北京冬奥会

2021年7月5日,某高校旅游管理专业的学生唐某看到网络上发布了一篇招募冬奥会城市志愿者的文章,出于对家乡文化的熟悉、热爱和作为一名新时代大学生该有的责任意识和使命意识,唐某积极响应国家号召,第一时间报了名,希望能发挥所学,将旅游服务礼仪等专业知识和技能运用到实际工作中。幸运的是,通过层层选拔,唐某最终成为一名为北京冬奥会添砖加瓦的"城市志愿者",践行了使命,获得了荣光。

在服务期间,唐某深知这次任务不仅要树立好自己和学院的形象,还要展示好中国形象,讲好中国故事。她无比珍惜这次机会,始终以饱满的精神面貌迎接八方来客,顺利圆满地完成了中华大酒店点位等服务任务。她的出色表现被媒体栏目专题报道。

"虽然有时候披星戴月,早出晚归,但在收到服务对象一个微笑或一句谢谢的时候,所有的疲惫都随月光融进了消退的冰雪里!正如北京冬奥会闭幕式上所说的'志愿者就像灯笼,照亮我,温暖你'。"唐某动情地说。

【学习目标】

1. 掌握礼仪的概念、构成及分类。
2. 熟悉礼仪的特征、礼仪的意义、礼仪的形成与发展。
3. 了解礼仪在旅游服务中的作用。

第一节 礼仪的概念与意义

一、礼仪的概念、构成及分类

(一) 礼仪的概念

"礼"本指祭神、敬神,引申为表示敬意的通称。礼的含义比较丰富,既可以指表示敬意和隆重而举行的仪式,也可以泛指社交的礼节、礼貌和礼仪。我国古代"礼仪"的概念,包含的内容大体可归纳为三个层面:一是指治理国家的典章制度;二是古代社会生活所形成的行为规范和交往仪式的礼制及待人接物之道;三是对社会成员具有约束力的道德规范。

现代礼仪一般是指人们在社会交往中由于受历史传统、风俗习惯、宗教信仰、时代潮流等因素的影响而形成的在礼貌、礼节、仪容、仪表和仪式等方面约定俗成的、共同遵守的行为规范和原则。

在人类文明长期的历史演进中,礼仪已经成为一个国家、一个民族文明程度的重要标志,成为衡量社会公众教养和道德水准的尺度,也是每个人成功地与他人交往的得力武器,正所谓有"礼"走遍天下。

(二) 礼仪的构成

中国的礼仪始于周,经过几千年的不断发展变化,逐渐形成体系。古代的"礼"和"仪"是两个不同的概念。"礼"是文明、制度、自然法则、准则、交往方式和一种社会意识观念;"仪"是"礼"的具体表现形式,它是依据"礼"的规定和内容,形成的一套系统而完整的程序。

现代礼仪是一个非常宽泛的概念,一般由礼貌、礼节、仪表和仪式四部分组成。

1. 礼貌

礼貌是指人们在相互交往过程中表示敬重和友好的规范行动,是言语动作谦虚恭敬的表现,是敬意、友好、得体的气度、修养的体现,能反映一个人的文化层次和文明程度。

2. 礼节

礼节是礼貌的具体表现,它是人们在日常生活中特别是交际场合中,相互问候、致意、祝愿,以及表示相互尊重的惯用形式。

3. 仪表

仪表是指人的外表,是个人魅力的基础,同时也是尊重他人的自我表现,包括人的仪容、举止、表情、谈吐、服饰和个人卫生等。

4. 仪式

仪式是为表示敬意或表示隆重而在一定场合举行的,具有专门程序的规范化的活动,如各种各样的庆典、聚会，各民族的婚礼、葬礼，各种场合的颁奖仪式、签字仪式等。

综上所述，礼貌是表示尊重的言行规范，礼节、仪表、仪式是表示尊重的惯用形式和具体要求。由上述四部分组成的礼仪则是一个表示礼貌的系统、完整的过程。

（三）礼仪的分类

依照运用对象、使用范围及使用目的不同，礼仪可以分为以下几类：

1. 社交礼仪

社交礼仪是指人们在人际交往过程中所具备的基本素质、交际能力等。社交在当今社会人际交往中发挥的作用越来越重要。社交礼仪通常包括见面与介绍礼仪、拜访与接待礼仪、交谈与交往礼仪、宴请与馈赠礼仪、舞会与沙龙礼仪、社交禁忌等。

2. 商务礼仪

商务礼仪是指在商务活动中体现的相互尊重的行为准则。商务礼仪的核心是一种行为准则，用来约束日常商务活动的方方面面。商务礼仪的核心作用是体现人与人之间的相互尊重。商务礼仪主要包括柜台接待礼仪、商业洽谈礼仪、推销礼仪、商业礼仪和签字礼仪等。

3. 政务礼仪

政务礼仪是指国家公务员在行使国家权力和管理职能时所必须遵循的礼仪规范。政务礼仪通常包括工作礼仪（如工作汇报）、办公室礼仪、会议礼仪、公文礼仪和颁奖礼仪等。

4. 服务礼仪

服务礼仪是指服务行业的从业人员应具备的基本素质和应遵守的行为规范。服务礼仪主要以服务人员的仪容规范、仪态规范、服饰规范、语言规范和岗位规范为基本内容。在具体操作中，服务礼仪有着较为完整且详细的规定和特殊要求。

5. 涉外礼仪

涉外礼仪是指在长期国际交往中逐步形成的外事礼仪规范，也就是人们参与国际交往所要遵守的惯例，是约定俗成的做法。它强调交往中的规范性、对象性和技巧性。其基本内容是国际交往管理，即国际通则。

6. 风俗礼仪

风俗礼仪是指人们生活和社会交往中约定俗成的，根据所在地域的文化、传统等所展示的特有的仪式和规范。风俗礼仪包括节日礼仪、结婚礼仪、殡葬礼仪和祝寿礼仪等。

7. 宗教礼仪

宗教礼仪是指宗教信仰者为对其崇拜对象表示崇拜与恭敬所举行的各种例行的仪式、活动，以及与宗教密切相关的禁忌与讲究。不同的宗教有着不同的礼仪。

二、礼仪的特征

礼仪作为人们在交往中的行为规范和准则，要求人们据此来规范和约束自己的行为、制约和协调人际关系。它以科学精神、民族思想和现实生活为基础，以新颖、实用、简单和灵活的形式体现出高效率、快节奏的时代特点。这主要表现在传统性、传承性、规范性、国际性、差异性和时代性六个方面。

（一）传统性

礼仪是一个国家、一个民族传统文化的组成部分，它是约定俗成的行为规范，在拥有共性的同时，又表现出一种较为明显的传统性。礼仪将人们在交往中的习惯、准则固定并且沿袭下来，有着深刻的社会文化基础，它体现了人类的精神文明和社会的进步，因而得以世代相传。礼仪的传统性，在不同文化背景的民族行为中表现得最为明显。

（二）传承性

任何国家的礼仪都有自己鲜明的民族特色，任何国家的当代礼仪都是在继承本国古代礼仪的基础上发展起来的。离开了对本国、本民族既往礼仪成果的传承、扬弃，就不可能形成当代礼仪。这就是礼仪传承性的特定含义。作为一种人类的文明积累，礼仪将人们在交际应酬之中的习惯做法固定下来，流传下去，并逐渐形成自己的民族特色。这不是一种短暂的社会现象，而且不会因为社会制度的更替而消失。对于既往的礼仪遗产，正确的态度不应当是食古不化、全盘沿用，而应当是有继承、有扬弃，更有发展。

（三）规范性

礼仪，指的就是人们在交际场合待人接物时必须遵守的行为规范。这种规范性，不仅约束着人们在一切交际场合的言谈话语和行为举止，使之合乎礼仪，也是人们在一切交际场合必须采用的一种"通用语言"，是衡量他人、判断自己是否自律、敬人的一种尺度。总之，礼仪是约定俗成的一种自尊、敬人的惯用形式。因此，任何人要想在交际场合表现得合乎礼仪、彬彬有礼，都必须对礼仪无条件地加以遵守。自以为是，自成一套，或是只遵守个人适应的部分，而不遵守自己不适应的部分，都难以被交往对象接受和理解。

（四）国际性

礼仪作为一种文化现象，是全人类的共同财富，它跨越了国家和地区的界限。尽管不同国家、不同民族、不同社会制度所形成的礼仪有一定的差异性，但在讲文明、讲礼仪、相互尊重的原则基础上形成并完善的规范化的国际礼仪，已经被世界各国人民广泛接受和使用。现代礼仪兼容并蓄，融汇世界各国礼仪之长，从而使现代礼仪更加国际化，国际礼仪更趋同化。

（五）差异性

礼仪作为一种约定俗成的行为规范，其运用要受到时间、地点的约束。同一礼仪常会因时间、地点或对象的变化而有所不同，这就是礼仪差异性的表现。礼仪的差异性首先表现在民族差异性上。世界上所有的民族都有其自成体系的交际礼仪，不同民族的礼仪多姿多彩。同是见面行礼，不同民族有不同的方式；同是答谢，不同的地方有不同的礼节。各民族的习俗礼仪都凝结着本民族、本地区的文化情怀，人们应严格遵循、精心维护。礼仪的差异性还表现在个体差异性上。每个人因其地位、性格、资质等因素的不同，在使用同样的礼仪时会表现出不同的形式特点。例如，同样参加社交活动，男士和女士会有不同的表现风格。礼仪的差异性还表现在时代差异性上。它随着社会的进步不断地发展、丰富和完善。礼仪总是体现着时代要求和时代精神，礼仪发展变化的趋势是使礼仪活动更加文明、简洁、实用。

(六) 时代性

从本质上讲，礼仪可以说是一种社会历史发展的产物，并且具有鲜明的时代特点。一方面，它是在人类长期的交际活动实践之中形成、发展、完善起来的；另一方面，社会的发展、历史的进步，以及由此而引起的众多社交活动的新特点、新问题的出现，又要求礼仪有所变化、有所进步、推陈出新、与时代同步，以适应新形势下的新要求。与此同时，随着世界经济的国际化倾向日益明显，各个国家、地区、民族之间的交往日益密切，其礼仪也不断地相互影响、相互渗透、相互取长补短，不断地被赋予新的内容。这就使礼仪具有相对的变动性。了解了这一点，就不会把礼仪看作一成不变的东西，而能够更好地以发展、变化的眼光去对待它，也不会对礼仪搞"教条主义"，使之一成不变，脱离生活和时代。

三、学习礼仪的意义

"做人先学礼"，礼仪教育是人生的第一课。礼仪必须通过学习、培养和训练，才能成为日常的行为习惯。学习、了解不同民族、国家礼仪的差异可促进交流。

学习礼仪是社会主义精神文明的客观要求。社会主义精神文明建设的根本任务是适应社会主义现代化的需要，培养有理想、有道德、有文化、有纪律的社会主义公民，提高整个中华民族的思想道德素质和科学文化素质。要继承弘扬祖国优秀的文化传统，加强社会主义精神文明建设，文明礼仪宣传教育是其中一项重要内容。注重礼仪对于巩固和发展社会主义生产和生活秩序，推动社会进步，无疑有着特别重要的意义。

学习礼仪有利于建立良好的人际关系。社会是不同群体的集合，群体是由众多个体集合而成的，而个体的差异性是绝对的，如性别、年龄、身高等。在社会生活中，礼仪如同春风与美酒，滋润着人们的心灵，沟通着人们的感情，化解了人与人之间的矛盾，使人彼此尊重、相互理解，进而达成共识。礼仪在协调人际关系方面有着难以估量的作用。

学习礼仪有利于促进服务行业的发展。在现代社会，优质服务的标准是最大限度地满足客人的需求，尤其是满足客人的精神需求。在客人的各种需求中，求尊重的需求始终放在第一位，而礼仪的"退让以敬人"的原则恰好满足了客人的这种需求。所以，礼仪服务是优质服务的主要内容。它通过服务人员良好的仪容、仪表、仪态，规范得体的礼貌服务用语与标准的服务操作程序，亲切的笑脸，耐心的态度和细致而周到的体贴与关怀，将"客人是上帝"这一传统而又全新的服务理念演绎得淋漓尽致。

讲究礼仪有助于增强民族自尊心。我们不但应该继承和发扬民族优秀文化传统，而且要充分体现中国特色，通过礼仪教育和礼仪实践，增强民族自尊、自信和自强的精神。展示中国传统文化礼仪自信可以展示当代中国人民的精神风貌，加深与世界各国人民的友谊和交流。

第二节　礼仪的沿革

礼仪在传承沿袭的过程中不断发生变革。从历史发展的角度来看，我国礼仪的产生和发展过程大体可以分为以下七个阶段。

一、礼仪的起源时期：夏朝以前（前21世纪前）

礼仪起源于原始社会，当时的"礼"主要是用来祭奠祖先和神灵的仪式。在长达100多万年的原始社会历史中，人类逐渐开化。在原始社会中晚期（约旧石器时期）出现了早期礼仪的萌芽。在旧石器时期，礼仪还不具有阶级性，但到了新石器时代，原始礼仪渐具雏形。在陕西西安附近的半坡遗址发现的距今5000多年的半坡村人的公共墓地中，坑位排列有序，死者的身份有所区别，有带殉葬品的仰身葬，还有无殉葬品的俯身葬等。此外，仰韶文化时期的其他遗址及有关资料表明，当时人们已经注意尊卑有序、男女有别。长辈坐上席、晚辈坐下席，男子坐左边、女子坐右边等礼仪日趋明确。在礼仪起源时期，礼仪的内容主要包括：制定了明确血缘关系的婚嫁礼仪，形成了区别部族内部尊卑等级的礼制，确定了祭天敬神的一些祭典仪式，制定了一些在人们相互交往中表示礼节和恭敬的动作。

二、礼仪的形成时期：夏、商、西周三代（约前21世纪—前771）

公元前21世纪至公元前771年，中国由金石并用时代进入青铜时代。金属器的使用，使农业、畜牧业和手工业生产跃上一个新台阶。随着生活水平的提高，社会财富除消费外有了剩余并逐渐集中在少数人手里，因而出现阶级对立，原始社会由此解体，人类进入奴隶社会。统治阶级为了巩固自己的统治地位，把原始的宗教礼仪发展成符合奴隶社会政治需要的礼制，"礼"被打上了阶级的烙印。

在这个阶段，中国第一次形成了比较完整的国家礼仪与制度。例如，"五礼"即吉礼、凶礼、宾礼、军礼和嘉礼，是周朝礼仪制度的重要方面，是一整套涉及社会生活各方面的礼仪规范和行为标准。古代的礼制典籍也多撰修于这一时期，如周代的《周礼》就是我国最早的礼仪学专著。在汉以后2000多年的历史中，一直是国家制定礼仪制度的经典著作，被称为《礼经》。

在西周时期，青铜礼器是个人身份的象征，礼器多寡代表身份地位的高低，形制大小显示权力等级高低。当时，贵族以佩戴成组饰玉为风气，而相见礼和婚礼（包括纳采、问名、纳吉、纳征、请期和亲迎"六礼"）成为定式，流行民间。此外，尊老爱幼等礼仪，也已明显确立。

为了维护奴隶主的统治，奴隶主贵族将原始的宗教仪式发展成适应其等级森严的政治制度所需要的礼制。至此，礼仪基本形成。

三、礼仪的变革时期：春秋战国时期（前770—前221）

西周末期，王室衰微，诸侯纷起争霸。公元前770年，周平王东迁洛邑，史称东周。承继西周的东周王朝已无力全面恪守传统礼制，出现了所谓"礼崩乐坏"的局面。

春秋战国时期是我国的奴隶社会向封建社会转型的时期。这一时期，学术界形成了百家争鸣的局面，以孔子、孟子、荀子和管仲为代表的诸子百家对礼教进行了研究和发展，对礼仪的起源、本质和功能进行了系统阐述，第一次在理论上全面而深刻地论述了社会等级秩序划分及其意义。

孔子（前551—前479）是中国古代的大思想家、大教育家。他首开私人讲学之风，打破了贵族垄断教育的局面。他删《诗》《书》，定《礼》《乐》，赞《周易》，修《春秋》，为历史文化的整理和保存做出了重要贡献。他编订的《仪礼》，详细记录了战国以前贵族生活的各种礼节仪式。《仪礼》与前述《周礼》和孔门后学编的《礼记》，合称"三礼"，是中国古代最早、最重要的礼仪著作。

孔子认为，"不学礼，无以立"（《论语·季氏篇》）。"质胜文则野，文胜质则史。文质彬彬，然后君子"（《论语·雍也》）。他要求人们用道德规范约束自己的行为，要做到"非礼勿视，非礼勿听，非礼勿言，非礼勿动"（《论语·颜渊》）。他倡导的"仁者爱人"，强调人与人之间要有同情心，要互相关心、彼此尊重。总之，孔子较系统地阐述了礼及礼仪的本质与功能，把礼仪理论提高到了一个新的高度。

孟子（前372—前289）是战国时期儒家的主要代表人物。在政治思想方面，孟子把孔子的"仁学"思想加以发展，提出了"王道""仁政"的学说和"民贵君轻"说，主张"以德服人"；在道德修养方面，孟子主张"舍生而取义"（《孟子·告子上》），讲究"修身"和培养"浩然之气"等。

【知识拓展】

《礼记》精选品读

《礼记》又名《小戴礼记》《小戴记》，据传为西汉礼学家戴圣所编，是中国古代一部重要的典章制度选集。《礼记》有《曲礼》《檀弓》等四十九篇,内容庞杂,上至王室之制,下至民间之俗,无不涉及,是研究我国古代社会文化的重要参考资料。

1. 君子不失足于人,不失色于人,不失口于人。是故君子貌足畏也,色足惮也,言足信也。

【出处】《礼记·表记》

【释义】君子的举止要不失体统,仪表要保持庄重,言语要谨慎。所以,君子的外貌足以使人敬畏,仪表足以使人感到威严,言语足以使人信服。

2. 礼不妄说人,不辞费。礼不逾节,不侵侮,不好狎。

【出处】《礼记·曲礼》

【释义】礼的实质,不是随便取悦人,也不是空话连篇。要做到行为不逾矩,不侵犯侮慢别人,不与人故作亲热。

3. 敖不可长,欲不可从,志不可满,乐不可极。

【出处】《礼记·曲礼》

【释义】傲慢不可滋长,欲望不可放纵,志向不可自满,享乐不可达到极点。

4. 知不足,然后能自反也;知困,然后能自强也。

【出处】《礼记·学礼》

【释义】只有认识到自己学问的不足,然后才能自我反省;只有认识到自己对某些知识困惑不解,然后才能奋发自强。

5. 礼尚往来,往而不来,非礼也;来而不往,亦非礼也。人有礼则安,无礼则危。故曰:礼者不可不学也。

【出处】《礼记·曲礼》

【释义】礼节讲究的是相互往来,你讲礼节但得不到对方的回应,这是对方的失礼;人家对你讲礼你却不还礼,这是你的失礼。人讲究礼节才能心安、身安,否则就会遭受危险。所以说,礼的学问是不能不学的。

6. 仁者天下之表也,义者天下之制也,报者天下之利也。

【出处】《礼记·表记》

【释义】仁是天下行为的表率,义是天下行为的准则,知恩图报是天下互惠互利的交往方式。

荀子(约前313—前238)是战国末期的大思想家。他主张"隆礼""重法",提倡礼法并重。他说:"礼者,贵贱有等,长幼有差,贫富轻重皆有称者也"(《荀子·富国》)。荀子指出:"礼之于正国家也,如权衡之于轻重也,如绳墨之于曲直也。故人无礼不生,事无礼不成,国家无礼不宁"(《荀子·大略》)。荀子还提出,不仅要有礼治,还要有法治。只有尊崇礼、法制完备,国家才能安宁。荀子重视客观环境对人性的影响,倡导学而至善。

四、强化时期：秦汉到清末（前221—1796）

公元前221年,秦王嬴政最终吞并六国,统一中国,建立起中国历史上第一个中央集权的封建王朝。秦始皇在全国推行"车同轨""书同文""行同伦"。秦朝制定的集权制度,成为后来延续两千余年的封建体制的基础。

西汉初期,叔孙通协助汉高祖刘邦制定了朝礼之仪,突出发展了礼的仪式和礼节。西汉思想家董仲舒（前179—前104）把封建专制制度的理论系统化,提出"唯天子受命于天,天下受命于天子"的"天人感应"说。在《汉书·董仲舒传》中,他把儒家礼仪概括为"三纲五常"。"三纲"即"君为臣纲,父为子纲,夫为妻纲"。"五常"即仁、义、礼、智、信。汉武帝刘彻采纳董仲舒"罢黜百家,独尊儒术"的建议,使儒家礼教成为定制。

汉代时,孔门后学编撰的《礼记》问世。《礼记》共计49篇,包罗宏富。其中,有讲述古代风俗的《曲礼》（第1篇）；有谈论古代饮食居住进化概况的《礼运》（第9篇）；有记录家庭礼仪的《内则》（第12篇）；有记载服饰制度的《玉藻》（第13篇）；有论述师生关系的《学记》（第18篇）；还有教导人们道德修养的途径和方法,即"修身、齐家、治国、平天下"的《大学》（第42篇）等。《礼记》被后人称为"古代礼仪大全"。这一时期礼仪的重要特点是尊君抑臣、尊夫抑妇、尊父抑子、尊神抑人。

盛唐时期,《礼记》由"记"上升为"经",成为"礼经"三书之一（另外两本为《周礼》和《仪礼》）。

宋代时,出现了以儒家思想为基础,兼容道学和佛学思想的理学,程颐兄弟和朱熹（1130—1200）为主要代表。二程认为,"父子君臣,天下之定理,无所逃于天地之间"（《二程遗书》卷五）。"礼即是理也"（《二程遗书》卷二十五）。朱熹进一步指出,"仁莫大于父子,义莫大于君臣,是谓三纲之要,五常之本。人伦天理之至,无所逃于天地之间"（《朱子文集·未垂拱奏礼·二》）。朱熹的论述使二程"天理"说更加严密、精致。家庭礼仪研究硕果累累,是宋代礼仪发展的另一个特点。在大量家庭礼仪著作中,以撰《资治通鉴》而名垂青史的北宋史学家司马光（1019—1086）的《涑水家仪》和以《四书集注》名扬天下的南宋理学家朱熹的《朱子家礼》最著名。

明代时,交友之礼更加完善,而忠、孝、节、义等礼仪日趋繁多。

在漫长的历史演变过程中,礼仪逐渐成为妨碍人类个性自由发展、阻挠人类平等交往、窒息思想自由的精神枷锁。

纵观封建社会的礼仪，内容大致分为涉及国家政治的礼制和家庭伦理两类。这一时期的礼仪构成中华传统礼仪的主体。

五、礼仪的衰落时期（1796—1911）

满族入关后，逐渐接受了汉族的礼制，并且使其复杂化，导致一些礼仪显得虚浮和烦琐。例如，清代的品官相见礼，当品级低者向品级高者行拜礼时，动辄一跪三叩，重则三跪九叩（《大清会典》）。公元1796年，嘉庆皇帝继位以后清王朝政权腐败，民不聊生，古代礼仪盛极而衰。伴随着西学东渐，一些西方礼仪传入中国，北洋新军时期的陆军便采用西方军队的举手礼等，以代替不合时宜的打千礼等。

六、封建礼仪瓦解时期（1911—1949）

1911年年末，清王朝土崩瓦解，当时远在美国的孙中山先生（1866—1925）火速赶回祖国，于1912年1月1日在南京就任中华民国临时大总统。孙中山先生和战友们破旧立新，用民权代替君权，用自由、平等取代宗法等级制，普及教育，废除祭孔读经，改易陋俗，剪辫子、禁缠足等，从而正式拉开现代礼仪的帷幕。民国期间，由西方传入中国的握手礼开始流行于上层社会，后逐渐普及民间。20世纪三四十年代，中国共产党领导的苏区、解放区，重视文化教育事业及移风易俗，进而谱写了现代礼仪的新篇章。

七、社会主义礼仪时期（1949年至今）

1949年10月1日，中华人民共和国宣告成立，中国的礼仪建设从此进入一个崭新的历史时期。新中国成立以来，礼仪的发展大致可以分为三个阶段。

（一）礼仪革新阶段（1949—1966）

1949年至1966年，是中国当代礼仪发展史上的革新阶段。此间，摒弃了昔日束缚人们的"神权天命""愚忠愚孝"，以及严重束缚妇女的"三从四德"等封建礼教，确立了同志式的合作互助关系和男女平等的新型社会关系，而尊老爱幼、讲究信义、以诚待人、先人后己、礼尚往来等中国传统礼仪中的精华，则得到继承和发扬。

（二）礼仪退化阶段（1966—1976）

1966年至1976年，中国进行了"文化大革命"。在这十年中，许多优良的传统礼仪，被当作"封资修"扫进"垃圾堆"。礼仪受到摧残，社会风气逆转。

（三）礼仪复兴阶段（1977年至今）

1978年党的十一届三中全会以来，改革开放的春风吹遍了祖国大地，中国的礼仪建设进入新的全面复兴时期。从推行文明礼貌用语到积极树立行业新风，从开展"18岁成人仪式教育活动"到制定市民文明公约,各行各业的礼仪规范纷纷出台;岗位培训、礼仪教育日趋红火,讲文明、重礼貌蔚然成风。

【知识拓展】

"四海之内皆兄弟"——孔子学院

孔子的学说传到西方,是从 400 多年前意大利传教士把记录孔子言行的《论语》一书译成拉丁文带到欧洲开始的。而今,孔子学说已走向了五大洲,各国孔子学院的建立,正是孔子"四海之内皆兄弟""和而不同",以及"君子以文会友,以友辅仁"思想的现实实践。

孔子学院并非一般意义上的大学,而是推广汉语和传播中国文化的交流机构,是一个非营利性的社会公益机构,一般下设在国外的大学和研究院之类的教育机构里。孔子学院最重要的一项工作就是给世界各地的汉语学习者提供规范、权威的现代汉语教材;提供最正规、最主要的汉语教学渠道。孔子是中国传统文化的代表人物,选择孔子作为汉语教学品牌是中国传统文化复兴的标志。孔子学院秉承孔子"和为贵""和而不同"的理念,推动中国文化与世界各国文化的交流与融合,以建设一个持久和平、共同繁荣的和谐世界为宗旨。图 1-1 所示为美国瓦尔帕莱索大学孔子学院。

图 1-1 美国瓦尔帕莱索大学孔子学院

第三节　礼仪在旅游服务中的地位和作用

进入21世纪以来，我国旅游业蓬勃发展，并成为国民经济的重要支柱。旅游业是我国的窗口行业，也被称为"出售服务和风景的行业"。旅游业作为第三产业，其经营的产品核心内容是旅游服务。旅游服务水平的高低不仅关系到某一位旅游接待人员的个人评价问题，也是衡量一个地区、一个国家旅游质量高低的一个重要标准。从旅游消费的特点来说，旅游消费主要是一种精神消费，旅游者的需求更重要的是在精神方面的满足，也就是对旅游从业人员提供的无形服务的满足。因此，社会对旅游从业人员的素质要求越来越高，从标准服务到细微服务，从大众化服务到个性化服务，从传统服务到创新服务，这一切都是以旅游从业人员的高素养为基础的。在激烈的市场竞争中，旅游从业人员的服务水平正是自身素质和旅游企业优秀与否的体现。在未来的旅游业发展中，服务礼仪将占有越来越重要的地位。旅游从业人员在服务过程中运用语言和基本礼仪的能力高低，对旅游业的发展有着至关重要的影响和意义。

一、旅游服务业的特点

（一）旅游服务活动是在人际交往中进行的

旅游业的目的是满足旅游者的消费需要，而不是旅游从业人员自身的消费。旅游服务业的基本职能是实现旅游产品和劳务从生产者向消费者的转移，并在这个过程中实现产品价值。旅游服务业的职能决定了其经营活动不可能在一个组织内部进行。旅游服务的对象是广大消费者，其服务过程是与消费者打交道的过程，如饭店，从迎来每一位顾客并为其提供优质服务，直到其满意而去，所有这些活动无一不是在与人打交道。因此，旅游服务的每一次交易行为都需要恰到好处地处理人际关系。旅游业的快速发展，不仅打破了地区间、行业间的界限，也打破了国界，走向世界。这就对旅游从业人员处理人际关系的能力提出了更高的要求。

（二）旅游服务业的效益取决于为消费者提供的服务质量

当今社会，旅游业的竞争越来越激烈，消费者是旅游业生存和发展的动力和财富。对旅游业而言，由于旅游产品具有无形性、不可分离性、差异性、不可储存性和缺乏所有权等特征，消费者在购买旅游产品时总是以消费者让渡价值大小作为购买价值取向，决定是否购买。商品经济发展到一定水平时，各旅游企业所拥有的旅游产品的品种、质量方面的差距将会缩小，旅游企业难以在这方面取得优势，因此成功的企业必然是让消费者满意的企业。要使消费者满意，措施之一就是要为消费者提供优质的服务。提高服务质量，争取更多的消费者，提高旅游企业的效益，对每个旅游企业来说都是至关重要的。

(三) 旅游服务的过程是要使消费者得到多方面的满足

旅游业发展到今天，旅游产品已是琳琅满目、品种繁多，消费者的选择余地越来越大，也越来越挑剔了。消费者可以在对众多旅游产品反复比较之后做出选择，旅游也越来越成为一种享受。消费者希望在购买旅游产品的过程中有一种尊重、友好、亲切、温馨的气氛，有一个和谐的人际环境，从中不仅得到物质上的满足，也得到精神上和心理上的满足。现代旅游服务业应当为消费者提供周到、细致的服务，满足消费者的心理需求，与消费者建立起友谊，取得消费者的支持与合作。

从以上旅游服务业的特点可以看出，与物质生产部门相比较，旅游服务与人打交道更多，因而要求每一个从业人员都有较好的素质，具有较高的处理人际关系的能力。注重礼仪，对旅游从业人员来说，具有特别重要的意义。

二、旅游服务礼仪的基本原则

(一) 真诚原则

旅游服务的对象是广泛而多层次的，礼仪是表达态度与情感的具体形式。施礼者必须真诚待人，外表与内心应当是一致的，微笑、和蔼可亲的外表举止应当来自内心真诚、尊敬、友好的情感。任何虚情假意、矫饰做作，都会令人生厌。违背了礼仪的美学原则，也就丧失了礼仪的功能。

(二) 一致原则

旅游服务礼仪的一致性，体现在对宾客的一视同仁及礼宾过程中优质服务水平的始终如一。无论接待对象是外宾还是内宾，无论宾客身份地位是高还是低，都要满腔热情地平等对待每一位宾客，决不能有任何看客施礼的意识，更不能有凭衣冠、外貌取人的行为；应本着"来者都是客"的真诚友好态度，坚持服务质量的高标准和前后一致性原则，不可出现前紧后松或前优后劣的做法；应以周到的礼仪体现优质服务，使旅游者乘兴而来、满意而归。

(三) 主动原则

在旅游接待与服务活动中，礼仪行为应该是积极主动的。每位服务人员都要始终面带笑容，接待服务要和蔼可亲，工作态度要主动热情。服务人员应做到"四勤"，即眼勤：要做到眼观六路、耳听八方，并根据客人的言行举止，准确判断客人的需求，及时主动地予以满足；嘴勤：要做到有问必答、有呼必应，做到主动介绍有关情况，及时应答客人询问；手勤和腿勤：即以实际行动及时帮助客人解决遇到的问题和困难。

(四) 合宜原则

礼仪规范是社会习俗的一种约定俗成，是某些社会生活习惯的抽象和归纳。在人际交往和丰富多样的旅游活动中，礼仪行为要坚持因时、因地、因人的合宜原则。合宜才能真正体现礼仪的本质，即尊敬、友好。

二、礼仪在旅游服务业中的作用

旅游业的竞争焦点已经从"硬"环境竞争转变到"软"环境竞争。与游客直接打交道的旅游从业人员的职业道德、客我关系的处理、职业形象设计和行业礼貌语言运用等方面的礼仪修养是旅游的"软"环境，被认为是旅游业的形象灵魂。因此，加强旅游礼仪教育和培养是促进我国旅游业与国际旅游业接轨的一个重要环节，对旅游业的发展具有重要的意义。

（一）礼仪修养反映了一个国家的形象

来自五湖四海的旅游者在了解某一地区或者国家之前，首先接触的往往是旅游从业人员。游客往往通过与旅游从业人员的接触来判断、评价一个国家或一个地区的文明程度和精神风貌。旅游从业人员良好的礼仪修养会产生积极的宣传效果，能为其所在的地区、城市和国家树立良好的形象，赢得声誉。

（二）提高旅游服务质量，增强宾客满意程度

旅游业是服务性行业，在服务中，只有把可信赖的质量和优良的服务结合起来，才能达到顾客满意的效果。一方面，旅游服务礼仪是提升服务质量的保证。当今旅游业竞争激烈，客源就是企业的财源，是旅游企业赖以生存和发展的基础。创造客源最根本、最有效的措施就是不断提高服务质量。以质取胜，创造客源是旅游企业的成功之路，因此旅游从业人员的礼仪风范是决定顾客是否购买旅游产品的重要因素之一。另一方面，旅游业是综合性服务行业，能为顾客提供吃、住、行、游（玩）、购（物）、娱（乐）等服务，奉行的宗旨是宾客至上、服务周到、文明有礼。旅游从业人员只有做到礼貌服务，才能使顾客满意并留下美好的印象。

（三）良好的礼仪修养是解决服务纠纷的润滑剂

旅游服务接待工作接触面广，不同国家、不同民族，甚至不同个人的信仰与生活习惯都不相同，在服务过程中，发生一些纠纷是不可避免的。要处理好纠纷，需要旅游从业人员有较高的礼仪修养水平。无论纠纷是由物质性服务还是精神性服务引起的，也无论是旅游从业人员的原因还是顾客的原因，处理纠纷的第一原则是有理有节。无论发生什么情况，都要发扬"礼让"精神，以平息事态。不允许有任何与顾客争吵、打斗的不礼貌言行。因为旅游从业人员的不礼貌行为只会激化矛盾，使事态进一步恶化。

（四）注重礼仪是旅游企业服务水平和管理水平的重要体现

旅游业要直接为来自五湖四海、各行各业的顾客提供服务，要达到顾客满意，除具备良好的职业道德和熟练的业务技能外，还应当注重礼仪。员工能否提供优质的服务，反映出一个企业的管理水平和服务水平。以饭店为例，高标准的饭店，除具有一定的设施和设备外，员工的礼仪也是一项重要的评定内容。在当今竞争激烈的旅游业市场，产品同质化现象严重，因而旅游从业人员的素质对服务质量的影响更为重要。注重礼仪会产生积极的效果，不仅可以赢得顾客的满意，使其留下美好的印象，而且可以弥补"硬件"的某些不足。注重礼仪礼节，越来越成为现代旅游业服务质量的一项重要内容。

（五）注重礼仪可以提高旅游企业的经济效益

旅游服务业的经营特点决定了在同样的物质条件下，旅游企业的效益是由顾客的数量和质量决定的。因而怎样才能拥有更多的高质量顾客是每个旅游企业十分关心的问题。在企业获得成功的许多条秘诀中，注重礼仪是相当重要的，而失礼对企业造成的损失是难以估量的。礼敬得人，如果旅游业的每一个从业人员在整个服务过程中都能注重礼仪，使顾客最大限度地得到物质上和精神上的满足，就一定能够创造出和谐的人际关系，从而给旅游企业带来良好的经济效益。

【知识拓展】

东西方礼仪比较

我国是历史悠久的文明古国，几千年来创造了灿烂的文化，形成了高尚的道德准则、完整的礼仪规范，被世人称为"文明古国""礼仪之邦"。随着跨国交际日益增多，东西方礼仪文化的差异越发显露。这种差异带来的影响也是不容忽视的。在东西方礼仪没有得到完美融合之前，有必要了解以下这些礼仪的差异。

一、交际语言的差异

在与人交际时，中国人比较谦虚，讲求"卑己尊人"，把这看作一种美德。这是一种富有中国文化特色的礼貌现象。在别人赞扬我们时，我们往往会自贬一番，以表谦虚有礼。西方国家却没有这样的文化习惯，当他们受到赞扬时，总会很高兴地说一声"Thank you（谢谢你）"表示接受。

在日常生活行为中，中国人见面大多使用"吃了吗？""上哪去？"等这类比较质朴的问候语。这体现了人与人之间的一种亲切感。在西方，日常打招呼他们只说一声"Hello（你好）"或按时间来分，说声"Good morning（早上好）！""Good afternoon（下午好）！""Good evening（晚上好）！"就可以了。

在称谓方面，中国人一般只有彼此熟悉、亲密的人之间才可以"直呼其名"。但在西方，"直呼其名"比在汉语里的使用范围要广得多。在西方，常用"先生"和"夫人"来称呼不知其名的陌生人，对十几岁或二十几岁的女子可称呼"小姐"，对结婚了的女性可称呼"女士"或"夫人"等。在家庭成员之间，不分长幼尊卑，一般可互称姓名或昵称。在家里，子女可以直接叫爸爸、妈妈的名字。

二、餐饮礼仪的差异

中国人吃饭通常是用筷子，只有在喝汤的时候才会用上汤匙，盛饭的时候通常用碗盛；而西方人则用碟子或者是盘子来盛放食物，并且西方人吃饭的时候通常用刀叉。中国人宴请时用的通常都是圆桌，美味佳肴摆在桌子的中心。它既是食客欣赏、品尝的对象，又是大家感情交流的媒介。传统的搭配合理的中餐至少包括一道鸡、一道鱼和一道其他肉，而一些蔬菜搭配并非只是满足口味的需要，也是色泽搭配的需要。味觉要满足，视觉也要满足。桌上的菜讲究丰富多样，一般是8碟、10碟或12碟。

中国人在用餐的时候通常都是先请客人入座上席，再请长者入座客人旁；在进餐时，先请客人、长者动筷子，夹菜每次不要夹太多，吃饭不要发出声音，喝汤也不要发出声响，最好用汤匙一小口一小口地喝，不宜把碗端到嘴边喝，汤太热时凉了以后再喝，不要一边吹一边喝。有的人吃饭时喜欢用劲咀嚼食物，发出很清晰的声音，这种做法是不合礼仪要求的。每当上来一个新菜时，就请客人、长者先动筷子，或者轮流请他们先动筷子，以表示对他们的尊敬和重视。吃饭时，不要光低着头吃饭，不管别人，也不要狼吞虎咽地大吃一顿，要适时抽空和左右的人聊聊天，以调和气氛。最后离席时，客人必须要向主人表示感谢，或者就在此时请主人以后到自己家做客，以表示回谢。

西方人在宴请之前必须先告诉主人你将在何时到席。可拿一束花、一包巧克力或一瓶美酒送给女主人，以示礼貌。就餐时，不要把餐巾别在领口或背心上，也不要拿在手中揉搓；不要站起来或探身从他人面前拿东西，而应请求他人递给你。

西方人一般在饭前祷告："For what we are about to receive, may the Lord make us truly thankful. Amen."（感谢上帝所赐，愿上帝让我们心怀感激之情。阿门。）以感谢上帝赐予这么丰富的食物给他们。当女主人说"Enjoy your meal.（祝您用餐愉快）"的时候，大家就可以开始吃饭了。但在女主人拿起她的匙子或叉子之前，客人不得进食任何一道菜。女主人通常要等到每位客人拿到菜后才开始用餐，而不会像中国人那样，请客人先吃。当她们拿起刀叉时，那就意味着大家都可以那样做了，她们不会像中国人那样劝菜——"多吃一点"，而会说"Help yourself.（请随意）"。

西方人喝汤时，在座前最大的一把匙就是汤匙，它就在客人右边的盘子旁边。不要错用放在桌子中间的那把匙，因为那可能是取蔬菜和果酱用的。如果汤太热的话，可以用嘴轻轻地吹凉，但在中国，这是不允许的。

西方人在餐桌上，谈话很随意。不过，别忘了赞美主人的饭菜，如"This is really delicious.（太美味了）"否则，主人会认为客人不喜欢她做的饭菜。假如实在不喜欢饭菜的味道，可以说它们看上去很赏心悦目，或者请教一下制作方法也行。进餐时，别忘了与主人的孩子聊天，这会使主人高兴。因为，他们鼓励孩子通过与客人的交谈学习社交活动。但要记住，绝不可以问这一餐饭一共花了多少钱，这是非常不礼貌的问题。

在喝酒的时候，中国人往往会举起酒杯碰一下，并说一句"干杯"，然后很豪爽地一杯见底；而西方人只是优雅地举起杯子，象征性地抿一小口酒。

三、服饰礼仪的差异

服饰文化是一种整体文化。它是指服装、饰物、穿着方式、装扮，包括发型、化妆在内的多种因素的有机整体。服饰文化是一个民族、一个国家文化素质的物化，是内在精神的外观，是社会风貌的显示。由于历史条件、生活方式、心理素质和文化观念的差别，中西方的服饰文化有着较大的差别。

(一) 中国传统服饰文化观念的特色

1. 注重气派、稳重的氛围效果

服装的整体配合给人以秩序、和谐和美感，严肃庄重，美观高雅，能达到烘托之效。服饰文化与环境相配合，更具鲜明的时代感。

2. 注重服饰文化的民族性

服饰文化是一个民族个性的重要标志之一。服饰作为一种民俗现象，具有鲜明的民族性。不同民族长期交往，服饰文化互相影响和渗透，甚至有意借鉴和模仿。但是中华民族有自己的审美趣味和伦理道德，因而有自己的着装规范。

(二) 西方服饰文化观念的特色

从古希腊时代至今，西方艺术包括服饰在内，均非常注重讴歌和展示人体自然美。女性通过裸露展示形体之美，男性则更赤裸地表现肌肤的健康和力量的强大。

1. 服装是为了吸引异性对自己的注意

西方服饰通过对人体曲线和对某些敏感部位做裸露处理，最大限度地发挥服饰的吸引力，给人以不可言状的美感，以此产生心理效应，使人迅速进入纯粹的审美境界。

2. 突出表现个性

西方人着装重在表现自我，寻求对平衡的突破，通过自我设计、自我表现、自我创造而别具一格；通过着装充分表明自我的理想境界和各种观念，借以表明自我。

3. 追求感官刺激

西方服饰往往能对欣赏者造成不寻常的感官刺激。设计大师通过精心的设计、独特的色彩搭配和特殊的线条分割，充分展现人体美。因此在西方，性感服饰比比皆是。

【关键概念】

礼仪　礼貌　礼节　仪表　仪式

【复习思考】

1. 请你用自己的语言谈谈什么是礼仪。
2. 中国传统礼仪中的哪些内容值得继承和发扬？
3. 结合你和外国人接触的经验，谈谈东西方礼仪的差异。
4. 礼仪在旅游服务中的作用是什么？

【案例分析】

谦虚也有错的时候

一位英国老妇人到中国游览观光，对接待她的导游小姐评价颇高，认为她服务态度好，语言水平也很高，便夸奖导游小姐说："你的英语讲得好极了！"导游小姐马上回应说："我的英语讲得不好。"英国老妇人一听生气了："英语是我的母语，难道我不知道英语该怎么说？"

分析：案例中的老妇人为什么生气呢？这个案例体现出东西文化存在怎样的差异？

第二章 旅游从业人员的形象礼仪

【案例导读】

重要的服务仪态

小郑刚到某旅游公司参加工作，公司举办了一次大型的产品发布会，邀请国内很多知名人士参加。小郑被安排在接待工作岗位上。接待当天，小郑早早地来到机场，当参加发布会的人到达时，他便开口说："您好！是来参加发布会的吗？请问您的单位及姓名？以便我们安排好就餐与住宿问题。"小郑有条不紊地做好了记录。后来在会场，小郑帮客人引路，他一直小心翼翼。虽然他一向走路很快，但是他放慢脚步，很注意与客人的距离不能太远，一路带着客人。上下电梯，小郑也是走在前面，做好带路工作。原本心想很简单的事情，却事后几次被上司批评。

试分析，小郑哪里出错了呢？

【学习目标】

1. 熟悉仪容、仪表礼仪和仪态礼仪的概念，掌握仪容、仪表礼仪和仪态礼仪的要求。
2. 掌握仪态礼仪的具体规范。
3. 通过实训，让学生切实地感受到个人礼仪在日常生活、工作和学习中发挥的重要作用。

第一节 仪容仪表礼仪

一、仪容礼仪

（一）仪容礼仪的定义

仪容是指一个人的容貌，包括五官的搭配和适当的发型衬托。就个人的整体形象而言，容貌是整个仪表至关重要的一个环节，它反映着一个人的精神面貌、朝气和活力，是传达给接触对象感官最直接、最生动的第一信息。

拥有良好的仪容才能塑造良好的第一印象。良好的仪容，能够给人以端庄、稳重、大方的印象，既能体现自尊自爱，又能表示出对他人的尊重与礼貌。而不修边幅的人往往给人以萎靡不振的感觉，显得既不尊重别人，又不尊重自己，是在贬低自身的价值。

（二）旅游从业人员的仪容礼仪

旅游服务接待工作的最大特点是直接地、面对面地向客人提供服务，所以仪容礼仪对旅游从业人员来说尤其重要。容貌修饰要得体，要依照规范与个人条件扬长避短，要与所在工作岗位、身份、年龄、性别相称，不能引起客人反感。具体要求如下：

(1) 面容清洁：面、眼角、颈部、胡须应干净。

(2) 口腔清洁：口腔无异味，咳嗽、打喷嚏要掩口。

(3) 鼻腔清洁：及时修剪鼻毛，不可在公众场合抠鼻。

(4) 头发清洁：干净整洁，不染特别个性的颜色。

(5) 手部清洁：指甲不可过长，指甲缝要干净，可使用淡色指甲油。

二、仪表礼仪

（一）仪表礼仪的定义

仪表是指一个人的外表。它是一个人总体形象的统称，包括人的容貌、发型、服饰、身材、姿态、个人卫生等，是人的精神面貌的外在表现。

一个人的仪表不但表现了他的文化修养，而且反映了他的审美情趣。人们往往通过仪表来判断一个人的身份、地位、学识、个性等。所以，讲究仪表美也是一门艺术。

（二）旅游从业人员的仪表礼仪

1. 头发

头发整洁、发型大方是对个人形象最基本的要求。旅游服务人员应选择与自己的脸形、肤色、体形相匹配，与自己的气质、职业、身份相吻合的发型，做到扬长避短，展示自己美的部分。发式美只是仪表美的一部分，它还应与人的容貌美、服饰美协调统一。

(1) 女员工发式要求。头发清洁、不披头散发，不梳披肩长发；前面头发不遮面、不掩耳，刘海不能及眉、眼；发丝不凌乱；头发不蓬松；在工作岗位上要求长发不过肩。发式可选择齐耳式、侧分式或稍长的卷发。

(2) 男员工发式要求。首先要常剪发，头发不杂乱，注意发脚线的整齐；其次要常洗头，不能有头屑；发式可选择中分式、侧分式、短平式、后背式，头发不应盖过耳部，不触及后衣领，也不要烫发。

男女员工均不能追求新奇怪异、夸张的发型，头发不能染黑色、深棕色之外的颜色。同时要注意保养头发，选好洗发水和护发用品，保持头发光泽。

2. 面容

面容是人的仪表之首，适当化妆是礼貌的表现。工作妆以淡雅、清新、自然为宜，绝不可浓妆艳抹，并避免使用气味浓烈的化妆品。

（1）女员工面容要求。面容清淡、雅致。面部皮肤保持洁净、润泽并富有弹性。上岗应化淡妆，自然而不露痕迹。底粉要涂抹均匀，并注意眼、鼻、额头、耳边、脖子等部位的协调，口红要选择适当的自然红色，不能用与工作环境不相宜的口红颜色。

（2）男员工面容要求。一是形象要端正，二是平时要注意修饰。做到常洗脸，将藏污垢的地方清洁干净，如眼角、鼻孔、耳后、脖子等。胡须要剃净，不能留小胡子，鼻毛不能外露，要留意修剪。面部如长暗疮且较为严重的，应到医院就医，不能置之不理。

3. 制服

制服是塑造企业良好形象的一种手段，是标志一个人从事何种职业的服装。穿上美观的制服，不仅是对客人的尊重，而且便于客人辨认，也会使员工有一种职业自豪感、责任感。员工上岗前可在全身镜前做如下自我检查：

（1）整齐。制服合身配套穿着：内衣不外露；衬衣、裙子要束起；长袖衬衣不挽起袖口，不卷裤口，纽扣不外露、不掉扣；衣服无破损；领带、领结、领花要系正、紧凑；工号牌要佩戴在统一位置，一般在左胸上方，不能佩戴在袖子上。

（2）清洁。衣裤、裙子、背心、围裙等无污迹、油迹、异味；衣服领子和袖口要保持干净。

（3）挺括。衬衣穿前要熨平，制服上衣要平整挺括，裤线要笔挺。

（4）美观。制服应简单、美观、高雅、线条流畅，便于工作。仪容仪表与制服礼仪规范如图2-1所示。

图2-1　仪容仪表与制服礼仪规范

三、旅游从业人员仪容仪表礼仪的重要性

（一）注重仪容仪表有助于树立良好的企业形象

旅游服务接待工作的最大特点是直接地、面对面地向客人提供服务。当前旅游业的竞争十分激烈，客人对服务的第一印象常常来源于员工的衣着打扮，而员工的仪容仪表不仅代表个人形象，而且在一定程度上反映着所在企业的管理水平和服务质量。所以，旅游从业人员要注重仪容仪表，在塑造企业良好形象的同时也塑造自我良好形象，提升自己的价值。

（二）注重仪容仪表是尊重宾客的体现

旅游服务人员要注重仪容仪表，展现出精神饱满、青春健康的形象，令宾客赏心悦目。"爱美之心人皆有之"，旅游服务人员要满足宾客高层次的心理需求，让他们感受到贵宾般的礼遇。

（三）良好的仪容仪表是基本职业素质的体现

端庄大方的仪容与整洁美观的制服，既是员工自尊自爱的体现，又是对岗位工作高度的责任感与事业心的反映，同时又会使员工产生良好的自我感觉，增强自信心，从而精神饱满、充满活力地投入工作，有利于进一步与客人沟通交流，做到宾客至上，服务第一，把工作做得更好。

第二节 仪态礼仪

仪态是指人在行为举止中的姿态和风度。仪态又称姿态、仪姿，是一种体态语言。

风度是人际交往中待人接物时个人素质修养的一种外在表现。风度是一个人独特的魅力和风格，是在生理特征、家庭环境、生活经历、职业习惯、文化水平、文明修养等方面影响下形成的。

仪态属于人的行为美学范畴。它既依赖人的内在气质的支撑，又取决于个人是否接受过规范和严格的体态训练。

一、态势语言

态势语言能有效地配合有声语言传递信息，能起到补充和强化有声语言的作用，运用得好不仅可以配合有声语言增强表达效果，甚至有时还能起到口头语言不能起到的作用。美国心理学家艾伯特·梅拉比安曾提出如下公式：

信息的总效果=55%的身体语言（仪态、姿势、表情）+38%的语音信息（语气、声调、速度）+7%的语言内容（遣词用字）

该公式充分表明态势语言对于人与人交流的重要性。

二、人际交往距离

交往双方的人际关系以及所处情境决定着相互自我空间的范围。美国人类学家爱德华·霍尔博士划分了四种区域或距离,各种距离都与双方的关系对应:亲密距离、个人距离、社交距离和公众距离。

(一) 亲密距离

亲密距离是人际交往的最小距离,范围在 0.5m 之内,就交往情境而言,只限于在情感上联系高度密切的人之间使用。它适用于亲人、至交、夫妻和恋人之间,但不适宜在社交场合、大庭广众之中。

(二) 个人距离

个人距离近段为 0.5~0.8m,适合握手、交谈;远段为 0.8~1.2m,普遍适用于公开的社交场合。这段距离可以使别人自由进入这个交往空间。

(三) 社交距离

社交距离适用于礼节性或社交性的正式交往,近段为 1.2~2.1m,多用于商务洽谈、接见来访或同事交谈等;远段为 2.1~3.6m,适合同陌生人进行一般性的交往,也适用于领导同下属的正式谈话、高级官员的会谈及较重要的贸易谈判等。

(四) 公众距离

公众距离是进行公开演说、做报告及新闻发布等活动时应与听众保持的距离,范围为 3.6m 之外。这个空间的交往大多为一方向另一方传达、表述自身的观点,并不注重一对一的有效沟通。

【知识拓展】

服务距离

(1) 直接服务距离。服务人员为对方直接提供服务时,应根据具体情况确定与服务对象的距离,一般以 0.5~1.5m 为宜。

(2) 展示距离。服务人员为服务对象进行操作示范时,服务人际距离以 1~3m 为宜。

(3) 引导距离。服务人员为服务对象引导带路时,一般行进在服务对象左前方 1.5m 左右最为合适。

(4) 待命距离。服务人员在服务对象未要求提供服务时,应与对方自觉保持3m以上的距离,但要在服务对象的视线之内。

服务对象在浏览、斟酌或选择商品时,服务人员应与服务对象保持适当的距离,既不干扰服务对象,又能及时提供服务。

三、仪态礼仪

(一) 谈话姿势

谈话姿势往往反映出一个人的性格、修养和素质。所以,在交谈时,首先双方要互相正视、互相倾听,不能东张西望、看书看报、面带倦容或哈欠连天。否则,会给人心不在焉、傲慢无理等不礼貌的印象。

(二) 站姿

站立是人最基本的姿势,能呈现一种静态的美。在站立时,身体应与地面垂直,重心放在两个前脚掌上,挺胸、收腹、收颔、抬头、双肩放松。双臂自然下垂或在体前交叉,眼睛平视,面带笑容。在站立时,不要歪脖、斜腰、屈腿等,在正式场合不宜将手插在裤袋里或交叉在胸前,更不要下意识地做些小动作,那样不但显得拘谨,给人缺乏自信之感,而且有失仪态的庄重。得体的站姿如图 2-2 所示。

图 2-2　得体的站姿

(三) 坐姿

坐也是一种静态造型。端庄优美的坐姿,会给人以文雅、稳重和自然大方的美感。正确的坐姿应该是:腰背挺直,肩放松。女士如穿裙装,入座时应用手拢一下裙子,入座后双膝并拢,并保持坐到座椅面 2/3 或 1/2 处,如图 2-3 所示;男性膝部可分开一些,但不要过大，一般不超过肩宽，双手自然放在膝盖上或椅子扶手上。在正式场合，入座时要轻柔和缓，起座要端庄稳重，不可猛起猛坐，弄得桌椅乱响，造成尴尬气氛。图2-4中列示了女士常用的四种坐姿，供女员工参考使用；图2-5对比了男士的不良坐姿和标准坐姿；表2-1则列出了坐姿的具体要求及适用范围。

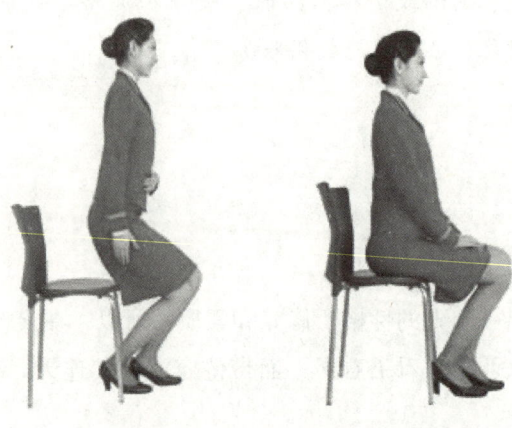

图2-3　女士入座及坐姿

图2-4　女士常用的四种坐姿

图2-5　男士的不良坐姿和标准坐姿

表2-1　常见坐姿的具体要求及适用范围

种类	要求	适用范围
正位	头正，肩平，背挺直，小腿与地面垂直。女士膝盖与双脚并拢、双手叠放至大腿中部；男士双膝打开与肩膀同宽、双手指尖朝前分别平放至大腿中部	男女通用
侧位	头正，肩平，背挺直，膝盖与双脚并拢，小腿向左或向右倾斜放在身体侧前方，双手叠放至大腿中部	女士常用
交叉式	头正，肩平，背挺直，膝盖并拢，小腿向左或向右倾斜放在身体侧前方，左脚或右脚后缩与另一脚交叉，两踝关节重叠，两脚尖着地，双手叠放至大腿中部	女士常用
上下式	头正，肩平，背挺直，双腿上下叠放，两小腿并拢，两脚脚尖内收、朝同一方向，双手叠放至大腿中部	女士常用

（四）走姿

行走是人生活中的主要动作，走姿能呈现一种动态的美。"行如风"就是用风行水上来形容轻快、自然的步态。正确的走姿是：轻而稳，胸要挺，头要抬，肩放松，两眼平视，面带微笑，自然摆臂。良好的走姿风范如图2-6所示。

图2-6　良好的走姿风范

（五）蹲姿

蹲姿是人处于静态时的一种特殊体位，主要适用于整理工作环境、给予客人帮助、提供必要服务、捡拾地面物品和自我整理装扮的时候。下蹲时一脚在前，一脚在后，两腿向下蹲，前脚全着地，小腿基本垂直于地面，后脚脚跟提起，脚尖着地。女士应靠紧双腿，男士则可适度地分开。臀部向下，基本上以后腿支撑身体。标准蹲姿如图2-7所示。

图2-7　标准蹲姿

【知识拓展】

国际礼仪规范

（1）国际社会公认的"第一礼俗"是女士优先。

（2）自律是礼仪的基础和出发点。

（3）男士应养成每天修面、剃须的好习惯。

（4）在正式场合，女士不化妆会被认为是不礼貌的。如果活动时间长，中途应适当补妆，但不宜在公共场所补妆。

（5）在社交场合初次见面或与人交谈时，双方应该注视对方的上半身，才不算失礼。

（6）在公共场所，女士着装时应注意内衣不能外露，更不能外穿。

（7）男士着装，整体不应该超过三种颜色。

（8）一般情况下，男士不宜佩戴耳环等饰物。

（9）在参加各种社交宴请时，要注意从座椅的左侧入座，动作应轻而缓、轻松自然。

（10）在机场、商厦、地铁等公共场所乘自动扶梯时应靠右侧站立，另一侧留出通道供有急事赶路的人快行。

第三节 着装礼仪

一、着装原则

从某种意义上来说，着装是一门艺术，它所传达的情感与意蕴甚至是语言不能替代的。恰当的着装会给人良好的印象，提高社交的成功率；反之则会降低身份，损害形象。

TPO原则是有关着装礼仪的基本原则之一，即着装要考虑到时间（Time）、地点（Place）和场合（Occasion）。它要求人们在选择服装、考虑具体款式时力求服装和款式与着装的时间、地点和场合协调一致。

（一）时间原则

一年有春、夏、秋、冬四季的交替，一天有24小时的变化，在不同的季节和时间，着装的类别、样式和造型应有所变化。

（二）地点原则

从地点上讲，置身于闹市或乡村、国内或国外、单位或家中等不同的地点，着装的款式理当有所不同，切不可以不变应万变。

（三）场合原则

衣着要与场合协调，着装应适合自己扮演的社会角色。例如，与顾客会谈、参加正式会议等，衣着应庄重考究；听音乐会或看芭蕾舞，则应按惯例着正装；出席正式宴会，则应穿中国的传统旗袍或西方的长裙晚礼服；而在朋友聚会、郊游等场合，着装应轻便舒适。

另外，着装要考虑到目的性，比如为了表达自己悲伤的心情，可以穿着深色或灰色的衣服；为了表明郑重其事、渴望成功，可以身着款式庄重的服装。在求职、谈生意等场合，若选择款式暴露、性感的服装，则表示自视甚高，对求职、生意的重视远远不及对自己的重视。

二、旅游从业人员着装礼仪

（一）旅游从业人员着装的基本要求

旅游从业人员的着装是为体现自己的行业特点，并有别于其他行业而特别设计的着装。它具有很明显的旅游服务功能体现与形象体现双重含义。这种职业装不仅具有识别的象征意义，还规范了旅游从业人员的行为并使之趋向文明化、秩序化。旅游从业人员着装的基本要求有以下几点：

（1）在工作岗位上要穿制服。
（2）穿制服要佩戴工号牌。
（3）制服要整齐挺括，必须合身。（注意四长、四围是否合适。）
（4）制服应注意整洁。
（5）鞋袜须合适。

（二）旅游从业人员常规着装的具体要求

1. 男士着装要求

（1）西装：款式简洁，单色（黑色、藏青色）为宜，西裤的长度应正好触及鞋面的 1/2 左右，系扣一般只系 2 颗扣中的上面一颗，3 颗扣款式则系中间的那颗，最后一颗叫风度扣，一般不系，如图 2-8 所示。

（2）领带：颜色必须与西装和衬衫协调，干净，平整不起皱，长度合适，领带尖应恰好触及皮带扣，宽度

图 2-8　男士西装

应该与西装翻领宽度协调。

(3) 衬衫：领型、质地、款式都要与外套和领带协调，领口和袖口要保持干净、应超出西装外套 1~1.5cm。

(4) 鞋：最好穿黑色或深棕色的皮鞋，并注意保持鞋的光亮、清洁。

(5) 袜子：宁长勿短，以坐下后不露出小腿为宜；颜色要和西装颜色搭配一致，穿深色西装忌穿白袜子。

2. 女士着装要求

(1) 保持衣服平整，职业装质地要好，但不要过于华丽。

(2) 袜子的颜色，以透明近似肤色或与服装搭配得当为宜，正式场合应多配备几双丝袜，以防止勾丝破洞而影响形象。

(3) 佩戴饰品要适量，应尽量选择同一色系和质地的饰品，数量不宜超过 3 种，并注意与整体的服饰搭配相协调。

(4) 正式场合搭配的鞋子应不露脚趾和脚跟部位，鞋跟不宜过高；款式宜简洁大方，色彩要与整体着装协调，可与背包或手拿包色彩相呼应。

(5) 正式场合穿着的裙子长度以不低于膝盖以上 3 寸（10cm）为宜。

男女正式着装如图 2-9 所示。

图 2-9　男女正式着装示例

3. 着装注意事项

(1) 色彩。

1) 色系不应超过三种。白色、黑色和灰色这三种颜色被称为"百搭色"。但是男士正装的色彩应该是深色系的。

2) 西服、衬衫、领带颜色不能过于接近。

3) 皮带、皮鞋和公文包，应当保持同一个颜色（黑色是这些皮具的最佳选择）。

4) 鞋子：深色的西服可以搭配浅色的皮鞋，但浅色的西服不宜搭配深色的皮鞋。

5) 袜子应和西裤与皮鞋融为一体。

(2) 尺寸。

1) 衣长应过臀部，标准的尺寸是从脖子到地面的 1/2 长。

2) 袖子长度以袖子下端到拇指指尖 11cm 最为合适。

3) 衬衫领口略高于西装领口。

4）裤长以不露袜子为宜，以到鞋跟处为准。

5）裤腰前低而后高，裤脚不能卷边。

6）系好领带后，领带尖不应超过皮带。

【知识拓展】

男士正装的七个原则

1. 三色原则

三色原则是在国外经典商务礼仪规范中被强调的，国内的礼仪专家也多次强调过这一原则。简单说来，就是男士身上的色系不应超过三种，很接近的色彩视为同一种。

2. 三一定律

鞋子、腰带和公文包保持一个颜色，黑色最佳。

3. 三大禁忌

左袖商标要拆掉；不能穿尼龙袜，不能穿白色袜；领带质地选择真丝和毛的，除非制服配套否则不用"一拉得"，颜色一般采用深色，如着短袖衬衫，只有制服短袖衬衫需要打领带，夹克短袖衬衫不能打领带。

4. 有领原则

有领原则说的是，正装必须是有领的。无领的服装，比如T恤、运动衫等不能称为正装。男士正装中的领通常体现为有领衬衫。

5. 纽扣原则

绝大多数情况下，正装应当是纽扣式的服装。拉链服装通常不能称为正装，某些比较庄重的夹克事实上也不能称为正装。

6. 皮带原则

男士的长裤必须是系皮带的。松紧腰运动裤不能称为正装，牛仔裤也不算正装。

7. 皮鞋原则

正装离不开皮鞋，运动鞋、布鞋和拖鞋是不能称为正装的。最为经典的正装皮鞋是系带式的，不过随着潮流的改变，方便实用的无带皮鞋逐渐成为主流。

领带的打法

随着时代进步,领带的打法不断翻新和增多,这里介绍以下10种。

(1) 平结。平结是男士选用最多的领结打法之一,几乎适用于各种材质的领带。要诀:领结下方所形成的凹洞需要让两边均匀且对称。平结的打法如图2-10所示。

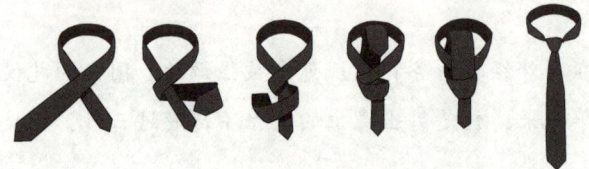

图2-10 平结的打法

(2) 交叉结。交叉结适用于单色素雅且质料较薄的领带。喜欢展现流行感的男士不妨多使用交叉结打法。交叉结的打法如图2-11所示。

图2-11 交叉结的打法

(3) 双环结。一条质地精美的领带再搭配上双环结颇能营造时尚感。这种打法适合年轻的上班族选用。该领结完成的特色就是第一圈会稍露出于第二圈之外,不要刻意给盖住。双环结的打法如图2-12所示。

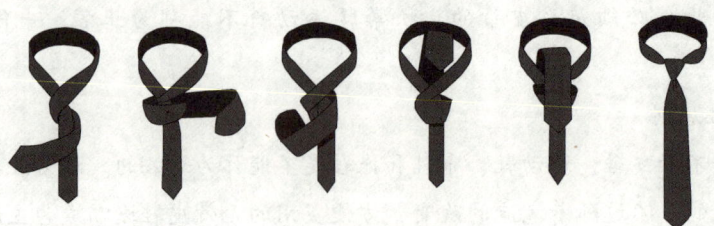

图2-12 双环结的打法

(4) 温莎结。温莎结适用于宽领型的衬衫,且因该打法多往横向发展,所以应避免用于材质过厚的领带,领结也勿打得过大。温莎结的打法如图 2-13 所示。

图 2-13　温莎结的打法

(5) 双交叉结。这样的领结很容易让人有种高雅且隆重的感觉,适合正式活动场合选用。该领结多应用在素色的丝质领带上,若搭配大翻领的衬衫,不但适合且有种尊贵感。双交叉结的打法如图 2-14 所示。

图 2-14　双交叉结的打法

(6) 亚伯特王子结。亚伯特王子结适用于浪漫扣领及尖领系列衬衫,且应选用质料柔软的细款领带。正确打法是在宽边先预留较大的空间,并在绕第二圈时尽量贴合在一起,即可完成此完美结型。亚伯特王子结的打法如图 2-15 所示。

图 2-15　亚伯特王子结的打法

(7) 四手结。四手结(单结)是所有领结中最容易上手的,适用于各种款式的浪漫系列衬衫及领带。四手结的打法如图 2-16 所示。

图 2-16　四手结的打法

(8) 浪漫结。浪漫结是一种完美的结型，所以适用于各种浪漫系列的领口及衬衫。完成后可将领结下方的宽边缩小，窄边可左右移动调整位置，使其更显和谐美。浪漫结的打法如图 2-17 所示。

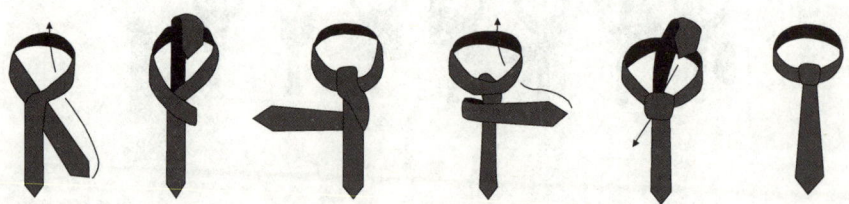

图 2-17　浪漫结的打法

(9) 简式结。简式结（马车夫结）是最常见的一种结型，适用于质料较厚的领带，适宜配合标准式以及扣式领口的衬衫。将领带的宽边由上往下翻转，并将折叠处隐藏在后面，待完成后再调整领带长度。简式结的打法如图 2-18 所示。

图 2-18　简式结的打法

(10) 十字结。十字结（半温莎结）结型十分优雅及罕见，其打法亦较复杂，使用细款领带较容易上手，最适合与浪漫的尖领及标准式领口系列衬衣搭配。十字结的打法如图 2-19 所示。

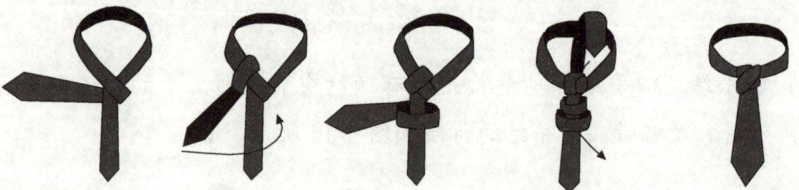

图 2-19　十字结的打法

【关键概念】

仪容仪表礼仪　仪态礼仪　着装礼仪

【课堂讨论】

旅游从业人员适用的着装有哪些？

【复习思考】

1. 请谈一谈对旅游从业者仪容仪表重要性的认识。
2. 在日常生活中，如何体现着装 TPO 原则？
3. 谈谈你对人际交往距离的理解。

【案例分析】

搭　车

国外心理学家曾做过这样一个实验：分别让一位戴眼镜、手持文件夹的青年学者，一位打扮入时的漂亮女郎，一位拎着菜满脸疲惫的中年妇女，一位身着笔挺漂亮军服的军官，一位留着怪异头发、穿着邋遢的男青年站在马路边搭车。结果是：漂亮女郎、军官、青年学者的搭车成功率高，中年妇女次之，搭车最困难的就是那位男青年。

分析：一个人的外表和形象在社会交往中起着怎样的作用？

【拓展训练】

服务仪表（实训一）

一、实训安排

1. 实训时间

……

2. 实训目的

（1）强化规范服装的重要意义。

（2）掌握服装穿着、饰物佩戴的方法和礼仪。

3. 实训要求

(1) 服装整洁程度、完好程度和型号与尺码等方面的自我检查。

(2) 着装后的自我检查、换装后的衣物保管。

(3) 鞋袜整洁程度、完好程度和型号与尺码等方面的自我检查。

二、实训准备

对应工作岗位的制服、衬衣及衣架,各种颜色、样式的皮鞋和布鞋若干,各种颜色和长度的袜子和丝袜若干。

三、操作规范

(一) 制服和衬衣穿着

制服和衬衣穿着实训见表2-2。

表2-2 制服和衬衣穿着实训

实训内容	操作标准	实训要求
制服和衬衣的穿着	(1) 从洗衣部员工手中接过制服时,确认是自己的岗位制服 (2) 确认是适合自己的尺码 (3) 重点检查领口和袖口是否洁净,按顺序检查,发现问题及时调换 (4) 细心检查衣服上是否有油污陈迹,扣子是否齐全、是否有漏缝或破边 (5) 从衣架上取下衬衣,穿好 (6) 衬衣穿好后下摆必须在裤子或套裙里面 (7) 对着镜子检查,扣子是否扣齐,穿着是否符合规范 (8) 换下的不需要洗涤的衣物应挂在衣架上	制服口袋不许装与工作无关的任何物品

(二) 鞋袜和饰物穿着

鞋袜和饰物穿着实训见表2-3。

表2-3 鞋袜和饰物穿着实训

实训内容	操作标准	实训要求
鞋袜穿着前的检查	(1) 颜色式样。皮鞋或布鞋以素色或黑色为主,式样以端庄、大方为宜 (2) 整洁。皮鞋应该经常擦油,保持干净光亮;布鞋也应该保持干净 (3) 完好。及时修补小破损 (4) 男士袜子的颜色应该与鞋子颜色和谐 (5) 女士着裙装应穿与肤色相近的长丝袜	(1) 鞋袜颜色应比制服的颜色深 (2) 女士袜子不可太短,不可穿有勾丝、破损的长丝袜上班 (3) 女士应穿中跟或平跟鞋 (4) 除非特别需要,不可在客人面前把脚从鞋子里面拿出来 (5) 暗色和花色长袜不适合与工作套裙搭配

(续)

实训内容	操作标准	实训要求
饰物佩戴	（1）适合场合：佩戴饰物时应根据不同场合的需求选择合适的饰物 （2）匹配服饰：饰物应与服装搭配，形成整体和谐的效果 （3）注意比例：饰物的大小和比例是需要注意的，应根据身高、五官等因素选择适合的尺寸 （4）强调重点：饰物的佩戴可以起到强调优点的作用，要根据自己的形象和需求，选择合适的饰物来强调优点或修饰不足 （5）注意个人风格：饰物是展示个人风格的方式之一，要选择符合自己风格的饰物，突显个人的独特魅力	不同场合佩戴不同的饰物，从整体看要给人整洁、大方的印象

服务仪容（实训二）

一、实训安排

1. 实训时间

……

2. 实训目的

掌握护肤、化淡妆的方法。

二、实训准备

洗脸盆、毛巾、清洁纸巾、洗面奶、化妆水、化妆棉、润肤乳（霜）、粉底霜（液）、腮红、眼影、眉笔、口红等。

三、培训规范

一般情况下，旅游服务人员应以淡妆为主，遵循扬长补短的原则。

（一）护肤

护肤实训见表2-4。

表 2-4　护肤实训

步　骤	操作标准	实训要求
清洁皮肤	（1）用温水湿润脸部 （2）将适量洗面奶放入手心，加少许水，双手快速摩擦，务必使洗面奶充分混合打出丰富的泡沫 （3）把泡沫涂在脸上轻轻打圈按摩约15下左右，让泡沫遍及整个面部。洗面奶在脸上停留时间不要超过1分钟 （4）用湿润的毛巾轻轻在脸上按，反复几次后就能清除洗面奶，用双手捧起冷水撩洗面部20下左右，同时用蘸了凉水的毛巾轻敷脸部	注意保持化妆棉与毛巾的洁净

（续）

步骤	操作标准	实训要求
涂拍化妆水	使用化妆棉将化妆水均匀涂至全脸	注意保持化妆棉与毛巾的洁净
润肤	涂拍化妆水30秒后涂抹护肤乳（霜）	
特殊护理	（1）深层清洁，使用卸妆乳（膏） （2）一周2~3次使用面膜	

（二）化淡妆

化淡妆实训见表2-5。

表2-5　化淡妆实训

步骤	操作标准	实训要求
打粉底	护肤结束后，使用粉底霜（液）打底	
定妆	将粉蜜或散粉涂扑在面部	（1）不同脸型在化妆时要有所侧重，要突出自己脸型的特点，掩盖脸型的不足 （2）眼影、腮红、口红颜色要协调
眼部化妆	（1）画眼线 （2）施眼影 （3）描眉形	
上腮红	用腮红轻扫两颊，以颧骨为中心向四周抹匀	
涂口红	（1）用唇笔描上下唇轮廓，先描上唇，后描下唇 （2）涂口红填满	
修妆	对妆形、妆色进行调整	

服务仪态（实训三）

一、实训安排

1. 实训时间

……

2. 实训目的

塑造良好的仪态形象。

3. 实训要求

掌握站姿、坐姿、走姿、蹲姿和服务手势的规范。

二、实训准备

形体训练室、凳子若干条。

三、操作规范

（一）站姿

站姿实训见表2-6。

表 2-6　站姿实训

内　　容	操作标准	实训要求
侧立式站姿	（1）头抬起，面朝正前方，双眼平视，下颌微微内收，颈部挺直，双肩放松，呼吸自然，腰部直立 （2）脚掌分开呈"V"字形，脚跟靠拢，两膝并拢，双手放在腿部两侧，手指稍弯曲，呈半握拳状	站得端正、自然、亲切、稳重，即要做到"立如松"
前腹式站姿	（1）同"侧立式站姿"操作标准第（1）条 （2）脚掌分开呈"V"字形，脚跟靠拢，两膝并拢，双手相交放在小腹部	
后背式站姿	（1）同"侧立式站姿"操作标准第（1）条 （2）两腿稍分开，两脚平行，比肩宽略窄些，双手在背后轻握放在后腰处	
丁字式站姿	（1）同"侧立式站姿"操作标准第（1）条 （2）一脚在前，将脚跟靠于另一脚内侧，两脚尖向外略展开，形成一个斜写的"丁"字，双手在腹前相交，身体重心在两脚上	

（二）坐姿

坐姿实训见表 2-7。

表 2-7　坐姿实训

内　　容	操作标准	实训要求
基本坐姿	（1）入座时，要轻而缓，走到座位前面转身，右脚后退半步，左脚跟上，然后轻轻地坐下 （2）女士落座时要将裙子向前拢一下 （3）坐下后，上身正直，头正面平，嘴巴微闭，面带微笑，两手相交放在腹部或两腿上，两脚平落地面。男士两膝间的距离以一拳为宜，女士则以不分开为好	坐姿的基本要求是"坐如钟"，具体要求是：坐得端正、稳重、自然、亲切，给人一种舒适感
两手摆法	（1）有扶手时，双手轻搭或一搭一放 （2）无扶手时，两手相交或轻握放于腹部；左手放在左腿上，右手搭在左手背上；两手呈"八"字形放于腿上	
两腿摆法	（1）凳面高度适中时，两腿相靠或稍分，但不能超过肩宽 （2）凳面较低时，两腿并拢，自然倾斜于一方 （3）凳面较高时，一腿略搁于另一腿上，脚尖向下	
两脚摆法	（1）脚跟与脚尖全靠或一靠一分 （2）也可一前一后，或右脚放在左脚外侧	
"S"形坐姿	上体与腿同时转向一侧，面向对方，形成一个优美的"S"形坐姿	
坐姿	（1）两腿膝部交叉，一脚内收与前腿膝下交叉，两腿一前一后着地，双手稍微交叉于腿上 （2）站立时，右脚向后收半步，而后站起	

（三）走姿

走姿实训见表2-8。

表2-8 走姿实训

内　　容	操 作 标 准	实 训 要 求
一般的走姿	（1）方向明确。在行走时，必须保持明确的行进方向，尽可能地使自己犹如在直线上行走，不突然转向，更忌突然大转身 （2）步幅适中。一般而言，行进时迈出的步幅与本人一只脚的长度相近。男士每步约40cm，女士每步约36cm （3）速度均匀。在正常情况下，男士每分钟走108～110步，女士每分钟走118～120步。不突然加速或减速 （4）重心放准。行进时身体向前微倾，重心落在前脚掌上 （5）身体协调。走动时要让脚跟首先着地，膝盖在脚落地时应当伸直，腰部要成为重心移动的轴线，双臂在身体两侧一前一后地自然摆动 （6）体态优美。做到昂首挺胸、步伐轻松而矫健，最重要的是，行走时两眼要平视前方、挺胸收腹、直起腰背、伸直腿部	（1）"行如风"，即走起来要像风一样 （2）走路时最忌内八字和外八字，还有弯腰弓背、摇头晃脑、大摇大摆、上颠下跛，也不要大甩手、扭腰摆臀、左顾右盼，也不要脚蹭地面、将手插在裤兜里 （3）男士行走，两脚跟交替前进在一条直线上，两脚尖稍外展，通常速度较快，脚步稍大，步伐奔放有力，充分展示男性的阳刚之美。女士行走，两脚交替走在一条直线上，脚尖正对前方，称"一字步"，以显优美 （4）男士穿西装时，步幅可略大些，以体现出挺拔、优雅的风度；女士着旗袍和中跟鞋时，步幅宜小些，以免因旗袍开衩较大，露出大腿，显得不雅；女士着长裙行走时要平稳，步幅可稍大些，因长裙的下摆较大，更显得女士修长、飘逸潇洒；年轻女子穿着短裙（指裙长在膝盖以上）时，步幅不宜太大，步频可稍快些，以显示轻盈、活泼、灵巧、敏捷
陪同客人的走姿	（1）同"一般的走姿" （2）在引领客人时，位于客人侧前方2～3步，按客人的速度行进，不时用手势指引方向，招呼客人	
与服务人员同行的走姿	（1）同"一般的走姿" （2）不可并肩同行，不可嬉戏打闹，不可闲聊	
与客人反向而行的走姿	（1）同"一般的走姿" （2）在接近客人时，应放慢速度；在与客人交会时，应暂停行进，空间小的地方，要侧身，让客人通过后再前进	
与客人同向而行的走姿	（1）同"一般的走姿" （2）尽量不超过客人；实在必须超过，要先道歉后超越，再道谢	

（四）蹲姿

蹲姿实训见表2-9。

表 2-9　蹲姿实训

内　　容	操 作 标 准	实 训 要 求
男士蹲姿	男士蹲姿左脚在前，右脚在左脚后一脚远的距离，前脚全脚着地，小腿基本垂直于地面。后脚前掌着地，脚后跟提起	蹲姿主要为捡拾物品服务，双膝自然分开，上身挺直，略低头
女士蹲姿	女士采取常用蹲姿时应注意右膝紧贴左腿内侧；女士如穿短包裙可采用交叉式蹲姿：右腿交叉膝盖压在右脚膝盖上，既方便下蹲，又可防止走光	女士蹲姿强调双膝靠拢，上身挺直，略低头，姿态优雅

（五）服务手势

服务手势实训见表 2-10。

表 2-10　服务手势实训

内　　容	操 作 标 准	实 训 要 求
自然搭放	（1）站立服务。身体应尽量靠近桌面或柜台，上身挺直；两臂稍弯曲，肘部朝外；两手以手指部分放在桌子或柜台上，指尖朝前，拇指与其他手指稍分离，并轻搭在桌子或柜台边缘。应注意不要距离桌子或柜台过远，同时还要根据桌面高矮来调整手臂弯曲程度，避免将整个手掌支撑在桌子或柜台上，避免上半身趴伏在桌子或柜台上 （2）坐姿服务。在以坐姿服务时，将手部自然搭放在桌面或柜台上。身体趋近桌子或柜台，尽量挺直上身；除做取物、书写或调试等必要动作外，手臂可摆放于桌子或柜台之上外，仅以双手手掌平放其上；将双手放在桌子或柜台上时，双手可以分开、叠放或相握，但不要将胳膊支起来或是将手放在桌子或柜台之下	不可将桌子或柜台作为支撑身体之用
手持物品	（1）稳妥。在手持物品时，可根据物品重量、形状及易碎程度采取相应手势，切记确保物品的安全。尽量轻拿轻放，防止伤人伤己 （2）自然。在手持物品时，服务人员可以根据本人的能力与实际需要，酌情采用不同的姿势；但一定要避免在持物时手势夸张、小题大做、失去自然美 （3）到位。持物到位。例如，箱子应当拎其提手，杯子应当握其杯耳，有手柄的物品应当持其手柄。持物时若手不能到位，不但不方便，而且很不自然 （4）卫生。在为客人取拿食品时，切忌直接下手。在敬茶、斟酒、送汤或上菜时，千万不要把手指搭在杯、碗、碟和盘的边沿，更不可无意之间使手指浸泡在其中	身体的其他部位姿势规范，与手势动作协调

（续）

内　　容	操作标准	实训要求
递接物品	（1）用双手为宜。如果方便，双手递物于他人最佳；不方便双手并用时，也应尽量采用右手。以左手递物，通常被视为失礼之举 （2）递到手中。递给他人的物品，应直接交到对方手中；不到万不得已，最好不要将所递的物品放在别处 （3）主动上前。若双方相距过远，递物者应主动走近接物者；如果自己坐着，在递物时还应尽量起立 （4）方便接拿。服务员在递物时，应该为对方留出便于接取物品的空间，不要让其感到接物时无从下手；将带有文字的物品递交他人时，还须使之正面朝向对方 （5）尖、刃向内。将带尖、带刃或其他易于伤人的物品递给他人时，切勿以尖、刃直指对方。合乎服务礼仪的做法是使尖、刃朝向自己，或是朝向他处	（1）不可指指点点。在工作或与人交谈时，绝不可对客人指指点点，因为它含有教训人的味道，是不礼貌的行为 （2）不可随意摆手。一只手臂伸在胸前，指尖向上，掌心向外，左右摆动。这个动作含有拒绝别人和极不耐烦之意 （3）不可端起双臂。双臂抱起，端在胸前，往往含有孤芳自赏、自我放松或是置身事外、袖手旁观、看人笑话之意 （4）不可双手抱头。在服务时这一体态会给人以目中无人的感觉 （5）不可摆弄手指。工作中空闲时切忌反复摆弄自己的手指、关节或将其捻响，或者莫名其妙地攥拳或松拳、手指动来动去 （6）不可手插口袋。这种表现会使客人觉得服务人员忙里偷闲，在工作方面并未尽心尽力 （7）不可搔首弄姿。这种姿态给人以矫揉造作之感 （8）不可抚摸身体。在工作时，不能习惯性地抚摸自己的身体，如摸脸、擦眼、搔头、挖鼻、剔牙或抓痒等
展示物品	（1）便于观看。在展示物品时，一定要方便现场的观众观看。因此，一定要将被展示物品正面朝向观众，举到一定的高度，并使展示的时间能让观众充分观看。当四周皆有观众时，展示还须变换不同角度 （2）操作标准。服务人员在展示物品时，无论口头介绍，还是动手操作，均应符合相关标准。在解说时，应口齿清晰，语速舒缓；在动手操作时，则应手法干净利索，速度适宜，并进行必要的重复 （3）手位正确。在展示物品时，应使物品在身体一侧展示，不宜挡住本人头部。具体而言，一是将物品举至高于双眼之处，这一手位适宜被人围观时采用；二是双臂横伸将物品向前伸出，活动范围为自肩至肘之处，其上不过眼部，下不过胸部，这一手位易给人以稳定感	

第三章 旅游从业人员的社交礼仪

【案例导读】

"女士优先"应如何体现

在一个秋高气爽的日子,迎宾员小贺身着一身剪裁得体的新制衣,第一次独立走上了迎宾员的岗位。一辆白色高级轿车向饭店驶来,驾驶人熟练而准确地将车停靠在饭店豪华大转门的雨棚下。小贺看到后排坐着两位男士、前排副驾驶座上坐着一位身材较高的外国女宾。小贺一步上前,以优雅姿态和职业性动作,先为后排客人打开车门,做好护顶并待客人下车关好车门后,迅速走向前门,准备以同样的礼仪迎接那位女宾下车,但那位女宾满脸不悦,使小贺茫然不知所措。通常后排座为上座,优先为重要客人提供服务是饭店服务程序的常规。这位女宾为什么不悦?小贺错在哪里?

【学习目标】

1. 了解旅游从业人员社交礼仪的基本内容。熟悉见面礼仪、接待礼仪、宴请礼仪的重要形式。
2. 熟悉称呼、握手、致意、介绍及名片的基本礼仪。
3. 掌握引领礼仪和会议礼仪的基本礼仪。
4. 掌握宴请的种类、座次的安排、中西餐宴请的基本礼仪,熟悉西餐酒类知识、服务方式。

第一节 见面礼仪

见面礼仪是日常社交礼仪中最常用与最基础的礼仪,人与人之间的交往都要用到见面礼仪。从事服务行业的人掌握一些见面礼仪,用礼仪去规范工作中的言谈举止,能够为以后顺利开展工作打下基础。常见的见面礼仪有称呼礼、握手礼、鞠躬礼、致意礼、介绍礼和名片礼等。不同国家、不同地区有着不同的见面礼仪。

一、称呼礼

（一）普通男女的称呼

一般情况下，对成年男子不管其婚否都称为"先生"（Mister）；对于女士，已婚的称为"夫人"（Mistress），未婚的称"小姐"（Miss）；婚姻状况不明的，可以"女士"相称（Madam）。

（二）官方人士的称呼

对男性高级官员，称为"阁下"，也可称职衔或"先生"；对有地位的女士可称为"夫人"；对有高级官衔的女性，也可称"阁下"；对其他官员，可称职衔或"先生""女士"等。

对君主制或君主立宪制国家的国王、皇后，可称为"陛下"；王子、公主、亲王等可称为"殿下"；对其他有爵位的人士既可称其爵位，亦可称"阁下"或"先生"。

（三）专业人员的称呼

对有职务、学衔、军衔、技术职称的人士，可以称他们的头衔，如某某经理、某某教授、某某博士、某某将军、某某工程师等，也可称"先生"。

在不知道对方职务、职称等具体情况时，可采用行业称呼，如"护士小姐""解放军同志"等。

外国人一般不用行政职务称呼别人，不称"某某局长""某某校长""某某经理"等。社会主义国家人与人交往时，可以称职务或同志。

二、握手礼

（一）握手的意义与要领

现代握手礼通常是先打招呼，然后相互握手，同时寒暄致意。握手礼流行于许多国家，是在交往时最常见的一种见面、离别、祝贺或致谢的礼节。握手礼还可向对方表示鼓励、赞扬或致歉等。正确的握手方法是：时间宜短，要热情有力，要目视对方。在行握手礼时，不必相隔很远就伸直手臂，也不要距离太近。一般距离约一步左右，上身稍向前倾，伸出右手，四指并拢，拇指张开，双方伸出的手一握即可，如图3-1所示。

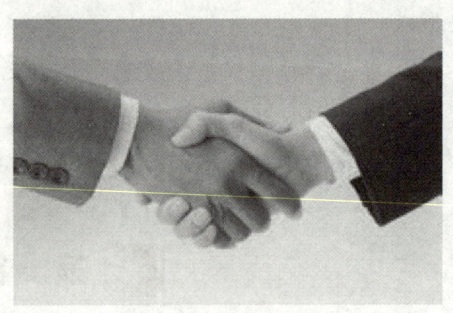

图3-1 握手礼

(二) 握手的三要素

1. 握手的先后顺序

握手讲究"尊者为先"的握手顺序，即应由主人、女士、长辈或职位高者先伸手，客人、男士、晚辈或职位低者再相迎握手。

2. 握手的力度

握手时的力度要适当，不轻不重恰到好处。若用力过轻，有怠慢对方之嫌；若不看重对象而用力过重，则会使对方难以接受，从而产生反感。男士握女士的手应当轻一些，不宜握满全手，只握其手指根部即可。

3. 握手的时间

握手的时间长短可根据握手双方的亲密程度灵活掌握，通常是握紧后打过招呼即松开。但如亲密朋友相遇、至爱亲朋依依惜别等场合握手时间则长一点。一般来讲在普通场合与别人握手所用时间以3秒左右为宜。

(三) 握手的禁忌

(1) 不要用左手相握，握手用右手，普遍认为用左手握手是失礼之举。

(2) 不要在握手时戴着手套或墨镜，只有女士在社交场合戴着薄纱手套握手，才是被允许的。

(3) 不要在握手时另外一只手插在衣服口袋里或拿着东西。

(4) 不要在握手时面无表情、不置一词或长篇大论、点头哈腰、过分客套。

(5) 不要在握手时仅仅握住对方的手指尖，好像有意与对方保持距离。正确的做法是要握住整个手掌。对初识的异性，应握住对方的手指根部。

(6) 不要在握手时把对方的手拉过来、推过去，或者上下左右不停晃动。

(7) 不要拒绝和别人握手，即使有手疾、汗湿或弄脏了，也要和对方说一下"对不起，我的手现在不方便"，以免造成误会。

【知识拓展】

握手礼的由来

握手是我们日常生活中最常用的礼节。握手礼虽然是现代社会普遍应有的礼仪，但是它的由来已久，主要说法有以下两种。

说法一：战争期间，骑士们都穿盔甲，除两只眼睛外，全身都包裹在铁甲里，随时准备冲向敌人。如果表示友好，骑士互相走近时就脱去右手的甲胄，伸出右手表示没有武器，互相握手言好。后来，这种友好的表示方式流传到民间，就成了握手礼。当今行握手礼也都不戴手套。互不相识的人初识或相识者再见时，先脱去手套才能施握手礼，以示对对方尊重。

说法二：握手礼来源于原始社会。早在远古时代，人们以狩猎为生，如果遇到素不相识的人，为了表示友好，就赶紧扔掉手里的打猎工具，并且摊开手掌让对方看看，示意手里没有藏东西。后来，这个动作被武士们学到了，他们为了表示友好，不再互相争斗，就互相摸一下对方的手掌，表示手中没有武器。随着时代的变迁，这个动作就逐渐形成了现在的握手礼。

三、鞠躬礼

"鞠躬"起源于中国。商代有一种祭天仪式"鞠祭"：祭品牛、羊等不切成块，而将整体弯卷成圆形（鞠形），再摆到祭处奉祭，以此来表达祭祀者的恭敬与虔诚。这种习俗在一些地方一直保持到现在。人们在现实生活中，逐步沿用这种形式来表达自己对地位崇高者或长辈的崇敬。

(一) 鞠躬礼的含义

鞠躬礼是中国、日本、韩国、朝鲜等国家普遍使用的一种传统礼节。鞠躬礼在现代主要表达"弯身行礼，以示恭敬"的意思。鞠躬时上体前倾的程度不同表达不同的意思，如上体前倾15°左右，表示欢迎、致谢；前倾30°左右，表示诚恳和歉意；前倾90°左右，表示忏悔、改过和谢罪。

(二) 鞠躬礼的分类

鞠躬即弯身行礼，它既适用于庄严肃穆或喜庆欢乐的仪式，又适用于普通的社交和商务活动场合。常见的鞠躬礼有以下三种：

1. 三鞠躬

三鞠躬的基本动作规范如下：

(1) 行礼之前应当先脱帽、摘下围巾，身体肃立，目视受礼者。

(2) 男士的双手自然下垂，贴放于身体两侧裤线处；女士的双手交叠搭放在腹前。

(3) 身体上部向前下弯约90°，然后恢复直立，重复三次。

2. 深鞠躬

深鞠躬的基本动作同三鞠躬，区别在于深鞠躬一般只鞠躬一次即可，但要求弯腰幅度一定要达到90°，以示敬意。

3. 社交、商务鞠躬礼

（1）在行礼时，立正站好，保持身体端正。

（2）面向受礼者，保持两三步远的距离。

（3）以腰部为轴，上体向前倾15°以上，同时问候"您好""早上好""欢迎光临"等。

（4）朋友初次见面、同志之间、宾主之间、下级对上级及晚辈对长辈等，都可以行鞠躬礼以表达对对方的尊敬。

四、致意礼

随着生活节奏加快，人们日益讲究效率，烦琐的礼仪有时已不合时宜，但是人们见面时仍需要互相传递感情，表示相互尊重，于是见面时常使用简单快捷的见面致意礼。致意礼可用于相熟的人之间或相交之初以及外交等各种场合，一般有微笑致意、点头致意、举手致意和欠身致意等形式。

（一）微笑致意

微笑可以传播友好，但值得注意的是微笑时面部表情与眼神应该是一致的，即面带微笑时眼睛也含笑，否则会被认为是敷衍。微笑致意作为一种礼节，可以用在与不相识者初次会面时，也可以用在同一场合经常见面的老朋友之间。

（二）点头致意

点头致意时面带微笑，目光注视对方，头微微向下，幅度不必过大，上体略微前倾。点头致意适用于不宜交谈的场合，如在会议、会谈进行中，或当行礼者看见受礼者正与人谈话且彼此目光又相遇时，可点头致意。与相识者在同一场合多次见面，或与有一面之交者在社交场合相遇，也可点头致意。

（三）举手致意

举手致意可分远近两种方式。远距离举手致意，一般不必出声，只要将右手臂伸直，举过头顶或略高于头，掌心朝向对方，以手肘为轴轻轻摆动手臂即可。近距离举手致意，一般是轻轻问候一声，将右肘弯曲，手掌放在右耳边，以手腕为轴，轻轻摆动手掌即可。近距离举手致意一般用于不便停留交谈的熟人之间。

（四）欠身致意

在注视被致意者的同时，致意者身体的上半部分应略微向前倾斜。这是对他人恭敬的一种表现，可以向一个人或者同时向多人欠身致意。一般用在会议、观看表演等场合，如尊者到时致意者不便起身或使用其他礼节，这时便可使用欠身致意礼向对方表示敬意。

（五）脱帽致意

与长者、熟人见面时，致意者若带着有帽檐的帽子，以脱帽致意是最为礼貌的。脱帽致意即微欠上身，用距离对方稍远的那只手脱帽，并将其置于大约与肩平行的位置，同时与对方交换目光。在有些国家是将帽檐向上轻掀一下以示致意。

五、介绍礼

在社交活动中，介绍起着非常重要的作用，它是人与人之间相识的一种手段。恰当的介绍可以使不相识的人们相互认识，扩大社交范围。自我介绍既能够得体地推销自己，又能显示良好的交际风度。

介绍礼仪一般可分为以下两种形式。

（一）自我介绍

社交场合中遇到你希望结识的人，又找不到适当的人介绍，即可自己充当自己的介绍人，将自己介绍给对方。这种自我介绍叫作主动型的自我介绍。这时自我介绍应谦逊、简明，把对对方的敬慕之情真诚地表达出来。电话约某人，而又从未与这个人见过面，这时要向对方介绍自己的基本情况，还要简略谈一下要约见对方的事由。演讲、发言前面对听众做自我介绍，最好既简明扼要，又要有特色，利用"首因效应"，给听众一个良好的第一印象。求职应聘或参加竞选时更需要自我介绍，而且自我介绍的形式可能不止一种，通常既要有书面介绍材料（个人简历），又要有口头的，或详或简，或严肃庄重，或风趣、幽默、诙谐等。

（二）他人介绍

首先，由谁当介绍人就应当有讲究，不同级别、不同档次的人当介绍人，给双方的待遇在感觉上是完全不同的。介绍的顺序，一般应当遵循"尊者居后"的原则，即先介绍位卑者，后介绍位尊者。团体会见时双方在相互介绍本方人员时，应按职务高低的顺序进行，即先介绍职务高的，再按顺序介绍职务低的。为客户做介绍，一般可由秘书、办公室主任或其他相关人员担当介绍人；双方宾客到第三方熟悉的某家庭做客，由女主人做介绍人；为贵宾做介绍，一般应由主人方最高职务者充当介绍人。

六、名片礼

名片是个人用作交际或送给他人作为纪念的一种介绍性媒介，是一个人职业、身份的说明，当前已成为人们社交活动的重要工具。因此，名片的递送、接受和存放也要讲究社交礼仪。一般来说，名片上应印有工作单位、主要头衔、通信地址、电话及邮政编码等。

（一）名片的递送

在社交场合，名片是自我介绍的简便方式。递送名片的顺序一般是"先客后主，先低后高"。当与多人递送名片时，应依照对方职位高低的顺序或是由近及远依次进行，切勿跳跃式地进行，以免使对方有厚此薄彼之感。在递送名片时，应起身将名片正面面向对方双手奉上，眼睛应注视对方，面带微笑，并大方地说："这是我的名片，请多多关照。"名片的递送应在介绍之后,在尚未弄清对方身份时不应急于递送名片,更不要把名片视同传单随便散发。名片的递送手法如图3-2所示。

(二) 名片的接受

在接受名片时,应起身站立相迎,面带微笑双手接过名片并向对方致谢,然后礼貌地默读名片信息,遇有显示对方荣耀的职务、头衔不妨轻声读出,以示尊重和敬佩。随后应当回敬对方一张自己

图3-2 名片的递送手法

的名片。若没有回敬名片,应向对方做出合理的解释并致以歉意。

(三) 名片其他使用注意事项

(1) 名片要准备充分,不能匮乏。
(2) 名片要保持清洁,切不可出现折皱、破烂、肮脏、污损、涂改的情况。
(3) 把名片装在专门的名片夹内,然后放在容易拿的上衣口袋中。
(4) 接到他人名片后,切勿将其乱丢乱放、乱揉乱折。

第二节 接待礼仪

接待礼仪是在接待工作中形成的尊重宾客的礼节和仪式。接待宾客是旅游从业人员日常工作中最基本的内容之一,表现在迎客、待客和送客的各个环节。在接待过程中应该体现宾客至上、礼貌服务的接待礼仪,同时还要考虑来访者的身份,给予不同的接待规格,目的是让宾客有受到尊重、宾至如归的感觉。接待礼仪主要包括引领礼仪、座次礼仪、送行礼仪和乘车礼仪等。

一、引领礼仪

接待人员带领客人到达目的地,应该有正确的引导方法和引导姿势。手势动作为向引导方向伸手臂,上臂和身体呈45°角,五指相贴并拢,手掌呈一定弧度。图3-3示范了正确的引导手势及应用。在走廊、楼梯、电梯和客厅等不同场合,有不同的引导方法。

图3-3 引导手势及应用

（一）在走廊的引导方法

接待人员站在客人的左前方，一般距离客人1~1.5m。如果接待的客人为老人或特殊人群，在搀扶或帮助客人拿东西时，必须先得到客人的允许。

（二）在楼梯的引导方法

当引导客人上楼时，应该让客人走在前面，接待人员走在后面，一方面表示客人在高处，另一方面可以起到一定的安全保护作用。在下楼梯的时候正好相反，接待人员应该走在客人的前面，同样把尊贵、安全的位置留给客人。

（三）在电梯的引导方法

在引导客人乘坐电梯时，接待人员应先进入电梯按住开门按钮，以免电梯门碰到客人；在下电梯时，接待人员同样应按住开门按钮，请客人先走出电梯。

（四）客厅里的引导方法

当客人走入客厅，接待人员应用手势结合礼貌用语引导客人坐下。在客人坐下后，接待人员可以行点头礼后离开。如果客人误坐下座（一般靠近门的一方为下座），接待人员应请客人改坐上座。

二、座次礼仪

座次的安排体现出礼仪的规范和对来宾的尊重。在专门的会客室、贵宾室和接待室招待来宾时，主宾双方的座次往往是一个十分敏感的问题，接待人员要高度重视，避免失礼于人。座次安排通常应把握好以下原则：

（一）面门为上

在招待来客时，宾主双方多采用"相对式"就座，即宾主双方面对面而坐，如图3-4所示。采用"相对式"就座时，均以面对接待室正门的座次为上，让之于来宾；以背对接待室正门的座位为下，由主方人员自己就座。"相对式"就座，主宾、主人居中，其他客人、主方陪同人员均按身份高低就座于两侧。

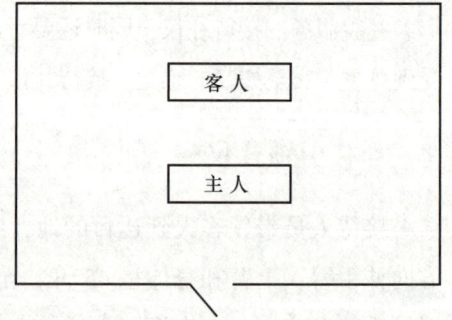

图3-4　面门为上

（二）以右为上

宾主双方在正式会见时，为了显示彼此的亲密无间，常采用平起平坐式就座，即宾主双方并排就座，以右为上，这种座次安排称为"并列式"，如图3-5所示。"并列式"就座，主宾、主人在面对正门位置，主宾在主人的右侧，其他客人按礼宾顺序在主宾一侧就座，主方陪同人员在主人左侧按身份高低就座。

（三）以远为上

由于条件的限制，有时宾客双方并排就座，并未面对房间的正门，而是居于室内左右两侧中的一侧。此时，一般以距离接待室门较远的座位为上，应邀请来宾就座，而以距离接待室门较近的位置为下，由主人自己就座，如图3-6所示。距离接待室门近者易受打扰，远者则受打扰较少，故以远为上。

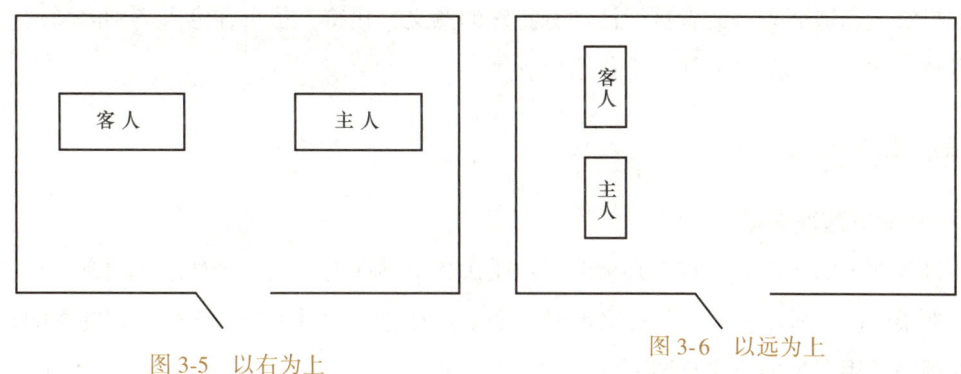

图3-5　以右为上　　　　　　　图3-6　以远为上

（四）居中为上

"居中为上"的排列方法指的是来宾较少、主方陪同人员较多时，主方的人员以一定的方式围坐在来宾的两侧或四周，呈现"众星捧月"之势，如图3-7所示。此时，居中者为上座，应邀主宾就座。

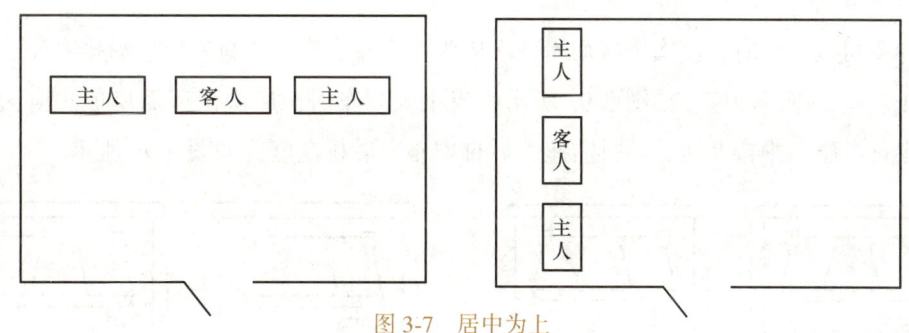

图3-7　居中为上

三、送行礼仪

送行是接待工作的最后一个环节。如果处理不好，将影响整个接待工作，使接待工作前功尽弃。送行礼仪主要包括婉言挽留、安排交通及赠送礼品等内容。

（一）婉言挽留

无论接待什么样的客人，当客人提出告辞，接待人员都要婉言挽留。有时客人的告辞是试探性的，是对主人是否高兴继续谈下去的观察。所以，当客人提前告辞时，切不可急于起身送客。如果客人确实要离开，则不必再三勉强。在客户起身告辞时，应起身与客户握手告别，并招呼其他工作人员一起热情相送。

（二）安排交通

在送客时，接待人员应按照接待时的规格对等送别，做好交通方面的安排，用车将客人送到车站、机场、码头,最好能送到车厢,安排好座位;对于贵客,应先联系好贵宾室,请客人在贵宾室等候。在客人所乘的车、船启动时,接待人员应频频挥手告别。

(三)赠送礼品

如果客人远道而来,或者接待活动有特殊的意义,接待人员可在客人离别时赠送一些具有地方特色或有纪念意义的礼品,作为留念。

四、乘车礼仪

(一)乘车座次安排

在排列乘车的座次时,首先必须明确:座次数量不同的车型,排列座次的方法往往有所不同。在乘坐同一种车型时,驾驶人的具体身份往往也会对排列座次产生一定的影响。下面介绍在国内常用车型的座次排列。

1. 双排五座

当专职司机驾车时,座次由尊而卑依次应为:后排右座、后排左座、后排中座、副驾驶座,如图3-8a所示;当主人驾车时,座次由尊而卑依次应为:副驾驶座、后排右座、后排左座、后排中座,如图3-8b所示。

2. 三排七座

当专职司机驾车时,座次由尊而卑依次应为:中排右座、中排左座、后排右座、后排中座、后排左座、副驾驶座,如图3-9a所示;当主人驾车时,座次由尊而卑依次应为:副驾驶座、中排右座、中排左座、后排右座、后排中座、后排左座,如图3-9b所示。

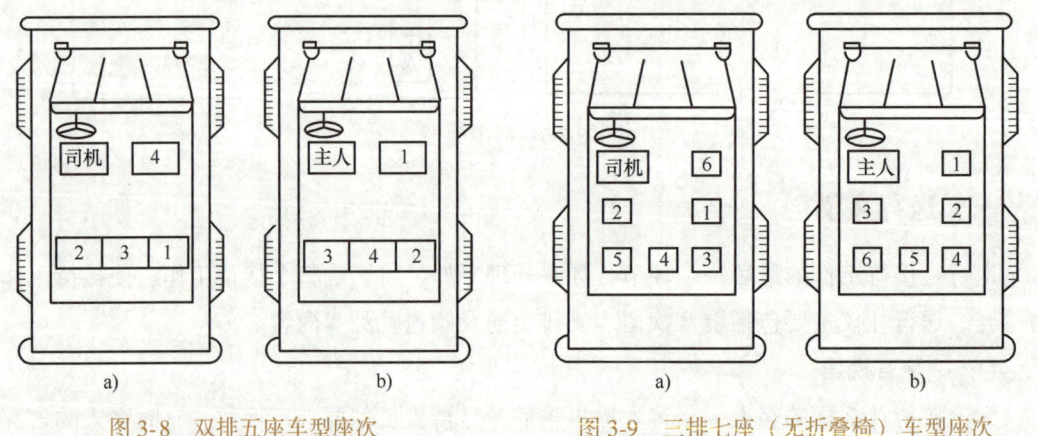

图3-8 双排五座车型座次　　　　图3-9 三排七座(无折叠椅)车型座次
a) 专职司机驾车时　b) 主人驾车时　　a) 专职司机驾车时　b) 主人驾车时

3. 其他车型的座次

(1)吉普车。吉普车是一种轻型越野客车,大多都是四座。无论由谁驾驶,吉普车上座次由尊而卑均依次是:副驾驶座、后排右座、后排左座,如图3-10所示。

（2）多排座轿车。多排座轿车指的是有四排以及四排以上座位的大中型轿车。无论由何人驾驶，均以前排为上，后排为下，以右为尊，以左为卑，并以距离前门的远近来排定其具体座次的尊卑，如图3-11所示。

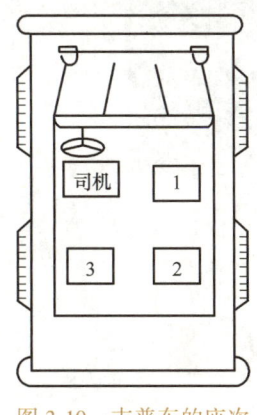

图3-10　吉普车的座次

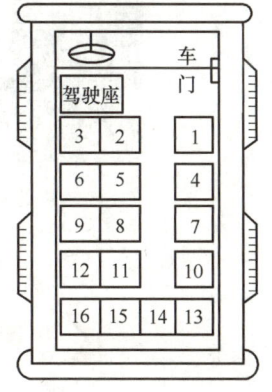

图3-11　多排座轿车的座次

（二）上下车的次序

1. 主人亲自驾车

通常情况下，主人应后上车，先下车。

2. 专职司机驾车

同坐于后一排者，应请尊长、女士或客人从右侧车门先上车，自己再从车后绕到左侧车门后上车；在下车时，则应自己先从左侧下车，再从车后绕过来帮助他人。如果左侧车门不宜开启，应当里坐先上，外座后上；在下车时，则应外座先下，里座后下。总之，以方便易行为宜。

3. 乘三排七座车

通常情况下，位低者先上车、后下车，位高者后上车、先下车。

4. 乘多排座轿车

以距离车门远近为序，上车时，距车门最远者先上，其他人随后由远而近依次上。

（三）其他注意事项

主人亲自驾车，如坐客只有一人，则应坐在主人旁边。若同坐多人，中途坐前座的客人下车后，在后面坐的客人应改坐前座，此项礼节最易疏忽。

主人夫妇驾车，则主人夫妇坐前座，客人夫妇坐后座，男士要服务于自己的夫人，宜开车门让夫人先上车，然后自己再上车。如果主人夫妇搭载友人夫妇的车，则应邀友人坐前座，友人之妇坐后座，或让友人夫妇都坐前座。

值得注意的是女士乘车不要一只脚先踏入车内，也不要爬进车里。需先站在座位边上，把身体降低，让臀部坐到位子上，再将双腿一起收进车里，双膝一定要保持合并的姿势，如

图 3-12 所示。

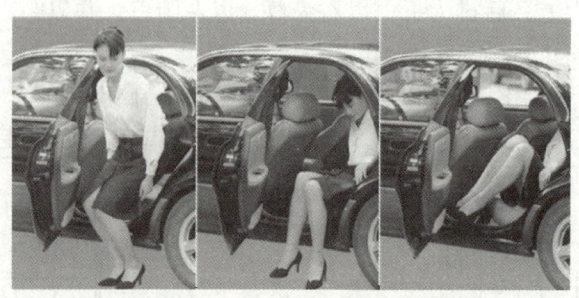

图 3-12　女士乘轿车时的正确步骤

第三节　宴请礼仪

宴请是人际交往中最常见的交际活动之一。各国宴请都有自己国家或民族的特点与习惯。国际上通用的宴请形式有宴会、招待会、茶会和工作餐等。举办宴请活动采用何种形式，通常根据活动目的、邀请对象以及经费开支等各种因素而定。

一、宴请形式

（一）宴会

宴会为正餐，由服务员顺次上菜。宴会有国宴、正式宴会、便宴和家宴之分；按举行的时间，又有早宴（早餐）、午宴和晚宴之分。不同形式的宴会隆重程度、出席规格，以及菜肴的品种与质量等均有区别。一般来说，晚上举行的宴会较之白天举行的宴会更为隆重。

1. 国宴

国宴是国家元首或政府首脑为国家庆典，或为外国元首、政府首脑来访而举行的正式宴会，因而规格最高。宴会厅内悬挂国旗，安排乐队演奏国歌及席间乐。席间致辞或祝酒。图 3-13 中展示了中西方国宴的场景。

图 3-13　中西方国宴

2. 正式宴会

正式宴会除不挂国旗、不奏国歌以及出席规格不同外，其余安排大体与国宴相同。有时也安排乐队奏席间乐。宾主均按身份排位就座。许多国家的正式宴会对宴会服饰比较讲究，往往从服饰规定上体现宴会的隆重程度。请柬上会注明对客人服饰的要求。正式宴会对餐具、酒水、菜肴道数、陈设，以及服务员的装束、仪态都有严格要求。

3. 便宴

便宴即非正式宴会，常见的有午宴、晚宴，有时也有早上举行的早宴（早餐）。这类宴会形式简便，可以不排席位，不做正式讲话，菜肴道数也可酌减。西方人的午宴有时不上汤，不上烈性酒。便宴较随便、亲切，宜用于日常友好交往。

4. 家宴

家宴即在家中设宴招待客人。西方人喜欢采用这种形式，以示亲切友好。家宴往往由主妇亲自下厨烹调，家人共同招待。

（二）招待会

招待会是指各种不备正餐、较为灵活的宴请形式，备有食品和酒水饮料，通常都不排席位，可以自由活动。常见的有以下两种形式：

1. 冷餐会

这种招待会的特点是不排席位，菜肴以冷食为主，也可用热菜，连同餐具陈设在菜桌上，供客人自取。客人可以自由活动，可以多次取食。酒水可陈放在桌上，也可由服务员端送。冷餐会在室内或在院子里、花园里举行，可设小桌、椅子，自由入座，也可以不设座椅，站立进餐。根据主、客双方身份，招待会规格隆重程度可高可低。这种形式常用于官方正式活动，以招待人数众多的宾客。

2. 鸡尾酒会

这种招待会形式较活泼，便于宾客广泛接触交谈。招待品以酒水为主，略备小食。设置小桌（或茶几），以便客人随意走动。酒会举行的时间也较灵活，中午、下午或晚上均可，请柬上往往注明整个活动延续的时间，客人可在这期间任何时候到达和退席，不受约束。图 3-14 展示了鸡尾酒会活动现场。

图 3-14 鸡尾酒会活动现场

近年国际上举办大型活动采用酒会形式较普遍。庆祝各种节日、欢迎代表团访问，以及各种开幕、闭幕典礼，文艺、体育招待演出前后往往举行鸡尾酒会。

（三）茶会

茶会是一种简便的招待形式，举行的时间一般在下午 4 点左右（也有上午 10 点举行的)。茶会通常设在客厅,厅内设茶几、座椅。茶会不排席位,但如果是为某贵宾举行的活动,入座时会将主宾同主人安排坐到一起,其他人随意就座。茶会,顾名思义是请客人品茶。因此,茶叶、茶具的选择要有所讲究,或具有地方特色。外国人一般用红茶,略备点心和地方风味小吃,也有不用茶而用咖啡者,其组织安排与茶会相同。

(四)工作餐

按用餐时间分为工作早餐、工作午餐和工作晚餐。这是现代交往中经常采用的一种非正式宴请形式(有的时候由参加者各自付费),出席者利用进餐时间,边吃边谈问题。在代表团访问中,往往因日程安排不开而采用这种形式。此类活动一般只请与工作有关的人员,不请配偶。双边工作进餐往往排席位,一般采用长桌以便于谈话。

二、中餐宴请礼仪

中国的饮宴礼仪号称始于周公,经过千百年的演进,终于形成一套大家普遍接受的饮食进餐礼仪,是古代饮食礼制的继承和发展。现代中餐宴请礼仪因宴席的性质、目的而不同,不同的地区也是千差万别的,主要包括用餐礼仪和席位排列礼仪。

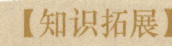
【知识拓展】

中式筵席的格局

筵席和宴席有所不同。筵席包括席桌上的酒菜配置,酒菜的上法、吃法和陈设等。古代吃饭是没有凳子的,全部席地而坐。古人将铺在下面的大席子称为"筵",将每人一座的小席子称为"席",合起来就叫"筵席"。但是宴席与此不同,它是在筵席的基础上加上了礼仪程序。比如国宴就要有国家领导人及贵宾讲话、奏乐等;婚宴就要有父母讲话、新人拜天地等。

中式筵席的组成格局是经过长期实践证明,被广大食客所接受的相对稳定的筵席模式。总的来说,中式筵席的组成格局是三段式。

第一段是"序曲"。传统的、完整的"序曲",内容很丰富、很讲究。它包括以下内容:

(1) 茶水。茶水又分为礼仪茶和点茶两类。不需要收费的茶,称为礼仪茶;需要计费的、要请客人点用的茶,称为点茶。

（2）手碟。传统而完整的手碟分为干果手碟、蜜果手碟和水果手碟三种。现在的筵席一般只配干果手碟。讲究的筵席往往会在菜单上将茶水和手碟的内容写出来。

（3）开胃酒、开胃菜。为了在正式开餐前打开客人的胃口，传统筵席往往要配置开胃酒和开胃菜。一般开胃酒是低酒精度、略带甜酸味的酒，如桂花蜜酒、玫瑰蜜酒等。开胃菜一般是酸辣味、甜酸味或咸鲜味的，如糖醋辣椒圈、水豆豉或榨菜等。

（4）头汤。完整的中式筵席一般应该有三道汤，即头汤、二汤和尾汤。头汤一般采用银耳羹、粟米羹、滋补鲜汤或者粥品。

（5）酒水、凉菜。酒水、凉菜是"序曲"中的重要内容。俗话说，"无酒不成筵""酒宴不分家"。一般来说，越是高档的筵席，酒水的配置越高档，凉菜配置的道数越多。讲究的菜单在配置酒水的时候，除了要将酒水的品牌写出来以外，还要注明是烫杯还是冰镇。

第二段是"主题歌"。所谓主题歌，即是筵席的大菜、热菜。

第一道菜被称为"头菜"。它是为整个筵席定调、定规格的菜。如果头菜是金牌鲍鱼，那么这个筵席就称为鲍鱼席；如果头菜是一品鱼翅，那么这个筵席就称为鱼翅席；如果头菜是葱烧海参，那么这个筵席就叫海参席。

第二道菜为烤或炸菜。按传统习惯，第二道菜一般是烧烤的或者煎炸的菜品。例如，北京烤鸭、烤乳猪、烧鹅仔或者煎炸仔排等。

第三道菜为二汤菜。这道菜一般采用清汤、酸汤或者酸辣汤，有醒酒的作用。一般随汤跟一道酥炸点心。

第四道菜是可以灵活安排的菜，一般是鱼类菜品。

第五道菜是可以灵活安排的菜，鸡肉、鸭肉、兔肉、牛肉或猪肉菜均可。

第六道菜也是可以灵活安排的菜。

第七道菜一般就要安排素菜了，笋、菇、菌或时鲜蔬菜均可。

第八道菜一般是甜菜，羹泥、烙品或酥点均可。因为喝酒、品菜已到尾声，客人要换口味才舒服。

第九道菜是座汤，也称尾汤。传统的座汤往往是全鸡、全鸭或牛尾汤等浓汤或高汤，意味着全席有一个精彩的结尾。

第三段是"尾声"。

（1）这时可上一点主食，如面条、米饭。讲究的筵席一般会配饭菜四道，两荤两素。

（2）米饭、面条等主食用完以后，一般要上时令水果。既能让客人清清口，又表示整个筵席结束。

（3）茶水。水果吃得差不多的时候，客人还没有散意的话，就可以上一点茶水。传统筵席这时上茶水也有"端茶送客"的意思。

（一）中餐传统礼仪

古代的宴请礼仪按阶层可划分为宫廷、官府、行帮和民间宴请礼仪等。现代宴请礼仪则简化为主人（东道）礼仪和客人礼仪了。

主人在宴会开始之前，应该准备妥当，并随即站立于门前迎接宾客。照例是：作为晚辈的主人，站在最前面，长辈居后。对每一个客人，主人都得分别依次招呼，不可疏忽。

客人赴宴应讲究仪容，根据与主人的关系亲疏决定是否携带小礼品或好酒。客人赴宴守时守约；抵达后，先根据认识与否，自报家门或由主人进行引见介绍，听从主人安排。

就餐入座是整个中国宴请礼仪中最重要的一项。从古到今，因为餐桌的演进，座位的排法也相应变化。总的来讲，座次"尚左尊东""面朝大门为尊"。家宴首席为辈分最高的长者，末席为辈分最低者；根据主客身份、地位、亲疏分坐。家庭宴请，首席为地位最尊的客人，主人则居末席。首席未落座，其他人都不能落座；首席未开始用餐，其他人都不能开始用餐；巡酒时自首席按顺序一路敬下，其他人再饮。更讲究的，如果来报有人来，无论地位尊卑，全席人均应出迎。

（二）中餐餐具礼仪

中餐的餐具主要有杯、盘、碗、碟、筷、匙六种。在正式宴会上，水杯放在骨碟上方，酒杯放在右上方，筷子与汤匙可放在筷架上。图3-15展示的是中餐餐具摆放。

筷子是中餐中最主要的进餐用具。握筷姿势应规范，需要使用其他餐具时，应先将筷子放下。

筷子一定要放在筷架上，不能放在杯子或盘子上，否则容易碰掉。如果不小心把筷子碰掉在地上，可请服务员换一双。在用餐过程中，已经举起筷子，但不知道该吃哪道菜，这时不可将筷子在各碟菜中来回移动或在空中游弋。不要用筷子叉取食物放进嘴里，或用舌头舔食筷子上的附着物，更不要用筷子去推动碗、盘和杯子。有事暂时离席，不能把筷子插在碗里，应把它轻放在筷架上。

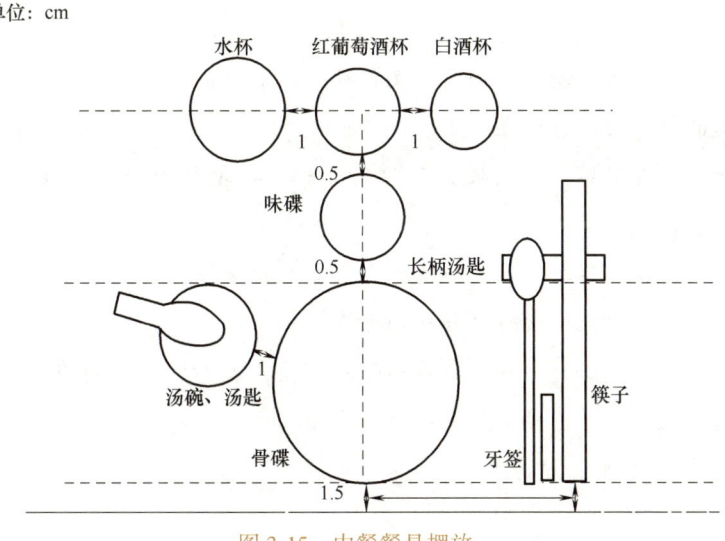

图 3-15　中餐餐具摆放

【知识拓展】

中国筷子使用礼仪

中国使用筷子，在人类文明史上是一桩值得骄傲和推崇的科学发明。李政道论证中华民族是一个优秀种族时说："中国人早在春秋战国时代就发明了筷子。如此简单的两根东西，却巧妙绝伦地应用了物理学上的杠杆原理。筷子是人类手指的延伸，手指能做的事，它都能做，且不怕高热，不怕寒冻，真是高明极了。比较起来，西方人大概到16、17世纪才发明了刀叉，但刀叉哪能跟筷子相比呢？"日本的学者曾测定，人在用筷子夹食物时，有80多个关节和50条肌肉在运动。因此，用筷子吃饭使人手巧，可以训练大脑使之灵活。外国人对这两根神奇的棍状物能施展出夹、挑、舀、撅等功能钦美不已，并以自己能使用它进食而感到高兴。

在长期的生活实践中，人们对使用筷子形成了一些礼仪上的忌讳。

一忌敲筷。在等待就餐时，不能坐在餐桌边，一手拿一根筷子随意敲打，或用筷子敲打碗盏或茶杯。

二忌掷筷。在餐前发放筷子时，要把筷子一双双理顺，然后轻轻地放在每个人的餐桌前；当距离较远时，可以请人递过去，不能随手掷在桌上。

三忌叉筷。筷子不能一横一竖交叉摆放，不能一根是大头，一根是小头。筷子要摆放在碗的旁边，不能搁在碗上。

四忌插筷。在用餐中途因故需暂时离开时，要把筷子轻轻搁在桌子上或餐碟边，不能插在饭碗里。

五忌挥筷。在夹菜时，不能把筷子在菜盘里挥来挥去、上下乱翻，遇到别人也来夹菜时，要有意避让，谨防"筷子打架"。

六忌舞筷。在说话时，不要拿着筷子在餐桌上乱舞；也不要在请别人用菜时，把筷子戳到别人面前，这样做是失礼的。

（三）中餐席位排列

中餐席位排列关系到来宾的身份和主人给予对方的礼遇，所以是一项重要的内容。举办正式宴会，一般均应提前排定位次。中餐宴会的排位，通常可分为桌次安排与席次安排两个具体方面。

1. 桌次安排

在宴会上，倘若所设餐桌不止一桌，则有必要正式排列桌次。排列桌次的具体规则有以下三种：

（1）以右为上。当餐桌左右横向排列时，应以居右之桌为上。此时的左右，是在室内根据"面门为上"的规则所确定的，如图 3-16 所示。

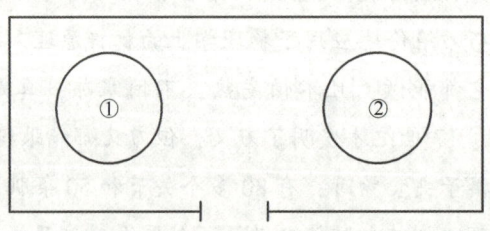

图 3-16　餐桌横向排列以右为上

（2）以远为上。当两桌竖排时，桌次讲究以远为上，以近为下。这里所讲的远近，是以距离正门的远近而言的。当餐桌距离餐厅正门有远近之分时，通常以距门远者为上，如图 3-17 所示。

（3）居中为上。当多张餐桌并排列开时，一般居中央者为上，如图 3-18 所示。

在安排多桌宴请的桌次时，除了要注意"面门为上""以右为上""以远为上"等规则外，还应兼顾其他各桌距离主桌的远近。通常，距离主桌越近，桌次越高；距离主桌越远，桌次越低。以上三条桌次排次的规则往往是交叉使用的，如图 3-19 所示。

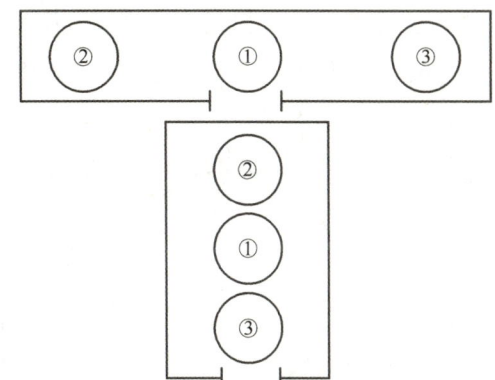

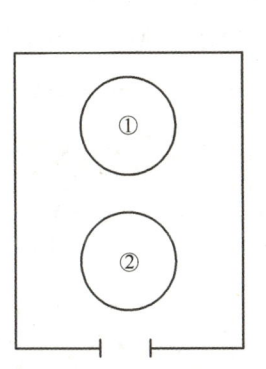

图 3-17　餐桌竖向排列以远为上　　　图 3-18　多张餐桌并排列开居中为上

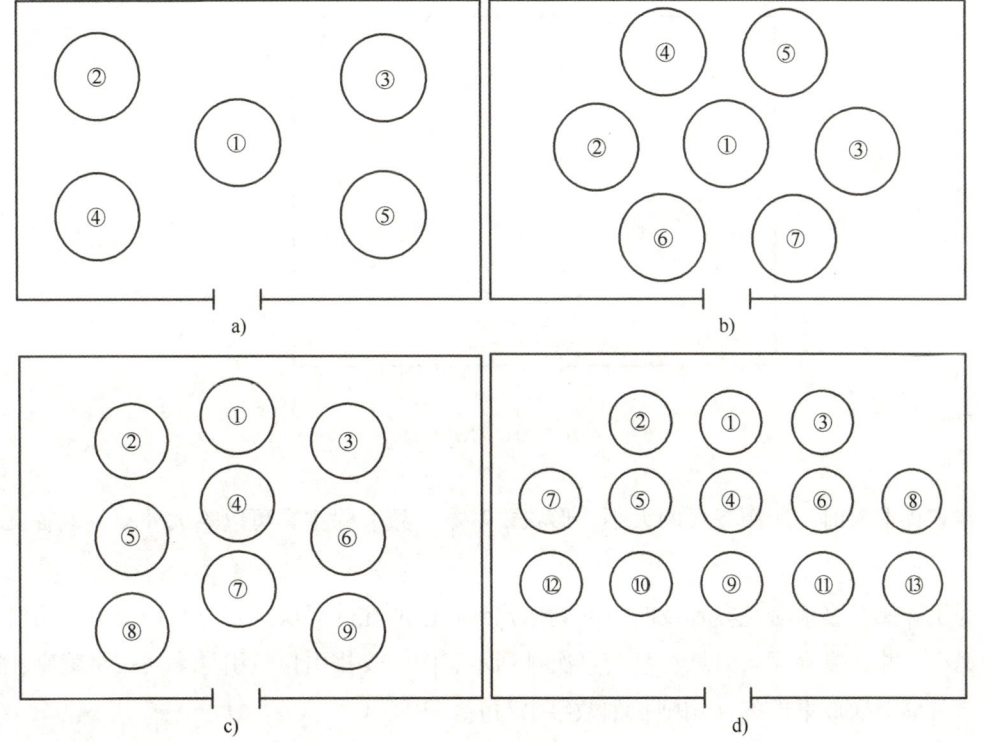

图 3-19　多桌桌次排列规则

2. 席次安排

在宴会上，席次具体是指同一张餐桌上席位的高低。中餐宴会上席次安排的具体规则有以下四条：

第一，面门为主，即主人之位应当面对餐厅正门。有两位主人时，双方则可对面而坐，一人面门，一人背门，如图 3-20a 所示。

第二，主宾居右。它的含义是，主宾一般应在主人右侧之位就座，如图 3-20b 所示。

第三，好事成双。根据传统习俗，凡吉庆宴会，每张餐桌上就座之人应为双数。

第四，各桌同向。通常，宴会上的每张餐桌上的排位均大体相似，如图3-20c所示。

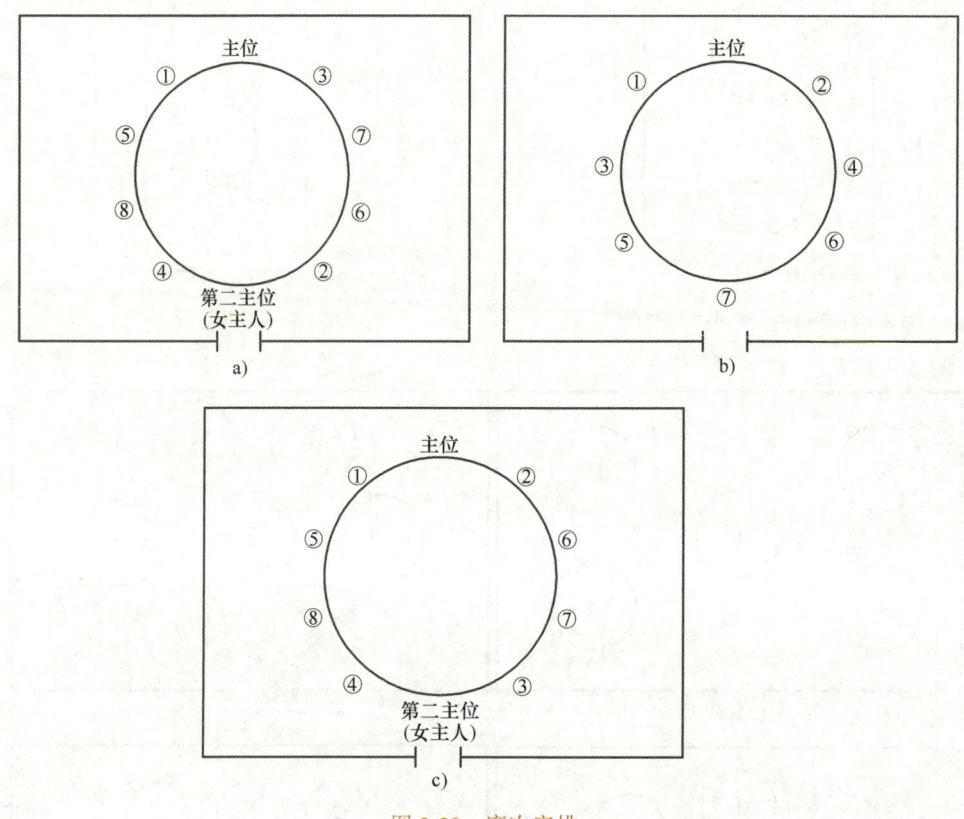

图3-20 席次安排

在安排桌次时，所用餐桌的大小、形状要基本一致。除主桌可以略大外，其他餐桌都不要过大或过小。

为了确保在宴请时赴宴者及时、准确地找到自己所在的桌次，可以在请柬上注明对方所在的桌次，并在宴会厅入口悬挂宴会桌次排列示意图，安排引位员引导来宾按桌就座，或者在每张餐桌上摆放桌次牌（用阿拉伯数字书写）。

【拓展训练】

中餐宴会多桌次排列

请用数字标明图3-21所列桌次的主次顺序。

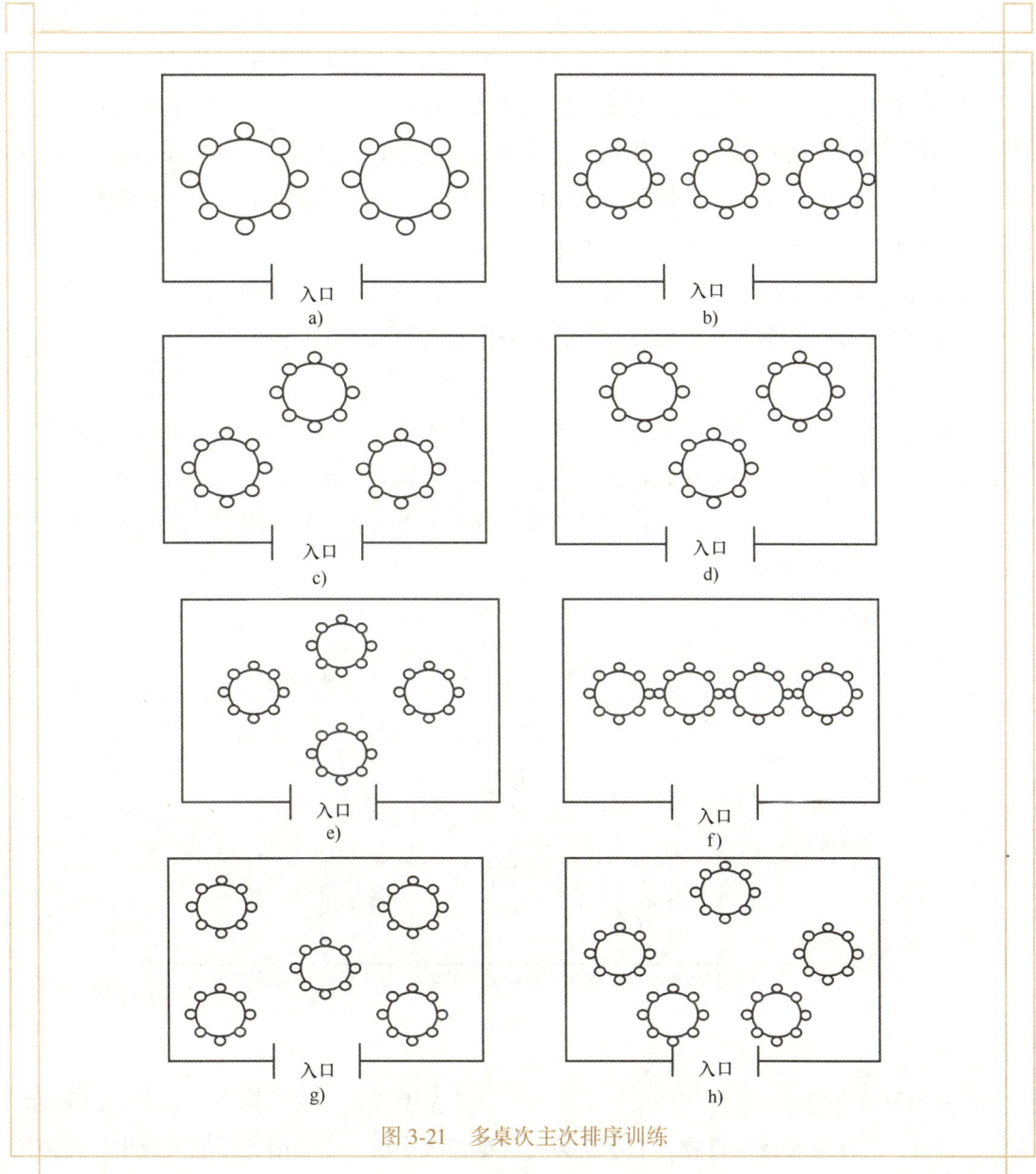

图 3-21 多桌次主次排序训练

三、西餐宴请礼仪

在西方，跟宴请有关的事都备受重视，因为它同时提供了两种最受赞赏的美学享受——美食与交谈。用餐时酒、菜的搭配，优雅的用餐礼仪，如何正确使用餐具和酒具等都是参加宴请的必修课。

（一）西餐基本礼仪

在西方，去餐厅吃饭一般都要事先预约。在预约时，首先要说明人数和时间，其次要表明是否要吸烟区或视野良好的座位。如果是生日或其他特别的日子，可以告知宴会的目的和预算。在预定时间到达是基本的礼貌，有急事时要提前通知取消订位并且道歉。

再昂贵的休闲服，也不能随意穿着上高档西餐厅吃饭，穿着得体是欧美人的常识。去高档的西餐厅，男士要穿整洁，如果指定穿正式服装，男士必须打领带；女士要穿晚礼服或套装和有跟的鞋子，化妆要稍重，因为餐厅内的光线较暗。在进入餐厅时，男士应先开门请女士进入，应请女士走在前面。入座、点酒都应请女士来决定。

就座时，身体要端正，手肘不要放在桌面上，不可跷足，与餐桌的距离以便于使用餐具为佳。餐台上已摆好的餐具不要随意摆弄，将餐巾对折轻轻放在膝上。

(二) 西餐餐具礼仪

西餐宴会使用的餐具主要有刀、叉、匙、杯、盘等。刀分食用刀、鱼刀、肉刀、奶油刀和水果刀；叉分食用叉、鱼叉和龙虾叉；匙有汤匙、茶匙等。杯的种类更多，茶杯、咖啡杯多为瓷器，并配小碟；水杯、酒杯多为人造玻璃制品，不同的酒要使用不同的酒杯。西餐餐具摆放形式如图 3-22 所示。

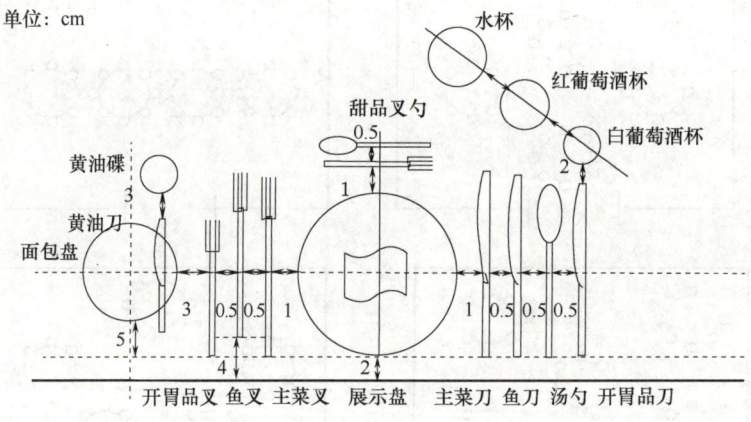

图 3-22 西餐餐具摆放形式

在使用刀叉进餐时，从外侧往内侧取用刀叉，要左手持叉，右手持刀，如图 3-23 所示。在切东西时，左手拿叉按住食物，右手执刀将其锯切成小块，然后用叉子送入口中。在使用刀时，刀刃不可向外。在进餐中放下刀叉时，应摆成"八"字形，分别放在餐盘边上。刀刃朝向自身，表示还要继续吃，如图 3-24a 所示。每吃完一道菜，将刀叉并拢放在盘中，如图 3-24b 所示。

在吃正餐时，刀叉数目应与上菜道数相等，并按上菜顺序由外至内顺序摆放，刀口向内，用餐时可按此顺序使用，吃一道换一副刀叉。在撤盘时，要将刀叉一并撤换。如果吃饭期间谈话，可以拿着刀叉，无须放下。若不用刀时，可以用右手持叉，但若需要做手势时，就应放下刀叉，千万不可手执刀叉在空中挥舞摇晃。不要一手拿刀或叉，而另一手拿餐巾擦嘴，也不可一手拿酒杯，另一手拿叉取菜。不可将刀叉的一端放在盘上，另一端放在桌上。每次送入口中的食物不宜过多，在咀嚼时不要说话，更不可主动与人谈话。除喝汤外，不用匙进食。汤用深盘或小碗盛放，喝时用汤匙由内往外舀起送入口中，即将喝尽，可将盘向外略托起。

图 3-23　西餐正确使用刀叉的姿势

a)　　　　　　　b)

图 3-24　刀叉摆放的不同含义

【知识拓展】

西餐餐巾的正确使用

（1）入座后，不要急于打开餐巾。

（2）从餐桌上拿起餐巾，先对折，再将褶线朝向自己，摊在腿上。绝不能把餐巾抖开，如围兜般围在脖子上，或塞在领口。把餐巾的一角塞进扣眼或腰带里，也是错误的方法。假如衣服的质地较滑，餐巾容易滑落，那应该以较不醒目的方法，将餐巾的一角塞进腰带里，或左右两端塞在大腿下。除了必要时用来擦嘴之外，在餐桌上用餐的整个过程中餐巾必须一直保持平铺在双腿上。

（3）餐巾也叫口布，是用来擦嘴的。

（4）在用餐过程中，饮用酒水之前，需要先用餐巾擦拭嘴边的油迹。

（5）若中途暂时离席，须让餐巾从餐桌上垂下一角，不过宴席中最好避免中途离席。若非暂时离席，许多人会把餐巾叠好放在椅子上。这种处理方式并没有错，因为餐巾摆放在桌上容易被误会已经离席。其实，最理想的方式是用盘子或刀子压住餐巾的一角，让它从桌沿垂下，当然脏的那一面朝内侧才雅观。

（6）用餐完毕，把餐巾从中间拿起，放在桌子上，具体位置是盘子左边的地方。只需要随意放好就可以了，不必特意折叠好，但也要注意不要把餐巾弄得皱巴巴的。

（7）餐巾通常是折叠好放在位子中间的装饰盘上，这是正式的晚宴上常见的餐巾摆法。除此之外，餐巾也会放在盘子的边上。

(8) 餐巾是可以弄脏的，如不想将餐巾弄脏，而取出自己的手帕或面纸使用，是违反用餐礼仪的。

(9) 在将鱼骨头或水果的种子吐出时，可利用餐巾遮住嘴，直接吐在餐巾内，再将餐巾向内侧折起。

(10) 第一个打开餐巾布的人应该是主人，这个动作宣布晚宴正式开始。

(三) 西餐席位安排

西餐的位置排列与中餐有相当大的区别，中餐多用圆桌，而西餐一般都用长桌。举行正式宴会，座席排列按国际惯例：桌次的高低依距离主桌位置的远近而右高左低，桌次多时应摆上桌次牌。同一桌上席位的高低也是依距离主人座位的远近而定。西方习俗是男女交叉安排。西餐餐桌席位安排，如图3-25所示。

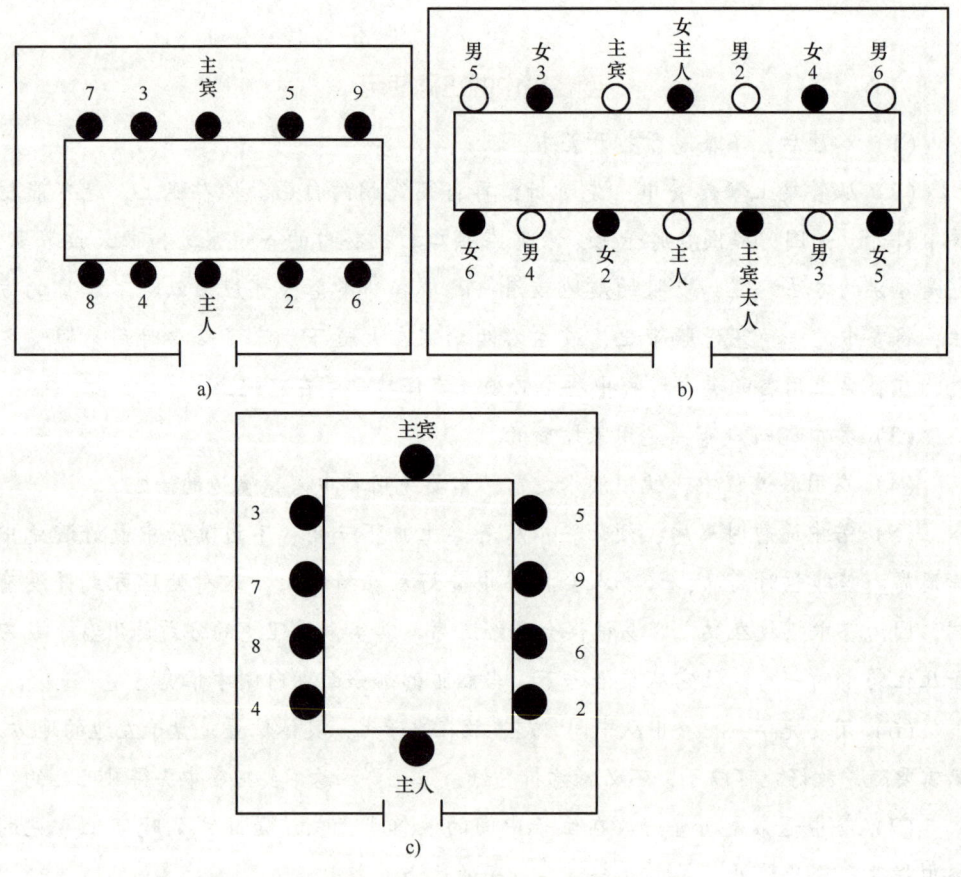

图3-25 西餐餐桌席位安排

a) 不偕夫人的场合（餐桌横排） b) 偕夫人的场合 c) 不偕夫人的场合（餐桌竖排）

【关键概念】

见面礼仪　接待礼仪　宴请礼仪　西餐礼仪

【课堂讨论】

回忆自己在餐桌上的表现，检查自己是否注意了形态礼仪，有哪些方面做得不够好？今后打算怎么改进？

【复习思考】

1. 称呼礼包括哪些内容？
2. 握手的基本礼仪规范有哪些？
3. 介绍礼仪规范包括哪些内容？
4. 交换名片应该注意哪些礼仪规范？
5. 在会议接待时，如何引领宾客才符合礼仪规范？
6. 中西餐宴会礼仪有何区别？
7. 完成如图 3-26 所示西餐餐具的摆放。

图 3-26　西餐餐具摆放训练

【拓展训练】

社交礼节

一、实训安排

1. 实训时间

1 课时。

2. 实训目的

提高社交活动中礼貌待人的能力。

3. 实训要求

掌握握手、介绍的礼仪规范。

二、实训准备

教室、名片。

三、操作规范

(一) 握手礼

握手礼操作规范如表 3-1 所示。

表 3-1　握手礼操作规范

实训内容	操作标准	基本要求
握手礼	(1) 方式。两人相距约一步，上身稍向前倾，伸出右手，拇指张开，四指并拢，手掌相握 (2) 时间。一般礼节性的握手不宜时间过长，两手稍稍用力一握，3~5s 即可 (3) 规则。年长者与年幼者、女士与男士、已婚者与未婚者、上级与下级、主人与客人，应由前者先伸出手，后者再相握	(1) 动作要专注，不可应付、敷衍 (2) 不能坐着与人握手 (3) 不要用左手与人握手 (4) 不可戴手套与他人握手 (5) 不可拒绝与他人握手

(二) 鞠躬礼

鞠躬礼操作规范如表 3-2 所示。

表 3-2　鞠躬礼操作规范

实训内容	操作标准	基本要求
鞠躬礼	(1) 问候招呼。以腰为轴，上体前倾，同时双手在体前，右手搭在左手上，视线落在对方鞋尖部位，行 20°左右的鞠躬礼 (2) 身体标准站姿站立	(1) 表情要与对方互动 (2) 要用语言准确地表达态度

(三) 介绍礼

介绍礼操作规范如表 3-3 所示。

表 3-3　介绍礼操作规范

实训内容	操作标准	基本要求
自我介绍	(1) 标准式。简单介绍姓名即可，用于熟人、同事或朋友之间 (2) 工作式。介绍本人的姓名、单位及其部门、职务或从事的具体工作等，用于工作之中或正式沟通 (3) 礼仪式。介绍姓名、单位和职务等项目，还应加入一些适宜的谦辞、敬语等，适用于讲座、报告、演出、庆典或仪式等一些正规而隆重的场合	根据具体情景采用不同的方式

(续)

实训内容	操作标准	基本要求
他人介绍	（1）不便直接做自我介绍，可以找一个既认识自己又认识对方的人做介绍 （2）由他人做介绍，如果你是身份高者或是年长者，听他人介绍后，应立即与对方握手，表示很高兴认识对方 （3）由他人做介绍，如果你是身份低者或年轻者，当将自己介绍给对方时，应根据对方的反应做出相应的反应	做好相应配合
为他人做介绍	（1）先把男士介绍给女士、年轻者介绍给年长者、地位低者介绍给地位高者、未婚者介绍给已婚者 （2）在重大的活动中，适合把身份高者、年长者和特邀嘉宾规范、恰当地介绍给大家 （3）将众人介绍给一个人，须按身份高低顺序进行介绍	（1）在介绍之前，要向对方打招呼，使双方有所准备 （2）短暂的相遇可不必介绍 （3）为他人做介绍，必须在对被介绍人情况都比较了解，或对双方是否有结识的愿望有把握的前提下进行 （4）在介绍时，视线不能移向别处；语言应清晰、准确；手势应文雅：掌心朝上，四指并拢，拇指张开，指向被介绍的一方

【案例分析】

维护好个人形象

郑某是一家大型国有企业的总经理。一次，他获悉有一家著名的德国企业的董事长正在本市进行访问，并有寻求合作伙伴的意向。于是他想办法，请有关部门为双方牵线搭桥。

让郑总经理欣喜若狂的是，对方也有兴趣同他的企业进行合作，而且希望尽快与他见面。到了双方会面的那一天，郑总经理刻意对自己的形象进行了一番修饰。

他根据自己对时尚的理解，上身穿夹克衫，下身穿牛仔裤，头戴棒球帽，足蹬旅游鞋。无疑，他希望自己能给对方留下精明强干、时尚新潮的印象。

然而事与愿违，郑总经理自我感觉良好的这一身时髦"行头"，却偏偏坏了他的大事。

分析：案例中郑总经理的错误在哪里？他的德国同行对此会有何评价？

中篇
旅游主要行业服务礼仪规范

随着我国社会经济的高速发展,我国已成为世界旅游大国。我国旅游业带动了相关产业乃至地区经济的发展,在国家经济建设中发挥着日益显著的作用。

不管是国内游客想饱览祖国的绮丽风光,还是国外游客想目睹东方神韵,都对我国的旅游业服务提出了新的挑战。可喜的是中国的旅游服务系统正在不断地完善和健全,正张开臂膀,迎接着神州各地、五湖四海的游客。

旅游业作为具有高度开放性和对外性的行业,不可避免地要进行频繁的社会人际交往,也不可避免地要形成自己独具特色的礼仪规范。旅游业作为一个窗口行业,旅游从业人员始终需要与不同性别、性格、年龄、职业和成长背景的游客打交道,并通过日常行为规范来体现良好的职业素养。

第四章 酒店服务礼仪

【案例导读】

记住客人的姓名

一位常住的外国客人从酒店外面回来,当他走到服务台时,还没有等他开口,问讯员就主动微笑地把钥匙递上,并轻声称呼他的名字。这位客人大为吃惊,由于酒店问讯员对他有印象,使他产生一种强烈的亲切感,旧地重游如回家一样。

还有一位客人在服务台服务高峰时进店,问讯员突然准确地叫出:"××先生,服务台有您一个电话。"这位客人又惊又喜,感到自己受到了重视,受到了特殊待遇,不禁增添了一份自豪感。

另外一位外国客人第一次前往住店,前台接待员从登记卡上看到客人的名字,迅速称呼他以表示欢迎。客人先是一惊,而后作客他乡的陌生感顿时消失,显出非常高兴的样子。简单的词汇迅速缩短了彼此的距离。

一位贵宾随接机人员来到前台登记,服务人员通过接机人员的暗示得悉其身份,马上称呼贵宾的名字,并递上打印好的登记卡请他签字,使客人感到自己的地位不同,由于受到超凡的尊重而感到格外开心。

在酒店及其他服务行业的工作中,主动热情地称呼客人的名字是一种服务的艺术,也是一种艺术的服务。如果酒店服务台工作人员尽力记住客人的房号、姓名和特征,借助敏锐的观察力和良好的记忆力,提供细心周到的服务,使客人留下深刻的印象,客人今后就可能在不同的场合提起该酒店非常令人满意,为酒店做义务宣传。

目前,国内某著名酒店规定:在为客人办理入住登记时至少要称呼客人名字三次。服务台人员要熟记贵宾的名字,并尽可能多地了解他们的资料,争取在他们来店自报家门之前就称呼他们的名字。当再次见到他们时能快速、准确地叫出他们的名字,是作为一名合格服务员最基本的条件。同时,还可以使用计算机系统,为所有下榻的客人做出历史档案,并对客人提供超水准、高档次的优质服务,把每一位客人都看成贵宾,使客人觉得酒店永远不会忘记他们。

【学习目标】

1. 掌握酒店服务礼仪的定义、原则。
2. 熟悉酒店服务礼仪的具体要求。
3. 了解酒店服务礼仪的修养途径。
4. 了解前厅部、客房部和餐饮部员工的素质要求。
5. 掌握前厅部、客房部和餐饮部各岗位员工的礼仪规范。

第一节 酒店服务礼仪概述

一、酒店服务礼仪的含义

酒店服务礼仪是酒店服务人员在服务过程中应具备的基本素质和应遵守的行为规范,包括仪表规范、仪态规范、见面常用礼仪规范、服务用语规范及不同岗位服务礼仪规范等。

酒店服务礼仪的宗旨是礼貌服务、顾客至上,表现在全心全意为客人服务的理念上。它要求酒店服务人员在服务工作中以本国国情、民族文化和道德准则为基础,讲究服务艺术,遵守服务礼仪规范;尊重客人的风俗习惯和宗教信仰,关心客人,使客人获得惬意的感受,认可酒店的服务,树立良好的个人形象和酒店形象,从而赢得更多的回头客。

二、酒店服务礼仪的原则

作为一种约定俗成的行为规范,礼仪有自身的规律性,也就是礼仪的原则。它是人际交往中人们应共同遵守的基本准则。酒店服务礼仪虽然只是礼仪的一个小小的分支,但同样具有自己的原则。酒店服务人员在实践酒店服务礼仪时要严格遵守以下原则,为客人提供高品质的优质服务。

(一)平等原则

平等是现代礼仪的一个基本原则,人们不应因为对方年龄、性别、种族、文化、职业、身份、地位、财富,以及与自己的关系亲疏远近等方面有所不同而区别对待。现代酒店服务行业作为文明礼貌的窗口,更应贯彻平等这一礼仪的基本原则,不仅要一视同仁地对待客人,而且对待自己的员工也应做到不偏不倚。

(二)适度原则

适度原则要求人们在运用礼仪时,必须注意技巧,合乎规范,特别要注意把握分寸,讲究得体。凡事都是过犹不及，酒店服务人员在运用酒店服务礼仪时，要坚持适度原则，审时度势。

（三）尊重原则

尊重原则要求在人际交往中以相互尊重为前提，既不侮辱对方人格、不损害对方利益，又要保持自尊；做到敬人之心常存，处处不可失敬于人，失敬就是失礼。酒店服务礼仪的规则就是围绕着"尊重"这个核心制定的。掌握了尊重原则，就等于掌握了酒店服务礼仪的灵魂。

（四）遵守原则

礼仪规范是为了维护社会生活稳定而形成并长期存在的，实际上反映了人们共同的需要。酒店服务人员要以高尚的道德信念和行为修养为准则，严格自律，在社交活动和职场环境中自觉践行酒店服务礼仪规范，自我约束、自我控制、自我对照、自我反省、自我检讨，使自己成为一个合格的酒店职业人。

（五）真诚原则

苏格拉底曾说过："不要靠馈赠来获得一个朋友，你须贡献你诚挚的爱，学习怎样用正当的方法来赢得一个人的心。"在与人交往时，真诚是礼仪的重要原则。只有真诚待人，才是尊重他人；只有真诚地尊重，才能创造和谐愉快的人际关系。真诚和尊重是相辅相成的。酒店服务礼仪应是发自内心对人真诚地尊重、关心与爱护，并自然得体地表达出来的行为。

（六）宽容原则

宽容的含义很广，包括待人接物的方方面面，容别人所不容，解别人所不解，宽以待人。宽容是一种良好的心理品质，是一种非凡的气度和宽广的胸怀，是一种生存的智慧、生活的艺术，也是一种崇高的境界。因为宽容不仅包含着理解和原谅，更显示出一个人不凡的气度和胸襟。

三、酒店服务礼仪的具体要求

（一）以宾客为中心

树立以宾客为中心的观念是酒店提供优质服务的基础。在提供服务、安排工作之时，酒店必须站在宾客的角度考虑问题，想宾客之所想，急宾客之所急，而不是方便了自己，为难了宾客。

酒店服务人员要认识到为宾客提供优质的服务，除了满足宾客食、宿、行、游、购、娱等物质需求外，还应通过优质服务给宾客留下美好的印象，使其保持愉快的心情，得到精神上的满足。随着社会文明程度的不断提高，人们对精神享受更加看重，树立以宾客为中心的服务观念，提供人性化的服务，在酒店服务中显得尤为重要。具体要求是：

1. 主动服务

主动服务意味着酒店服务人员要有很强的感情投入，细心观察宾客的需求，在宾客开口之前提供服务。

2. 热情服务

酒店服务人员要精神饱满、满腔热情、动作迅速地为宾客提供优质服务。

3. 周到服务

在服务项目和内容上，要细致入微，体贴宾客，千方百计地帮助他们排忧解难。

（二）礼貌服务

1. 当好"礼仪大使"

酒店的每一项服务都离不开礼貌礼节，酒店服务人员应承担起"礼仪大使"的责任，以主人翁的精神运用礼仪去体现对宾客的友好和敬意，使他们感受到当地的民风民情。另外，酒店服务人员还应注意各国各民族一些独特的风俗习惯，灵活地运用酒店服务礼节，增强客人宾至如归的感受。

酒店服务不仅能方便和满足客人，也能感动客人。酒店服务人员应充分认识到自己的神圣使命，正确认识"服务于客人"的角色，对所从事的工作充满自豪感，做到有礼有节、落落大方、热情真诚，从而赢得宾客的尊重。

2. 牢记"服务公式"

"100-1=0"，这是酒店运用服务礼仪的一道公式，是酒店提供优质服务的基础。无论服务项目有多少、服务时间有多长、服务员有多少，对于酒店宾客而言，就只有一个产品——服务，一旦服务的某一环节、某一时刻出现差错，就会损害酒店的整体形象，难以使客人获得愉快的感受。

3. "客人永远是对的"

当下，"宾客至上""客人永远是对的"等理念已成为服务行业的共识。即使遇到个别不讲理的客人，酒店服务人员也应遵循"客人永远是对的"原则，从容大度、恰当处理。这样，酒店服务人员在令客人感到被尊重、感到高兴和满意的同时，自己也成功履行了服务人员的职责。

客人并非永远是对的，有时也会遇到较偏执、爱挑剔的客人，此时酒店服务人员绝不能与其顶撞、争执或批评，而是应该持理解的态度给予容忍，坚持把"对"让给客人，做到"得理也让人"。

四、酒店服务礼仪的修养途径

酒店服务礼仪修养是一座通过国内外经验、课程的学习及自身修炼，帮助酒店服务人员解读自我、重塑自我、提升自我及完善自我的桥梁。良好的礼仪修养，必须遵循"知礼—懂礼—习礼—用礼"的礼仪认知规律，通过长期且有意识的学习、实践、积累而逐步形成。这需要高度的自觉性。酒店服务人员只有把礼仪修养看作自身素质不可或缺的一部分，当作完美人格的重要组成部分，视作事业发展的基础，才会真正形成塑造与提升的自觉意识和主动性。酒店服务人员学习礼仪，全面提高自身礼仪修养可以通过以下途径来实现。

（一）加强道德修养

礼仪深受社会道德规范的制约。人们在社会交往中讲究礼仪，一个重要原因是讲究礼仪符合道德的要求，符合真善美的要求。正如古人所云："凡人之所以贵于禽兽者，以有礼也。"礼仪与道德有着内在的联系。良好的礼仪能体现一个人高尚的道德修养，使他获得人们的尊敬和好感，也只有具有优良道德修养的人，才会有得体的礼仪和可人的仪表风度。酒店服务人员应通过加强道德修养，树立正确的社会道德观和人生价值观，增强社会责任感、使命感，从而更自觉地规范自己的行为，保持良好的职业形象。

（二）提高文化素质

酒店服务礼仪涉及旅游学、美学、民俗学、心理学、社会学、文化及传播等相关学科的知识和技能，具有高度的综合性、实践性和职业性。因此，酒店服务人员在学习过程中应多头并进，整合职场的相关知识和方法，扩充相关专业学科知识，为进一步学习构筑坚实平台，为联系实际搭建桥梁。

（三）积极参加实践

礼仪是人们在长期实践、交往过程中形成的一种行为准则，而注重礼仪是当今社会文明发展、社会生活和谐的客观要求。通过实践，酒店服务人员不仅可以加深对礼仪的了解，强化对它的印象，而且可以检验其作用，增强文明礼貌意识，提高自己的文明素质。同时，礼仪本身就是一门应用学科，在学习过程中，通过将知识作用于实践，如同学们将礼仪课堂上所学的站姿、坐姿、走姿等基本礼仪通过一种实践的方式淋漓尽致地表现出来，既掌握了礼仪的知识，又展现了自己的礼仪修养。

（四）自我监督完善

学习礼仪要自我监督，持之以恒。古人强调，提高个人修养要注意反躬自省，"吾日三省吾身"。学习礼仪也应进行自我监督，对自己既要在这方面有所要求，又要处处注意自我检查。这样，将有助于自己发现缺点、找出不足，将学习礼仪、运用礼仪真正变为个人的自觉行为和习惯做法。同时，必须注意学习礼仪是一个渐进的过程，对一些规范和要求，只有反复运用、重复体验并逐步完善，才能真正掌握。

（五）贵在持之以恒

良好文明的礼仪风俗是历史文化长期积淀的结果，因此礼仪学习作为一项复杂的文化工程，需要持之以恒。酒店服务人员要以高度的自觉性和社会责任感，约束自身言行举止，时刻保持清醒的头脑，谦虚谨慎，以礼待人，坚持从我做起、从现在做起、从点滴做起，养成良好的文明习惯，使之成为自觉的行为，自如地应用。

中国素有"礼仪之邦"的美称。有一句古话，"礼之用，和为贵。先王之道，斯为美；

小大由之。有所不行，知和而和，不以礼节之，亦不可行也"，说的也是礼仪的重要性。随着时代的发展、社会的进步，以及人与人交往的日益频繁，礼仪成为现代社会中人们生活不可缺少的重要部分。对于酒店服务人员来说，学习礼仪知识，运用礼仪规范，对提高酒店服务人员的精神文明水平，提升业务能力和职业素养具有重要意义。

【知识拓展】

万豪酒店的 20 个礼仪理念

（1）我们群策群力，互相尊重，对待同事如同对待自己的家人和贵宾一样。我们坚守万豪先生的信念："同事之间互相关怀照顾，必定能为客人提供更周到体贴的服务。"

We practice teamwork and treat each other with the same respect we afford our family and best guests. We adhere to Mr. Marriott's belief that "If we take care of each other, we will be able to take better care of our guests."

（2）真诚待客，体贴关怀，以确保客人不断再来光顾是我们最重要的宗旨。对客人表现出真诚热情的态度，时刻全心全意地关注。

Genuine care and comfort of our guests to ensure their return is our highest mission. Display genuine and enthusiastic interest in the guest, and always pay complete attention.

（3）笑脸迎人，亲切招呼每位客人。以热情有礼、和蔼可亲的态度与客人交谈。尽可能用客人的名字来称呼对方。谨记用适当的言辞，避免使用俗语和酒店术语。

Smile and greet every guest. Speak to the guest in a warm, friendly and courteous manner. Use their name as often as possible. Always use appropriate vocabulary. Avoid slang and hotel jargon.

（4）感谢客人光临，亲切地向客人说再见，令他们临离开之前对酒店留下温馨难忘的好印象。

Thank the guests for their business and bid them a fond farewell. Make their last impression of the hotel warm and positive.

（5）预先估计客人的需要，灵活配合。贯彻"主动待客"的原则，留心客人的神态，学会察言观色，以提供体贴周到的服务，令客人喜出望外。

Anticipate guest's needs and be flexible in responding to them. Practice "Proactive Hospitality". Pick up on non-verbal cues to initiate personalized service and delight all guests.

(6) 对本身的工作岗位了如指掌。参加所有工作所需的培训课程。

Be knowledgeable about your job. Attend all training courses required for your position.

(7) 任何同事收到客人的投诉，都有责任尽力处理。运用 L. E. A. R. N. 程序，在自己权力范围内尽力挽回客人的信心，按照跟进程序来处理客人的投诉，确保对方称心如意。

Any associate who receives a guest complaint "Owns" the complaint. Use the L. E. A. R. N. process to do everything in your power to never lose a guest. Follow guest response procedures to ensure that the guest is delighted.

(8) 每位同事都有责任认识和尊重客人的喜好，使客人在酒店期间得到体贴的服务。

It's everyone's responsibility to learn and honor our guests' preferences so we can personalize their stay.

(9) 任何同事如看到设施、用品损毁或不足，都有责任向上级报告。

It is the responsibility of every associate to report defects in the hotel, including shortages of equipment and supplies.

(10) 一丝不苟地执行清洁标准，是每位同事的责任。所到之处均予清洁，包括前堂和后堂。

Uncompromising standards of cleanliness are everyone's responsibility. Clean as you go. Both the Front of the House and the Heart of the House.

(11) 我们有一流的工作环境，所以请你无论是在公司内外，都担当本酒店和公司的形象大使。请勿批评公司，切勿在客人面前抱怨。以积极的态度表达你对工作环境的关注。

This is a great place to work, so please always be an ambassador of your hotel and company, both in and outside of work. Avoid negative comments. Never complain in front of a guest. Express workplace concerns in a constructive manner.

(12) 总是能够认出酒店的常客。

Always recognize repeat guests.

(13) 对酒店的情况了如指掌，随时能够回答客人的问询。总是首先推荐本酒店的餐饮服务。亲自为客人引路，单是指出方向并不够。如果走不开，至少陪客人走几步。

Be knowledgeable about hotel information to answer guest inquiries. Always recommend the hotel's food and beverage outlets first. Escort guests rather than pointing out directions. When this is not possible, take the guest the first three steps.

(14) 遵守电话礼仪：自我介绍；尽快接听，不要让电话铃声响超过三声；用适当的话语问候来电者；若要转拨来电或要对方等候，必须先得到对方同意；尽量不要转拨来电。

Follow telephone etiquette：Introduce yourself, Always answer within three rings, Use appropriate greetings, Always request the guests' permission to transfer their call or place them on hold, Eliminate transfers when possible.

(15) 遵守制服及仪容标准，包括佩戴自己的名牌，穿着大方得体的鞋袜。随身携带"基本须知"卡。保持个人卫生最为重要。

Follow uniform and appearance standards, including name tags, appropriate footwear and "The Basics" card. Personal hygiene is of the utmost importance.

(16) 客人和同事的安全，是我们最关注的事项。了解在紧急情况时自己应负的责任，并时刻警觉消防和救生程序。

The safety and security of our guests and associates is a top priority. Know your roles during emergency situations and be aware of fire and life safety response processes.

(17) 培养安全工作的习惯。遵守所有工作安全政策。一发现事故、意外和危险，立即向上级报告。

Practice safe work habits. Abide by all job safety policies. Immediately report incidents, accidents and hazards to your supervisor.

(18) 保护和照顾酒店的财产。资源要用得其所，减少浪费，确保妥善保养和维修酒店的物业和设施。

Protect and care for the assets of the hotel. Use its resources wisely. Reduce waste. Ensure proper maintenance and repair of hotel property and facilities.

(19) 了解本酒店和所属部门的目标。你有责任与同事分享你的意见和建议，尽你所能不断提高营业额、盈利、客人满意程度和同事的士气。

> Know the goals of your department. It is your responsibility to share your ideas, suggestions and energies to continuously improve sales, profit, guest satisfaction, and associate morale.
>
> （20）你得到本酒店授权和信任，尽你所能处理客人的需要。在必要时，应请同事帮忙。思考如何以创新的方法说"是"。
>
> You are empowered and trusted to handle guest needs and problems to the best of your ability. Seek assistance, if needed. Think of creative ways to say "Yes".

第二节　前厅部服务礼仪

前厅部是招徕并接待客人，推销客房及餐饮等酒店服务，同时为客人提供各种综合服务的部门。它虽不是酒店主要的营业部门，但对酒店形象、服务质量乃至管理水平和经济效益有至关重要的影响。因此，前厅部员工的素质及服务质量直接影响着整个酒店在客人心目中的地位。

一、前厅部员工的素质要求

（一）品行端正、正直

酒店前厅部的工作种类很多，有些会涉及价格、金钱以及酒店的商业机密，如果员工没有良好的修养、端正的品行，就很容易发现并利用酒店管理中的某些漏洞，利用岗位职责之便，为个人谋私利，损害酒店和客人的利益，从而直接影响酒店的服务质量、形象和声誉。因此，前厅部员工必须自觉加强品行修养。

（二）具有良好的服务意识

为客人提供高质量的服务关键在于服务人员具有良好的服务意识。没有良好的服务意识，优质、专业的服务礼仪行为习惯也无法养成，更谈不上树立良好的行业岗位形象。前厅部员工应该保持对客人的细心观察，准确分析客人需求，通过自己的不懈努力，在自身岗位上为客人提供优质服务。

（三）要有敬业、乐业的精神

前厅部员工对前厅部的工作，诸如任务、目标、地位、范围和岗位职责等要有较为全面、正确的认识，对本职工作要有责任心。同时对客人的要求要敏感，反应要快，及时向上级或同事准确地传递信息。在服从指挥的前提下，还要有一定的灵活性和创造性，并自觉关心和维护酒店利益。

（四）要有流畅的语言表达能力

酒店前厅部服务的客人来自国内各地或世界各地，这一特点要求酒店前厅部员工拥有较好的语言表达能力。前厅部员工除了在汉语表达上要能做到以普通话为标准、发音准确、音调适中、音质好、表达流畅外，还应学习一至两门外语。同时，前厅部员工还要具备相应的理解能力，能较好地运用交流方法，做到语言符合规范，但又不刻板生硬，具有亲和力，从而拉近与客人的距离，实现与客人的良好沟通。

（五）要精神饱满、举止得体

前厅部员工因工作需要，要练好站立服务的基本功，在工作岗位上，要注意仪容仪表，按照酒店的规定，着装要干净整齐。在岗时，前厅部员工整体形象要给人以清新、亲切、精神饱满的印象，行为举止要大方、得体。

二、前厅部各岗位员工礼仪规范

（一）大堂副理服务礼仪

1. 岗位职责定位

大堂副理的主要工作职责是代表酒店接待每一位在酒店遇到困难从而需要帮助的客人，并在自己的职权范围内予以解决，包括回答客人问讯、解决客人的疑难问题、处理客人投诉等。因此，大堂副理是酒店和客人之间沟通的桥梁，是酒店建立良好宾客关系的重要一环。

大堂副理每天分三班 24 小时当值。在夜间，除值班经理外，大堂副理是酒店的最高权力机构的指挥者，其还需要协助前厅经理直接督导前厅各岗位的业务操作。

2. 服务礼仪

（1）讲究形象，谦逊有礼。大堂副理应精神饱满，面带微笑，仪态自然得体；出言谨慎，口气婉转，态度诚恳，谦逊有礼。当客人发脾气时，大堂副理应保持冷静，待客人平静后再做婉言解释和道歉，要宽容、忍耐，绝对不能与客人发生争执。

（2）主动热情，礼貌待人。有客人前来，大堂副理应主动上前或起立，热情问候；然后请客人就座，集中注意力，认真倾听客人诉说；对外宾要用外语交谈，对内宾要说普通话。大堂副理应成为使用礼貌用语的表率，出言谨慎，语气婉转，态度诚恳，在任何情况下都不得与客人发生争辩。

（3）客人询问，不厌其烦。对客人提出的询问，大堂副理应百问不厌并给予全面详细的答复，使对方感到可信、满意；自己能答复的问题，绝不借口推脱给其他部门解答；对确实不了解、没把握的事，不要不懂装懂。

（4）善于分析，沉着冷静。对于客人投诉所反映的问题，大堂副理应做到热情相待，耐心听取，认真记录，冷静分析。即使对方情绪激动，大堂副理也要心平气和，善解人意，逐步引导，充分尊重投诉者的心情。大堂副理应善于"察言观色"，适时地用征询、商量、建议的口吻与客人交谈。

（5）维护形象，坚持原则。大堂副理应尽量维护客人的尊严，同时也要维护好酒店的形象和声誉，原则问题不能放弃立场，应机智灵活处理。

（6）解决投诉，表示感谢。对客人的任何意见和投诉，大堂副理均应给予明确合理的交代；作为酒店对客服务的代表，考虑问题应全面周到，做到急客人之所急，想客人之所想，把方便留给客人；力争在客人离开酒店前解决其投诉的问题，并向客人表示感谢。

（二）礼宾员服务礼仪

1. 岗位职责定位

礼宾员往往是宾客下榻酒店见到的第一位酒店员工，被誉为"酒店的第一张脸"。礼宾员负责客人的迎来送往；受理委托代办、寄存、保管行李物品服务；协助大堂副理维持大堂秩序；负责将住店客人的物品、报纸、邮件、留言单及前台通知分送客房或有关部门；熟悉酒店各种服务情况，向客人推销并介绍酒店服务设施；了解本市交通、商业、旅游等方面的资料，通晓各类问讯代办服务知识，热情周到地为客人提供各种代办及问讯服务。

2. 服务礼仪

（1）迎送服务礼仪

1）上岗前，礼宾员应做好仪容仪表的自我检查，做到仪表整洁、仪容端庄大方，符合酒店的相关要求，并了解当天将要抵达的客人的基本情况。

2）酒店应制作接机、接站标志牌。标志牌应制作规范，符合酒店的形象。接站、送站车辆的规格应符合客人事先的要求。

3）在接客人时，礼宾员应提前到达指定地点迎候客人，平稳举起标志牌，抬头挺胸，站姿端正，微笑着目视出站口。

4）礼宾员见到客人应主动问候，正确称呼客人的姓名或职务，得体地进行自我介绍。

5）在为客人提拿行李时，礼宾员应轻拿轻放、保证完好，提供行李服务时要注意尊重客人的意愿。

6）在为客人引路时，礼宾员应与客人保持适当的距离，应根据客人的性别、职位、路况和环境等因素选择合适的位置。

7）接站、送站车辆应按照交通法规的规定合理停放，停靠位置应方便客人上下车。

8）礼宾员应根据不同车辆选择合理的站位，迎送客人上下车。安排座位应符合座次礼仪并照顾客人的意愿。开关车门动作应轻缓。

9）在客人乘坐的车辆抵达时，礼宾员要主动热情相迎。待车辆停妥后，礼宾员为客人开启车门，用左手拉开车门至70°左右，右手遮挡住车门门框的上沿，以防客人碰头（但是对于信仰佛教和伊斯兰教的客人，切忌用手遮挡车门框，以免"挡光"）；客人下车后，热情问候并检查车座上有无客人遗漏的物品，关好车门，向司机道谢。

10）碰到雨雪天气，礼宾员应带着伞迎候在无雨棚区域下车的宾客，以防止客人被淋湿，并将客人所带入的雨具放在专用架子上挂好，代客人保管。

11）当团体客人集中到达时，礼宾员应连续向客人微笑和问候，尽量让每一位客人都能看到微笑和听到问候声。

12）如客人属于老、弱、病、残、幼之一，礼宾员应先问候，征得同意后予以必要的帮助，以示关心。如果有的客人不愿意接受特殊关照，也不必勉强。

13）与客人告别时，礼宾员应保证客人的行李准确完好，根据客人的走向随时调整站位，微笑着注视客人，祝客人一路平安，待客人走出视线后再转身离开。

(2) 行李服务礼仪

1）礼宾员应选择合理站位，站立端正，随时迎候客人。

2）在车辆驶近酒店大门时，礼宾员应主动迎上前去，用规范的手势引导车辆停靠在方便客人上下车和行李运送的地方。

3）在车辆停稳后，礼宾员应按照座次礼仪拉开车门。如果客人乘坐的是出租车，应等客人付账后再拉开车门，微笑着注视客人，亲切地问候客人。

4）礼宾员在装卸行李时，应轻拿轻放，数量准确，摆放有序，并得到客人的确认。此外，礼宾员还应保证随身行李不离开客人的视线范围。

5）在引领客人前往接待台进行入住登记时，礼宾员应用外侧手提拿行李，在客人侧前方行走，并时常用规范的手势示意客人前行的方向。

6）客人在办理入住登记手续时，礼宾员应站在1m以外，站姿端正，看管好客人的行李并随时等候为客人服务。

7）在引领客人去客房时，礼宾员应靠边侧前行，并与客人保持适当的距离。

8）在进入房间前，礼宾员先按门铃，再敲门，先敲三声，等3s后再敲三声，房内无反应再用钥匙开门；开门后先扫视房间内有无问题，若一切正常先请客人进房。

9）到达客房后，礼宾员应按照客人的要求摆放行李。行李的正面应朝上，提手应朝外。礼宾员应让客人确认行李的数量和完好状态。

10）在离开客房到门口时，礼宾员应面对客人退出客房，与客人告别，轻轻关上房门。

11）在客人离店需要行李服务时，礼宾员应及时为客人提拿行李，并将行李整齐摆放在客人指定的地点。

(3) 店内交通服务礼仪

1）入电梯服务。礼宾员在电梯外按住电梯升降按钮，并用一只手按住梯门，请客人进入电梯后自己再进入，并站于电梯控制码一侧，礼貌询问客人要抵达的楼层，按下对应楼层按钮。

2）出电梯服务。在抵达客人所到楼层时，礼宾员按住电梯门打开按钮，请客人先出电梯，或先站立于电梯门一侧，用手按住梯门，再请客人出电梯。

3）出租车服务。在接到客人需要出租车服务时，礼宾员应具体了解客人的租车需求，确认租车时间、地点、目的地和租车规格等信息后，与酒店出租车队或社会出租车联系，安排出租车提前5min在酒店正门等候。

4）泊车服务。负责泊车的礼宾员，应将车辆钥匙寄存牌交给客人，帮助客人确认是否有重要物品遗留，然后将客人车辆安全开往酒店停车场，并将停车相关信息填写在记录本上；在客人出示寄存牌时，进行信息查询核对后，再将车辆从停车场开出，交付给客人，并请客人确认签字。

（三）前台接待服务礼仪

1. 岗位职责定位

酒店前台被誉为酒店的"窗口"，在客人住店期间，前台接待代表酒店与客人打交道，确认他们的预订种类和居住天数；帮助客人填写入住登记表、安排客房；尽可能地落实客人的特殊要求；弄清客人的付款方式、按检查步骤跟踪监管客人信用，把客人和客房的有关信息分别记录在前厅栏目中，并将有关信息通知到酒店相关人员。

2. 服务礼仪

（1）入住登记、结账服务礼仪

1）接待员、收银员见到客人应主动问候；获知客人姓名后，应用姓氏或尊称称呼客人。

2）接待员介绍酒店产品时应实事求是，用恰当的语言，站在客人的角度，为客人提供参考建议。

3）在办理入住登记手续时，接待员要做到准确迅速，耐心地指导客人填写相关材料，在有礼貌的情况下，认真核对客人证件，核对后立即交还客人并表示感谢。

4）当客人增多时，接待员要按照先后顺序依次办理，还应关心到所有客人，对等待的客人给予适当的关注，不可使客人感到受冷落。

5）接待员在给客人房卡时，不可随便扔放，应礼貌地说："我们按照您的要求准备了房间，房号是某某某，这是您房间的房卡，行李员将带您前往，祝您入住愉快！"

6）接待员在回答客人询问时，应有问必答，态度和蔼；对不了解的事情，应向客人表示歉意，表现出愿意帮助客人的意愿，并提供后续服务。

7）接待员对住店客人和非住店客人应一视同仁，对客人的光临应致以真诚的谢意，感谢客人提问，欢迎客人再次光临。

8）收银员在收费结账时，应耐心细致、准确快捷；用现金结账时，应让客人核实收付金额，保证账目准确。

9）收银员应将账单、发票装入信封，用双手呈递给客人，请客人确认无误。

10）结账完毕，收银员应真诚地向客人表示感谢，欢迎客人再次光临，目送客人离开。

(2) 预订服务礼仪

1）预订服务准备。前厅预订员应保证预订服务所需各类设施、设备状态良好，运转自如，完好率100%。

2）掌握预订操作。前厅预订员应熟悉酒店的全部客房等级、类型、设备、位置、价格标准、房型差异及每天的租用情况，掌握计算机办公应用全套操作技术，熟悉预订来往函件、订单确认等各种预订资料的处理方法，能熟练快捷地处理客人的各种预订，以规范的流程与标准提供服务。

3）主动问候服务。在提供具体预订服务时，前厅预订员应主动问候客人，询问客人姓名，用礼貌语称呼客人。

4）前厅预订员应准确记录客人信息，并进行口头复述确认；礼貌地征询客人，并告知客人预订号码。

5）前厅预订员应说明酒店相关规定，并获得客人的认同。

6）如果预订的房间满房，前厅预订员应向客人表示歉意，并与客人商讨解决办法，或帮助客人联系其他同档次的酒店，尽量设法帮助其解决预订问题，最后感谢客人对本酒店的厚爱，期待下次入住。

7）处理预订意外。当客人需要对预订内容进行更改或取消预订时，前厅预订员应保持热情服务的态度，做好预订更改或取消的处理工作；不能因为客人取消预订而冷漠对待。

8）分类归档移交。对各类预订资料进行处理后，应立即分类归档，并有效地进行移交，确保所有预订均无错误、遗漏或重复预订现象发生。

9）做好相应准备。根据酒店的规范服务程序，前厅预订员应提前联系客人，确认地点、时间，联络相关部门，做好接待准备。

(四) 总机服务礼仪

1. 岗位职责定位

酒店总机服务人员被称为"酒店第一声音"，是酒店内外信息沟通联络的通报枢纽，每天要处理酒店的电话业务。客人常以总机服务员的声音、语气、转接电话速度来衡量酒店的服务质量。

2. 服务礼仪

(1) 话务员在接打电话时，应使用普通话或相应的外语，要求发音清晰，语调柔和，语速适中，音量适宜，语言简练，表述准确，耐心倾听。

(2) 话务员应在电话铃响3声内及时接听电话，先问候客人并报酒店名称。

(3) 在转接电话时，如果无人接听或电话占线，话务员应及时告知来电者，并主动提供留言服务。

(4) 在转接外线电话时，话务员应保护住店客人的私人信息。

(5) 客人需要叫醒服务，服务员应问清楚客人的姓名、房号、叫醒时间，并和客人再次核对确认信息，核对无误后将信息输入计算机或者做好记录。若为自动叫醒服务，到叫醒时间时，设备会使客房电话自动响铃；若为人工叫醒服务，则当班服务员一定要在客人指定时间为客人提供叫醒服务。若电话出现无人应答、占线等情况，当班服务员要予以准确记录，当再次叫醒失败，要立即派人去房间进行人工叫醒服务，直到确认客人被叫醒。

(五) 商务中心服务礼仪

酒店商务中心是协助现代商旅客人进行旅途中商务工作的部门，能够提供传真、复印、打字、秘书等商务服务，配备了现代化的通信和文件处理设备。

商务中心的服务人员，在严格遵守工作守则的基础上，要热情、主动地满足客人提出的各种服务要求。

商务中心在提供打印、复印服务时，服务人员应将客人的文件码放整齐，注意文件保密，迅速、准确服务。服务人员在向客人递送文件时，应微笑着注视客人，用双手递送。

【知识拓展】

"金钥匙"服务

"金钥匙"服务最早是法国在 1929 年率先提出的，他们将"客人委托、酒店代办"式的个性化服务上升为一种理念，并成立了酒店业委托代办的组织——"金钥匙"组织。图 4-1 是国际金钥匙组织的标志。"金钥匙"是酒店综合服务的总代理，被誉为"万能博士"，其服务人员佩戴的两把交叉的金钥匙标志，意味着尽善尽美的服务，也象征着为客人解决一切难题。

图 4-1 国际金钥匙组织的标志

经过近几十年的发展，国际酒店金钥匙组织已有 40 多个国家和地区参加。于 20 世纪 90 年代中期成立的中国酒店金钥匙组织，是国际酒店金钥匙组织的第 31 个团体会员。每一位"金钥匙"会员都必须定期接受严格的培训和考核。

随着"金钥匙"服务理念在我国酒店业的普及，目前"金钥匙"已成为酒店服务档次的体现，高档酒店都以拥有"金钥匙"为荣。由我国香港世界金钥匙酒店联盟有限公司发起并成立的世界金钥匙酒店联盟,旨在将原有的酒店"金钥匙"服务,升华为酒店经营的品牌,将各成员酒店服务网络提升为一个庞大的金钥匙酒店网络联盟,并通过成员酒店的共同努力,共同将"金钥匙酒店"打造成中国顶级、世界一流的酒店品牌。

一、酒店"金钥匙"服务理念

(1) 酒店"金钥匙"的服务宗旨:在不违反法律和道德的前提下,为客人解决一切困难。

(2) 酒店"金钥匙"为客人排忧解难,"尽管不是无所不能,但是也竭尽所能",要有强烈的为客人服务意识和奉献精神。

(3) 为客人提供满意加惊喜的个性化服务。

(4) 酒店"金钥匙"组织的工作口号是"友谊、协作、服务"。

(5) 酒店"金钥匙"的人生哲学:在客人的惊喜中找到富有乐趣的人生。

二、"金钥匙"服务的礼仪特征

"金钥匙"服务人员通常身穿燕尾服,胸前别着金钥匙徽章。徽章由两把金色钥匙交叉组成,代表了酒店"金钥匙"服务的两大主要职能:一把代表开启酒店综合服务的大门;另一把代表开启酒店所在城市的综合服务大门。

(1) 彬彬有礼——对客人服务礼仪典范。

礼仪知识对"金钥匙"服务人员来说是必不可少的。"金钥匙"服务人员必须懂得日常礼仪、涉外礼仪、商务礼仪、民族礼仪和宗教礼仪等各种礼仪,并善于把这些礼仪知识运用到实际工作中去,以优质礼貌的服务实现和客人的沟通。

(2) 无所不能——"宾客至上"的服务理念。

酒店"金钥匙"的理念是:"金钥匙"无所不能。在合法的基础上,客人的任何要求都能得到满足。在"金钥匙"服务人员的词典里没有"不"字,因为他们总是将客人放到至高无上的位置。

第三节 客房部服务礼仪

客房部作为酒店的一个重要部门,主要的工作任务是为客人提供一个舒适、安静、优雅、安全的住宿环境,并针对客人的习惯和特点做好细致、便捷、周到、热情、真诚的服务。客房管理是酒店有效经营的基础,没有客房管理服务,任何一家酒店都无法生存下去。

一、客房部服务人员的素质要求

客房部服务人员必须具备高度的工作责任心和敬业爱岗精神，忠于职守，尽心尽力，坚持让客人完全满意的服务宗旨及服务工作规范和质量标准。客房部服务人员的素质要求具体如下。

（一）人品好，自觉性高

客房部的许多工作是服务员个人独立完成的，如果思想意识不健康，追求物欲，经不住考验，是不可能做好客房部服务工作的。在打扫房间卫生时，大多数情况客人不在房间内，这就要求服务员有高度的自觉性，做到不翻阅客人的书报、信件、文件等材料；不乱翻客人的衣橱、抽屉；不试穿客人的衣物、鞋帽等；不在客人房间看电视、听广播；不用客房的卫生间洗澡；不拿取客人的食物品尝等。这些都是客房部服务工作的基本要求，也是客房部服务工作铁的纪律。

（二）责任心强，工作踏实

客房部的工作与其他部门有所不同，更多的时候，它的劳动强度大而与客人直接打交道的时候少。这就需要客房部员工要有踏踏实实和吃苦耐劳的精神，在日常工作中能够具有良好的心理素质，不盲目攀比，以高度的责任感从事自己的工作。客房要无虫害、无水迹、无锈蚀、无异味；地面、墙面要无灰尘、无碎屑；灯具和电器设备、镜面、地面、卫生设备等要光亮洁净；卫生设备要每天消毒；床单、枕套等卧具必须按规定时间及时更换。清洁而符合规范的房间，是礼貌服务的物质依托。

（三）身体素质好，工作效率高

客房部服务工作相对来说较为繁杂，体力消耗大，客人要求标准较高，每位客房部服务人员每天要打扫很多客房。因此，服务员操作动作敏捷，有充沛的精力和较强的动手能力是十分重要的。舒适、整洁、安全，这是客人对客房最基本的要求，也是客人最为讲究的方面。要保证客房能够达到舒适、整洁的标准，就要求客房部员工付出巨大的努力，在辛勤的劳动中提高工作效率，保证客人满意和酒店的正常运转。

（四）协调能力好

客房部的工作与酒店其他部门有着密切的联系：前厅部办理客人入住手续，需要了解客房即时使用情况；收银员为客人结算，需要了解客人在客房的消费情况；客房设施设备发生故障，需要联系工程部进行维修；客人需要送餐服务，需要和餐饮部联系等。这些工作都需要客房部服务员工具有高度的团队合作意识，提高效率，共同完成对客服务。

（五）主动热情，为客人提供满意的服务

酒店被誉为客人的"家外之家"，客房是客人在酒店中停留时间最长的地方。客房部员工应为客人提供满意的服务,见到客人要主动问好,对客人提出的合理要求给予积极回应,并迅速满足,使客人有"宾至如归"的感觉。

二、客房部各岗位员工礼仪规范

(一)客房服务中心服务礼仪

1. 岗位职责定位

酒店客房服务中心是客房部的"心脏",主要工作职责是负责传递信息,准确无误地接听电话,保证客人与酒店、部门与部门、上级与下级的顺畅联系,并做好详细的电话记录,同时与其他部门的员工密切合作,确保工作正常运转。

2. 服务礼仪

(1)接待服务礼仪

1)客房服务中心必须保持 24 小时有岗、有人、有服务。

2)当班服务人员能使用普通话和两种外语(其中一种为英语)提供电话服务,语言清晰,语气诚恳、亲切。

3)电话铃响三声,服务人员必须接听,应答时要用礼貌的敬语向客人问好,报明自己的岗位身份,并主动询问客人:"我能为您做些什么?"

4)如同时有两位以上的客人需要应答或服务,服务人员在接听了前一位客人的电话以后,应向下一位客人表示歉意:"实在对不起,电话很忙,让您久等了。"并在听完电话后,再次对客人的等候表示歉意。

5)客房服务中心要随时根据客人的服务需求信息,通知楼层服务员和有关部门及时提供服务,做到通知准确,督促完成及时,记录完整。

(2)安全服务礼仪

1)保证 24 小时有人值台监控。

2)当班值台人员要密切注视客房楼层情况,发现服务工作中有不足之处时及时督促、提醒,发现异常情况及时跟踪监视、迅速报告、正确处理。

3)客房服务中心要严格执行客房房卡管理制度,实行集中保管,做到发放回收手续完备,记录清楚,保管严密,无房卡丢失责任事故发生。

(3)信息服务礼仪

1)客房服务中心要及时掌握和核对更改房态信息,并与前厅部及时联系,做到准确无误。

2)客房服务中心要做好信息收集和资料积累工作,全面了解酒店各种服务项目和营业时间,准确掌握本市交通、商业和旅游等方面的资料,为客人提供各种问询服务,及时积累和整理客情、客史等各种信息资料,分类归档,立卷完整,以便查找。

3）客房服务中心要做好各种信息传递工作，做到提供及时、准确、完整。

(二) 客房楼层服务员服务礼仪

1. 岗位职责定位

客房楼层服务员承担着为客人提供舒适的住宿环境的工作责任。客房及客房楼层的良好气氛，舒适、美观、清洁的住宿环境，都是客房楼层服务员通过辛勤的劳动来实现的。客房楼层服务员不但代表整个楼层的形象，而且是整个楼层的客房服务能够正常运行的核心所在。此外，相对其他对客服务部门，客人在酒店客房停留的时间最长，能否做好客人的接待工作，客房服务员热情、礼貌、周到的服务起着至关重要的作用。

2. 服务礼仪

（1）迎客的准备工作礼仪。准备工作是服务过程的第一个环节，直接关系着后面的几个环节和整个接待服务的质量。所以，准备工作要做得充分、周密，并在客人进店之前完成。

1）了解客人情况。为了正确地进行准备工作，客房楼层服务员必须先了解将要来到的客人的到店时间、离店时间、何地来、去何地、人数、身份、国籍、健康状况、性别、年龄、宗教信仰、风俗习惯、生活特点及接待规格、收费标准和办法等，以便制订接待计划，安排接待服务工作。

2）房间的布置和设备的检查。客房楼层服务员应根据客人的风俗习惯、生活特点和接待规格，对房间进行布置整理；根据需要，调整家具设备，铺好床，备好热水壶、水杯、茶叶、冷水具及其他生活用品和卫生用品；补充文具夹内的信封、信纸、服务指南、客人须知和各种宣传品，以及冰箱的饮料。

客房楼层服务员应按照接待规格将酒店经理的名片放在桌上，如果是重要客人还要准备鲜花和水果，表示欢迎；如果客人在风俗习惯或宗教信仰方面有特殊要求，凡属合理的均应予以满足。客人忌讳的用品，客房楼层服务员要把它从房间撤出来，以示尊重。

房间布置好之后，客房楼层服务员要对房内的家具、电器、卫生设备进行检查，如有损坏，要及时报修；要试放面盆、浴缸的冷热水。

3）迎客的准备。在客人到达前，客房楼层服务员要调好室温，如果客人是晚上到达，要拉上窗帘，打开房灯，做好夜床。完成准备工作后，客房楼层服务员应整理好个人仪表，站在电梯口迎候。

（2）客人到店的迎接礼仪

1）梯口迎宾。客人由礼宾员引领来到楼层，客房楼层服务员应面带笑容，热情招呼。如果事先得知客人的姓名，在招呼时客房楼层服务员应说："欢迎您！××"，然后引领客人到已为客人准备好的房间门口，侧身站立，礼宾员用房卡打开房门，请客人先进。

2）介绍情况。客人初到酒店，不熟悉环境，不了解情况，客房楼层服务员应首先向客人介绍房内设备及使用方法，然后向客人介绍酒店服务设施和服务时间。

（3）对客人的服务工作礼仪。对客人的日常服务工作是时间最长、工作量最大、涉及面最广的。客房楼层服务员要使客人在住店期间感到方便、舒适、称心如意，犹如在家里一般。若要达到这个效果，客房楼层服务员必须时时留意、体察客人的需要，主动热情地为客人悉心服务。客房楼层服务员应与客人建立和谐、良好的人际关系，能够通过自己的优质服务，为酒店争取到一定数量的回头客。

1）整理房间礼仪。整理房间又可分为上午整理、下午整理和晚上整理。整理前客房楼层服务员应先把工作本及用品备齐，然后敲门，得到允许再进。整理房间要按操作的程序和接待规格进行，并且注意早、中、晚客人休息的规律，尽量不打扰客人休息和睡眠。如上午整理，应尽量利用客人外出的时间进行；下午和晚上整理则应利用客人去用餐时进行。服务员应了解客人是否有午睡的习惯，并且按照白天、晚间的不同需要，为客人准备好应用物品和布置床铺。打扫卫生的工具及客房换下来的卧具和废弃物等应及时拿走，不要长时间放在走廊过道，以免影响整洁。

2）生活服务礼仪。来酒店住宿的客人，难免会有一些生活琐事需要协助料理。酒店提供生活服务不仅方便客人，也是提高酒店优质服务信誉和增加经济收入的渠道，如客房用餐、接待来宾的访客，为客人清洁衣帽、擦皮鞋、帮助缝补等。客人有时需要在客房中进餐，提供送餐服务时要注意食品的保暖，送菜要迅速，所送食品不要有遗漏，并注意清洁卫生等。访客来访问，不得擅自让访客直接进房，需征求客人意见后再安排，不可怠慢。若客人患病更应随时关注客人的需要。

3）代办事务礼仪。客房楼层服务员有时需代办洗熨衣服等，均应谨慎、认真处理。

（4）客人离店前后的工作。客人离店前后的工作是服务全过程的最后一个环节，如果工作做得好，就能加深来宾的良好印象，使其高兴而来，满意而归。此阶段的工作包括以下三项：

1）做好客人离店前的工作。客房楼层服务员要了解客人动身的确切日期和时间，飞机、火车的班次，离开酒店的时间，交通车辆接送安排情况；检查代办事项是否办妥办完，账目是否已结清，早上是否有叫醒服务，是否要准备早点，行李包扎和托运是否办理完毕，客人还需要什么帮助等。以上情况客房楼层服务员应与有关部门联系确定落实，重要的客人还必须将情况汇报给领导，以便协同工作，组织欢送。

2）做好客人离店送别工作。客房楼层服务员应协助客人检查室内各处有无物品遗留，如有必要，应提醒客人；在将客人的行李件数弄清后，可请礼宾员搬运上车，并向客人告知清楚；在客人离开楼层时，要热情送至电梯口，礼貌道别，欢迎再来；在客人离开酒店前，还应清查房间的设备及用品有无损坏和丢失，及时报告领导以便处理。

3）客人离去后，客房楼层服务员应彻底检查房间。在清理房间时，客房楼层服务员如发现有物品遗留，应迅速设法转送归还；若客人已离店，应速交总服务台设法转交，或请示领导处理。客人离去后，客房楼层服务员还应及时进行全面清洁整理，按酒店的规格布置完整，准备迎接新的客人。

（5）其他客房服务礼仪规范

1）酒店应按客人要求和相关程序提供擦皮鞋服务，遵守承诺，按时送还。

2）当客人需要洗涤或熨烫衣服时，客房楼层服务员应及时收取衣物，并按时送还，按规定将洗涤好或熨烫好的衣物挂放整齐。

3）在客人租借用品时，客房楼层服务员应热情受理，并向客人礼貌地申明相关租借规定；如果无法提供租借用品，应主动提供建议，尽量帮助客人解决问题。

4）客房楼层服务员在提供房内免费饮品服务时，应尊重客人的需求和偏好，按时将有免费标志的饮品送至客房。

5）如果有客人前来以忘带房卡或房卡丢失等理由要求客房楼层服务员开门时，客房楼层服务员必须核对客人的身份证、护照等有效证件，证件信息和入住登记信息相符合，才可开门允许客人进入；如果客人没有携带有效证件，需及时报告领导处理。

6）客房楼层服务员如果发现房间出现任何问题，必须及时联系维修人员，并跟踪维修的进度。

从上文可知，酒店的客房日常服务量较大，涉及面广，变化多，综合性强。一些具有良好声誉的酒店在长期客房服务工作中形成了一套较完整的礼节规范，如"六无""三轻""八字""五个服务""五声""十一个字"等。

①"六无"是指客房卫生要做到无虫害、无灰尘、无碎屑、无水迹、无锈蚀、无异味。

②"三轻"要求客房楼层服务员工作时，要说话轻、走路轻、操作轻。

③"八字"要求客房楼层服务员从客人进店到离店，从始至终要做到"迎、问、勤、洁、灵、静、听、送"八个字。即

迎：客人到达时要以礼当先，热情迎客。

问：见到客人要主动、热情问候。

勤：客房楼层服务员在工作中要勤快，迅速稳妥地为客人提供快速敏捷、准确无误的服务，同时在工作中还要做到手勤、眼勤、嘴勤、腿勤，为客人办事勤快，不图省事，不怕麻烦。

洁：房间要清洁，勤整理，做到每日三次进房检查整理房间。坚持茶具消毒，保证客人身体健康。

灵：办事要认真，机动灵活，眼观六路，耳听八方，应变能力强。

静：在工作中要做到说话轻、走路轻、操作轻，保持楼层环境的安静。

听：在工作中要善于听取客人的意见，不断改进工作，把服务工作做在客人提出之前。

送：客人离店送行，要表示祝愿，欢迎再次光临。

④"五个服务"包括主动服务、站立服务、微笑服务、敬语服务、灵活服务。

⑤"五声"包括客人来店有欢迎声，客人离店有告别声，客人表扬有致谢声，工作不足有道歉声，客人欠安有慰问声。

⑥"十一个字"包括"您，您好，请，谢谢，对不起，再见"。

（三）公共区域服务礼仪

1. 岗位职责定位

酒店公共区域是指酒店里公众共同使用的场所。酒店公共区域包括两个部分，即客用部分和员工使用部分。客用部分主要包括停车场、室外娱乐场、大厅茶座、餐厅、酒吧、咖啡厅、健身房、会议室和洗手间等。员工使用部分主要包括更衣室、员工食堂、倒班宿舍和员工俱乐部等。

公共区域是酒店的重要组成部分。公共区域的清洁保养水平代表着整个酒店的水平。公共区域服务员常常需要在宾客活动区域进行清洁工作，因此特别需要注意自身形象。工作中要精神饱满、表情自然、动作从容利索，为客人营造一个整洁、舒适的公众活动环境。

2. 服务礼仪

（1）公共区域卫生间应干净无异味。服务员见到客人应礼貌问候，适时回避；当因清洁工作给客人带来不便时，应向客人致歉；当客人离开时，服务员应主动为客人开门。

（2）在清洁公共区域时，服务员应保持专业的工作状态，步履轻盈，动作熟练；遇到客人应暂停工作，礼貌问候，礼让客人；当客人在工作区域谈话时，服务员应礼貌回避。

（3）在使用清洁设备时，服务员应保证设备整洁完好，不乱堆乱放；提拿工具应注意避让客人，提拿方式安全、得当，并符合礼仪规范。

（四）特殊情况客房服务礼仪规范

（1）在住店客人生病时，客房部应派人及时探访，应真诚询问客人状况，按工作程序及时提供必要的帮助；探访人员应把握探望时间，尽量不打扰客人休息。

（2）客人财物在客房内丢失时，客房部应派人及时到达现场，安抚客人，表示同情，及时为客人提供帮助，并尽快将调查、处理结果通知客人。

（3）客人损坏了酒店物品，客房部应派人及时到达现场，首先查看客人是否受伤，然后检查物品的损坏情况；及时修补或更换被损坏物品，查明物品损坏原因，根据实际情况处理索赔事宜，做到索赔有度。

（4）服务员损坏了客人物品，客房部应派人及时到达现场，赔礼道歉，安抚客人，然后认真查看物品损坏状况；分清责任后，应就服务员的过失再向客人诚恳致歉，及时与客人协商赔偿事宜，并跟踪处理结果。

【知识拓展】

酒店"开夜床服务"

"TURN-DOWN SERVICE"是酒店专业用语，翻译成中文就是"开夜床服务"，它是和"ROOM SERVICE"同等重要的酒店服务之一，也是客人在大多数星级酒店应该得到的服务。

早先的星级酒店一般采用西式铺床法，床上铺着讲究的床罩，而且上面的被子都是用床单包住、四角被床垫压得牢牢的。若在入睡前，能有人将床上面的床罩撤走，然后将被子连同上面一层床单折出一个大概30°的角，方便上床入睡，这就是开夜床服务的由来。

开夜床通常伴随着一些有附加值的服务，比如房间清扫、物资补充等。有的酒店会在被子叠着的那个角放上第二天的早餐菜单，有的放置的是洗衣袋或浴袍，地上也会放好拖鞋和晚安巾，床头放上一瓶饮用水和一个空杯子。总而言之，夜床服务能让客人在旅途中感觉到不一样的尊贵。夜床服务的时间一般为17：00—21：00，不过不同的酒店会根据自身的特性以及季节的变化做出调整。

开床礼物是每次开夜床的时候放进房间的小礼物，并非每个客人都能得到，也并非每个房间都一样，这视客房等级而定。对那些到酒店度蜜月或者庆祝纪念日的客人们，部分酒店会提供有特色的夜床服务，比如为他们在床上撒满花瓣，或者准备好冰镇的香槟。全球的威斯汀酒店都提供一种客房内的水疗夜床服务，只要你提前预订并确认时间，他们就会在入夜时分在你客房的浴室里布置好香氛蜡烛和水疗用品，并放好漂浮着花瓣的沐浴水。

第四节　餐饮部服务礼仪

餐饮部是负责向客人提供餐饮产品和餐饮服务的职能部门，是酒店一个重要且有潜力的增收创利部门。餐饮的特色和质量是酒店总体管理水平和特色的重要组成部分。

餐饮部的主要职能是在酒店分管领导的指导下，积极组织生产适合客人需要的中西餐产品，全力参与市场竞争，创制特色菜品；坚持质量标准，强化质量管理；不断提高全体员工素质，为客人创造良好的就餐环境。

餐饮部员工需要直接与客人接触，其服务态度、业务水平和操作技能均直接展示在客人面前，言行举止会影响客人对酒店形象的感知。因此，酒店餐饮部员工应树立良好的形象，为客人提供优质的服务。

一、餐饮部员工的素质要求

随着竞争的日趋激烈和消费者自我保护意识的增强，客人对餐饮服务质量的要求越来越高。餐饮服务质量的提高依赖高素质的员工，因此餐饮部员工应树立正确的观念与意识，改善服务态度，更新本职工作所需的知识，提高管理与服务能力，从而提高餐饮服务质量。餐饮部员工的素质要求主要有以下几个方面。

（一）高度的敬业精神

餐饮部员工必须树立牢固的专业思想，充分认识到餐饮服务对提高服务质量的重要作用，热爱本职工作，在工作中不断努力学习，奋发向上，开拓创新；自觉遵守文明礼貌、助人为乐、爱护公物、保护环境、遵纪守法的社会公德；倡导爱岗敬业、诚实守信、办事公道、服务群众、奉献社会的职业道德，并养成良好的行为习惯，培养自己的优良品德。

（二）强烈的服务意识

服务意识是指餐饮部员工在对客服务过程中体现出来的主观意向和心理状态，其好坏直接影响着客人的心理感受。服务意识取决于员工的主动性、创造性、积极性、责任感和素质的高低。具体来讲，一名优秀的餐饮部员工，应该主动、热情、耐心、周到地为客人提供服务，关注客人用餐的细节，准确分析客人的需求，采取正确的服务行动，以满足客人的需求。

（三）较广的知识面

为客人提供优质的服务，涉及多种知识的应用，因此餐饮部员工应具有较广的知识面，如基础知识、专业知识和其他相关知识（宗教、哲学、美学、文学、艺术、本地及周边地区的旅游景点及交通等），并在对客服务中灵活应用。

（四）娴熟的服务能力

用餐服务涉及多种服务能力的综合应用，餐饮部员工应在业务能力上，如语言能力、应变能力、推销能力、技术能力、观察能力、记忆能力、自律能力和服务与协作能力等方面下苦功夫，不断提升各种能力，以为客人提供优质满意的服务。

（五）规范的服务礼节

中西方对于用餐均有很多讲究和禁忌。餐饮部员工应知晓这些讲究和禁忌，同时应以规范的服务礼节，在每一个服务的细微环节，使宾客享受到专业的、标准的餐饮服务。

（六）健康的身体素质

餐饮部员工必须身体健康，定期体检，取得卫生防疫部门核发的健康证，如患有不适宜从事餐厅服务工作的疾病，应调离岗位。

餐饮服务工作的劳动强度较大，餐厅服务人员的站立、行走及餐厅服务等必须具有一定的腿力、臂力和腰力。因此，餐饮部员工必须有健壮的体格才能胜任工作。

二、餐饮部各岗位员工礼仪规范

（一）宴会服务礼仪

1. 岗位职责定位

宴会是指以餐饮为中心的聚会，其特色为通过一件特殊的事使许多人共聚一堂，采用同一款菜单或自助餐形式，进行聚会活动。一般而言，宴会聚餐服务更具有程序性，且大型宴会涉及因素较多、较复杂。这就使宴会员工承担的服务礼仪工作显得更加重要，并且宴会规格越高，礼仪细节要求越多。

2. 服务礼仪

（1）当客人进入餐厅时，负责迎宾的宴会服务人员要主动开口问好。

（2）在引领客人时，服务人员要遵循先女宾后男宾、先主宾后一般来宾的顺序；如遇较高级别的宴会，餐厅经理应带领一定数量的服务人员在客人到来之前站在餐厅门口迎接；若遇到雨天，要主动收放客人的雨具。

（3）在为客人服务时，服务人员眼神要专注，有问必答，百问不厌；服务要热情、周到、细致、一视同仁、敏捷机灵。

（4）服务人员要熟悉各种食物、酒类的特点，如客人问及应实事求是地给予简明扼要的回答。

（5）斟酒上菜按主宾、主人、一般来宾的顺序进行。当同一桌有两个服务员时，一个从主宾开始、一个从副宾开始，按照顺时针方向进行。

（6）当席间上菜时，要将新上的菜放在主宾面前，上一道菜移到副宾面前，且所有菜点都应该将最佳观赏面朝向主位。

（7）服务人员值班时要坚守岗位，站姿规范，不倚靠桌子或墙壁、不串岗闲聊。

（8）当客人要求帮忙而服务人员正在给其他客人服务时，应对客人点头微笑或以手势示意，表示自己已经知道，马上就能去服务，使客人放心继续进餐。

（9）当客人结束用餐离开餐厅时，服务人员应目送或陪伴客人至餐厅门口，礼貌话别。餐厅的清洁整理工作应在客人离去后进行。

（二）领台人员礼仪

1. 岗位职责定位

酒店餐饮部领台人员是客人进入餐厅遇到的第一位员工。领台人员要积极主动，回答客人提问要热情亲切，使客人一走进餐厅就感受到被尊重及欢迎，从而留下美好的第一印象。

领台人员包括：门卫礼仪人员和引领人员。营业前领台人员一定要了解本店的概况和当天预约的客人情况，做好仪容、仪表和精神准备，营业前站在餐厅门口两侧或里面，便于环顾四周，等待迎接客人。

2. 服务礼仪

（1）客人到来时领台人员要热情相迎，主动问候。

（2）领台人员在引领客人时，应问清是否预约、预约人数，然后把客人引到合适的座位，并为客人提供拉椅落座服务。

（3）如来宾是多位，领台人员应先问候主宾或走在前面的客人，然后再向其他客人一一问候；如果男女客人同来，要先问候女宾，再问候男宾；遇老、弱、孕、残、幼的客人，应给予关心。

（4）用餐高峰时段，如餐厅暂时客满，领台人员应请要求用餐的客人到休息室坐下等候用餐，向客人致歉，并为客人送上茶水和小食品，一有空位，立即引领客人入座。

（5）在客人就餐完毕离开时，领台人员要有礼貌地欢送，并致告别语，目送宾客离开。

（三）值台人员服务礼仪

1. 岗位职责定位

值台人员为客人提供的服务，贯穿于客人用餐的始末，对客人能否享受到酒店专业的、高档次的、礼貌的用餐服务发挥着重要作用。值台人员应高度重视自身和班组人员的仪容仪表，讲究服务礼节，完善餐前服务准备、席间用餐服务和餐后送别服务等环节的服务细节。

2. 服务礼仪

（1）餐前服务礼仪规范

1）客人到餐厅用餐，领位员应根据不同客人的就餐需求安排合适的就餐座位并祝客人用餐愉快；引领入座应一步到位，手势规范，走位合理，步幅适度。

2）餐厅应备足酒单、菜单，保证其整洁完好。领位员应选择合理的站位，目视客人，用双手呈递酒单、菜单；服务的次序应符合中西餐就餐程序。

3）客人入座后，服务员应选择合理的站位，按次序为客人铺放口布，铺放动作应轻巧熟练，方便客人就餐。

4）服务员在向客人推荐菜品时，应使用规范的手势，尊重客人的饮食习惯，适度介绍酒水。

5）服务员请客人点菜要耐心等候，让客人有充分的时间去选择或商量；客人点菜时，应始终微笑站立在客人的左侧，上身略向前倾，认真聆听、记录。

6）书写菜肴订单时，服务员应站立端正，将订单放在手中书写；下单前，应向客人重复所点菜品名称，并询问客人有无忌口的食品，有些西式菜品还应征求客人对生、熟程度的要求。

7）当客人所点的菜肴已售完时，服务员要向客人致歉并推荐其他口味、特色相近的菜肴；如客人所点的菜菜单上没有，不能立即回绝，应说："对不起，这道菜菜单上没有，请允许我马上与厨师长商量一下，看能否尽可能满足您的要求。"这样既不失礼，又体现出餐厅的优质服务。

（2）餐间服务礼仪规范

1）厨房出菜后，餐厅应及时上菜。传菜员传菜时应使用托盘。托盘要干净完好，端送要平稳。传菜员要行走轻盈，步速适当，途中遇到客人应礼让。

2）西餐的上菜速度应与客人的用餐速度相适宜。热菜和冷菜应分别放入经过加热或冷却处理的餐盘中。

3）值台服务员应根据餐桌、餐位的实际情况，合理确定上菜口。服务员上菜时，应用双手端平放稳。搭配主菜的小菜和佐料，应与主菜一并上齐。服务员报菜名时应吐字清晰、音量适中。

4）服务员摆放菜肴应实用美观，并尊重客人的选择和饮食习惯。

5）所有菜肴上齐后，服务员应告知客人菜已上齐，并请客人慢用。

6）需要分菜时，服务员应选择合理的站位，手法熟练，注意卫生，分派均匀。

7）服务员应以尽量少打扰客人就餐为原则，选择适当的时机撤掉空盘。在撤盘时，服务员应遵循酒店相关工作程序，动作轻巧，规范到位。

8）服务员在为客人提供小毛巾服务前，应对毛巾进行消毒，保证毛巾温度、湿度适宜，无异味。服务员应随时巡台，及时撤下客人用过的毛巾。

9）服务员应随时观察客人用餐情况，适时更换骨碟。在更换骨碟时，服务员应使用托盘，先征询客人意见，得到许可后再服务；动作手法应干净卫生，撤换线路和新骨碟的摆放位置应方便客人用餐。

（3）酒水服务礼仪规范

1）服务员应尊重客人的饮食习惯，根据酒水与菜品搭配的原则，向客人适度介绍酒水。下单前，服务员应重复酒水名称。多人选择不同饮品的，服务员应做到准确记录，服务时正确无误。

2）斟倒酒水前，服务员应洗净双手，保证饮用器具清洁完好，征得客人同意后，按礼仪次序依次斟倒，斟酒量应适宜。在续斟时，服务员应再次征得客人同意。

3）在服务酒水时，服务员应询问客人对酒水的要求及相关注意事项，然后提供相关服务。

4）在服务整瓶出售的酒品时，服务员应先向客人展示所点酒品，经确认后再当众开瓶；在斟倒饮料时，应使用托盘。

5）调酒员在面客服务时，应做到动作卫生、手法娴熟。客人在谈话时，调酒员应适时回避。当客人对所调制的酒水不满意时，调酒员应向客人致歉，争取为客人提供满意的服务。

6）在服务热饮或冷饮时，服务员应事先预热杯子或提前为杯子降温，保证饮品口味纯正；在服务冰镇饮料时，应擦干杯壁上凝结的水滴，防止水滴滴落到桌子上或客人衣服上；在服务无色无味的饮料时，应当着客人的面开瓶并斟倒。

7) 服务员对已有醉意、情绪激动的客人，要注意礼貌服务，不仅不可怠慢，而且要更加沉着耐心，如发生意外情况及时报告上级或有关部门妥善处理。

(4) 餐后结账服务礼仪规范

1) 服务员应随时留意客人的用餐情况，当客人示意结账时，应及时提供服务。账单应正确无误，呈递动作标准、规范。

2) 在客人付账时，服务员应与客人保持一定距离，客人准备好钱款后再上前收取，收取现金时应当面点验。结账完毕，服务员应向客人致谢，欢迎客人再次光临。

3) 客人结账后尚未离开餐厅，服务员应继续提供相关服务。

4) 在客人离开餐厅时，服务员应礼貌地将客人送至餐厅门口，向客人表示感谢，欢迎客人再次光临，微笑送客人离去。

(四) 账台服务人员礼仪

1. 岗位职责定位

收银工作是记录餐饮营业收入的第一步，也是财务管理的重要环节之一。它要求每一名收银员熟练地掌握自己的工作内容及工作程序，并运用于工作中，真正地起到监督、把关的作用，为下一步的财务核算奠定良好的基础。

2. 服务礼仪

(1) 当收到客人用餐的细目后，账台服务人员一定要准确、迅速地把食品的单价标上，一并合计好用款总数。

(2) 合计好后，结账时，由值台服务员用托盘将账单送到客人面前，并且应站到负责买单客人的右后侧，轻声告知数额。

(3) 账台服务人员一般正坐在账台内，坐姿要娴雅、自如、端庄、大方，面带微笑。

【案例分析】

索赔的语言艺术

在北京台湾饭店，一次有位客人在离店时把房内一条浴巾放在提箱中带走，被服务员发现后报告给大堂副理。根据酒店规定，一条浴巾需要向客人索赔50元。如何不得罪客人，又要维护酒店利益，大堂副理思索着。

大堂副理在总台收银处找到刚结完账的客人，礼貌地请他到一处不引人注意的地方说："先生，服务员在做房时发现您的房间少了一条浴巾。"言下之意是："你带走了一条浴巾已被我们发现了。"此时，客人和大堂副理都很清楚浴巾就在提箱内。客人面色有点紧张，但为了维护面子，拒不承认带走了浴巾。为了照顾客人的面子，给客人一个台阶下，大堂副理说："请您回忆一下，是否有您的亲朋好友来过，顺便带走了？"意思是：如果你不好意思当众把东西拿出来，您尽可以找个借口说别人拿走了，付款时把浴巾买下。客人说："我住店期间根本没有亲朋好友来拜访。"从他说话的语气来理解，他的意思可能是："我不愿花50元买这破东西。"于是，大堂副理给他一个暗示，再给他一个台阶下，说："从前我们也有过一些客人说是浴巾不见了，但他们后来回忆起来是放在床上，毯子遮住了。您能否上楼看看，浴巾可能压在毯子下被忽略了。"这下客人理解了，拎着提箱上楼了，大堂副理在大堂恭候客人。客人从楼上下来，见了大堂副理，故作生气状："你们的服务员检查太不仔细了，浴巾明明在沙发后面嘛！"这句话的潜台词是："我已经把浴巾拿出来了，就放在沙发后面。"大堂副理心里很高兴，但不露声色，很礼貌地说："对不起，先生，打扰您了，谢谢您的合作。"要索赔，就得打扰客人，理当表示歉意。可是"谢谢您的合作"则有双重意思，听起来好像是客人动大驾为此区区小事上楼进房查找，合作态度可谢。然而真正的含义则是："您终于把浴巾拿出来了，避免了酒店的损失。如此合作岂能不谢？"为了使客人尽快从羞愧中解脱出来，大堂副理很真诚地说了句："您下次来北京，欢迎再度光临我们酒店。"整个索赔结束了，客人的面子保住了，酒店的利益保住了，双方皆大欢喜。

　　分析：结合案例，分析索赔的语言艺术表现在哪些方面？

【关键概念】

酒店服务礼仪　前厅部　客房部　餐饮部

【复习思考】

1. 什么是酒店服务礼仪？
2. 如何提高酒店从业人员的修养和素质？
3. 酒店大堂副理处理客人纠纷时应注意哪些礼仪？

4. 客房部服务员应如何为住店客人提供优质的服务？
5. 简述酒店餐饮部的服务礼仪。

【拓展训练】

模拟前厅部、餐饮部、客房部接待场景，学生分别扮演服务人员及客人角色，进行相关的接待礼仪训练。

第五章 旅行社服务礼仪

【案例导读】

某旅行社因出色服务获得顾客的一致好评

某城市的一家旅行社近期因其出色的服务而受到广大顾客的一致好评。据报道,该旅行社自从引入一套全新的礼仪培训以来,游客们对他们的服务和态度给予了高度赞扬。

该旅行社的礼仪培训旨在提升导游、接待员和其他工作人员的专业素质和服务质量。这个培训包括人际沟通技巧、形象塑造、礼仪修养以及解决问题的能力等方面的内容。旅行社还邀请了行业专家进行指导,并通过模拟演练和角色扮演等方式提高了员工的实践能力。

据该旅行社的一位游客反馈,他们在整个旅行过程中感受到了导游和工作人员的热情和专业,并享受到了细致入微的服务。导游们不仅提供了准确的旅游信息和解说,还主动为游客解决问题,并给予了额外的关注和照顾。整个旅游过程中始终没有出现不礼貌或不专业的行为,让游客们感到非常满意。

此外,该旅行社还通过积极回应客户的反馈和建议来不断提升服务质量。该旅行社建立了一个专门的客户关怀团队,负责处理客户的投诉,并及时采取措施进行改进。

这个新闻事迹表明,旅行社通过重视礼仪培训和服务质量的提升,赢得了顾客的肯定和口碑,其成功经验再次证明了旅行社礼仪在提升顾客满意度和企业形象上的重要作用。

【学习目标】

1. 了解旅行社服务对客沟通的语言、非语言等细节问题。
2. 掌握导游各服务环节中的礼仪服务技巧。
3. 为将来在旅行社工作树立良好的职业形象、传播礼仪文化奠定基础。

第一节　旅行社接待服务的要求与形式

旅行社是旅游活动的组织者、安排者和联系者，是旅游服务行业的主导力量。旅行社与旅游饭店、旅游交通部门同为为人们旅行提供服务的专门机构，工作人员的素养直接反映了旅行社的服务水平。

一、旅行社接待服务的基本要求

旅行社服务礼仪的基本理论是对服务礼仪及其运用过程的高度概括，主要对职业道德、服务态度和接待服务三个方面有所要求。

（一）职业道德

职业道德指的是从事某一具体职业的人，在工作岗位上所遵循的与职业活动紧密联系的行为准则，它受到个人素质与自我良心的制约。在旅游接待服务行业中，职业道德主要包括旅行社服务人员在经营风格、工作作风、职业修养等方面的规范化，可体现为热爱祖国、热爱本职工作、忠于职守、在工作中严格要求自己。

（二）服务态度

服务态度指的是旅行社服务人员对服务工作的看法以及在为服务对象进行服务时的具体表现。旅行社服务人员在服务态度上总的要求是：热情服务，全心全意为游客服务；礼待客人，在工作中为对方提供礼貌服务；以质见长，要求旅行社服务人员在为服务对象进行服务的过程中，不仅要重视数量问题，而且要对质量问题更加关注，做到以质取胜。

（三）接待服务

主动、热情、文明、礼貌、周到，是旅游接待服务工作必须严格遵照的原则性要求。主动服务是要在客人开口之前提供服务；热情服务是发自内心、满腔热忱地向客人提供良好的服务；文明服务要求旅行社服务人员在一定的规范和标准下，提供科学服务和优质服务；礼貌服务要求旅行社服务人员在服务过程中衣着整洁、动作规范；周到服务是指在服务过程中，处处为客人着想，为客人提供个性化服务，这也是现代服务行业竞争的一个重要影响因素。

二、旅行社接待工作的主要形式

旅行社接待服务从接触潜在游客开始，进而贯穿游客旅游活动的全过程。旅行社接待服务的主要形式包括旅行社前台接待工作、旅行社外联工作、旅行社计调工作和导游带团工作。

（一）旅行社前台接待工作

旅行社前台接待工作内容比较多。一般来说，有客人上门咨询，前台需向客人介绍旅行社的产品线路，或者客人感兴趣的线路，但在介绍前，首先要完成接待工作，再询问清楚客人想要出行的时间、人数、对线路的要求，然后从旅行社的线路中挑选出符合客人要求的线路供他选择，所以前台人员需要掌握前台接待的基本礼仪，如接听电话礼仪，应答、指引礼仪等。

（二）旅行社外联工作

旅行社外联人员要熟悉各地的旅游资源，既要了解市场信息，掌握市场需求，又要设计出新颖、独特的旅游产品，吸引并得到源源不断的客户群体；业务涉及市场调研、市场预测、产品设计、产品销售、广告促销、产品价格、计划实施、售后服务、财务结算等方面。

（三）旅行社计调工作

旅行社计调人员的任务是按照公司要求，负责游客的食、宿、行、游、购、娱各方面的活动安排，并全部都落实。例如，住宿几星级酒店，每天的用餐标准，汽车票、火车票和飞机票的落实，以及每一个旅游景点门票的落实等，以保证游客能够顺利、安全地完成旅游。

（四）导游带团工作

导游工作是整个旅游服务过程中的灵魂。导游带团是旅行社与游客近距离接触的主要环节。导游在接团、带团时都会与游客近距离接触，这些过程中旅游服务礼仪标准化显得尤为重要。

三、旅行社接待沟通技巧

在旅行社接待服务中，要建立良好的人际关系，就必须与别人进行沟通。无论是与同事、游客、上司沟通，还是与相关行业的从业人员沟通，要想沟通顺畅，都需要一定的技巧。根据沟通形式的不同，沟通技巧主要分为语言沟通技巧和非语言沟通技巧两大类。

（一）语言沟通技巧

本书前面讲到了旅游服务的礼貌用语，在旅游接待服务过程中，除了注重对礼貌用语的正确使用，还要掌握一些必要的技巧，这样更能增强语言的感染力。

1. 幽默语言

幽默是人们面对不同环境的乐观态度。在旅游接待服务中，幽默可以使气氛变得轻松，可以扭转不好的状况。

例如，一位女性导游在接待旅行团时所致的欢迎辞。

大家好！有一首歌曲叫《常回家看看》，有一种渴望叫常出去转转，说白了就是旅游。在城里待久了，天天听噪声、吸尾气、忙家务、搞工作，每日里柴米油盐，真可以说操碎了心，磨破了嘴，身板差点没累垮呀！所以我们应该经常出来旅旅游、转一转，到青山绿水中陶冶情操，到历史名城开阔眼界。人生最重要的是什么？我个人认为不是金钱，不是权力，而是健康和快乐！大家同意吗？出来旅游，一定要找旅行社，跟旅行社出门方便快捷，经济实惠。但找一个好的旅行社，不如碰到一个好导游。一个好导游能给您带来一次快乐的旅行。

2. 赞美语言

人总是喜欢被别人称赞。在旅游接待与服务中，旅行社服务人员应适当地给予游客赞美。例如，在见到游客时，称赞其漂亮、打扮得体等；在游客表演节目时，给予充分的赞美等。这样更易于缩短游客与旅行社服务人员的心理距离。

3. 倾听

有句谚语："用十秒的时间讲，用十分钟的时间听。"听，可以获得必要的信息，领会讲话者的真实意图。在旅游接待与服务中，旅行社服务人员要充分重视听的作用，讲究听的方式，追求听的艺术。倾听有如下要点：

（1）认真耐心。在游客阐述自己的观点时，服务人员应该认真耐心地听完，并领会其意图。因对话题不感兴趣或产生强烈的共鸣就忍不住打断对方而插话或做出其他举动，是不礼貌的行为。如果必须打断游客说话，服务人员应适时示意并致歉后再插话；在插话结束时，要立即告诉对方"请您继续讲下去"。

（2）专注有礼。在听对方讲话时，应该目视对方，以示专心。因为语言只传达了部分信息，所以要真正了解对方，应注意说话者的神态、表情、姿势，以及声调、语气等非语言符号的变化。同时，认真聆听对说话者来说也是一种尊重和鼓励，可以使他感觉到自己的重要性。

（3）呼应理解。聆听者在听取对方信息后，应根据情景或微笑，或点头，或适时插上一两点提问，如"真的吗？"等，使谈话者与聆听者之间不断地交流，形成默契，使谈话更为投机。

4. 柔性语言

在旅游接待服务中，旅行社服务人员应注意柔性语言的运用。这样的语言能使人愉悦，并有较强的说服力，往往能达到以柔克刚的效果。

例如，一名导游在带团过程中很积极、主动，客人对他的感觉也很好。但是，有一天一位客人夜间外出访友，因多年未见加上贪杯，所以到了深更半夜才回到宾馆，回来后打电话告诉导游，说是报个平安。谁知导游接到电话，劈头就责问："怎么搞的？这么晚才回宾馆？人家等你到现在还没有睡觉，你好意思吗？"导游的话使客人很不高兴，于是两个人发生了争吵。如果导游换一种方式，说："你回来我就放心了，洗个澡赶紧睡吧，明天还有很多景点要玩呢。"客人听了这番话，心里肯定充满感激。所以，说话时一定要注意语言的柔性。

5. 寒暄

寒暄是交谈的开始，它本身并无多少实际意义，主要是在交谈时具有情感导入功能。寒暄可以打破谈话双方的界限，缩短人与人之间的情感距离，导出交谈者之间的交谈话题。到不同地方需使用不同的寒暄用语，只有适度的问候与寒暄，才能引起双方的交谈兴趣，也才能活跃交谈气氛，使交谈亲切地进行下去。

（二）非语言沟通技巧

非语言沟通是除了语言沟通以外的其他沟通形式，包括面部表情、眼神接触、身体姿势、手势及其他动作、声线、身体距离等。非语言沟通侧重感受和情绪的表达，在社交过程中无处不在、不可避免，但较少被意识到。

1. 面部表情

面部是人体最易引起注意的部位，能够产生大量表情，反映人的心理和情绪。面部表情的变化非常迅速，与心理、情绪的关联有一套非常复杂的机制。面部表情包括喜悦、惊讶、害怕、生气、厌恶、伤心等，也可同时将多种表情结合在一起。旅行社服务人员与客人交往时，面部表情应该生动，并要与说话的内容匹配。其中，笑容是一种很重要的面部表情，一个友善的笑容，表示愿意与人交往。而别人接收了这个友善的信息后，也将愿意与之交往。

例如，某年深秋的一天，上海的导游王小姐在机场接到了两位英国客人。由于飞机晚点，客人很不满意，表情十分冷淡。在去饭店的途中，王小姐面带微笑，热情耐心地介绍沿途的城市夜景，但客人仍不言语。王小姐并未灰心，在接下来的服务过程中继续用微笑的表情、热情的态度和耐心的讲解去感动客人。终于，客人开始询问王小姐一些问题，交谈的次数也越来越多了。总之，在旅游接待与服务中，微笑的魅力是永恒的。

2. 眼神接触

在沟通过程中适当的眼神接触是敬意和注意的有力象征。如果眼神躲避不与对方接触，会令人误解为不诚实或注意力转移；而眼神接触过多，如瞪视，会令人尴尬和感到不自然。因此，在旅游接待与服务过程中，与人交流时既不要回避对方的眼神，也不要一直盯着对方的眼睛，可以不时地将视线转移到对方面部。

3. 身体姿势

身体姿势会暗示对交往活动的意愿及对交谈内容的兴趣。双手交叉或双腿交叠得太紧，都是封闭式的姿势，暗示情绪紧张，或没有兴趣和别人交往。双手不交叉，双腿交叠而指向对方或微微张开，都是开放式的姿势。这些姿势可被理解成精神放松，而且愿意和别人保持交往。旅行社服务人员在工作中要根据实际情况调整好自己的身体姿势。

4. 手势及其他动作

在旅游接待服务过程中，说话时可以适当地配合手势的运用，增强内容表达力和感染力，不过要注意手势运用得宜和自然，不要太夸张。生气的人会握拳，或扳手指关节等。当一个人想表达他的友谊时，经常是张开手臂的。动作要清晰、简单，适当的动作有助于表达、增强说服力，夸张的动作则会令人觉得神经质。聆听的同时点头是一种聆听技巧，表示正在聆听且明白对方在说什么。

5. 声线

声线包括语调、音量及流畅程度。

旅行社服务人员的语调要恰当，并且抑扬顿挫，给人以亲切感；音量要适中，过于大声令人有凶恶的感觉，过于小声会令人听得困难；说话要尽量清晰、流畅，不要太简略或含糊。

6. 身体距离

不同的场合及双方熟悉程度不同有不同的距离标准，可分为亲密距离、私人距离、社交距离。每个人都有无形的"私人领土"，若自己的"领土"被人入侵就会有不舒服的感觉。在旅游接待服务中，服务人员应注意与游客保持适当的距离，要尊重游客的"私人领土"，避免过分亲密引起误解。

第二节　旅行社咨询接待礼仪

旅行社咨询接待业务主要由分布在各地或各景点、景区的客服中心和营业部开展。咨询接待是旅行社的首要工作，是旅行社的"脸面"，决定着旅行社在游客心目中的"第一印象"。

一、客服中心接待的语言规范

旅行社客服中心一般门面空间较小，与客人接触交流的时间较短，为了在短时间内给客人留下良好的印象，接待过程应注重接待语言的使用规范，主要分敬语、谦语和雅语的使用。

（一）敬语

敬语是表示尊敬、恭敬的习惯用语。这一表达方式的最大特点是当服务人员与客人交流时，常常以"请"字开头、"谢谢"收尾，而"对不起"则常挂嘴边，称呼客人需用尊称，如"您""阁下""贵方"等。使用敬语，应注意神态的专注和语气的真诚，应让客人感受到言谈中所饱含的谈话人的真情实感。服务人员要根据时间、地点、环境和对象的不同，准确地使用敬语。

（二）谦语

谦语是向人们表示谦恭和自谦的词语。它作为礼貌用语的一种，在旅游接待服务工作中的应用相当广泛。谦语通常和敬语同时使用，在对宾客使用敬语的同时，对自己则用谦语表达。例如，在交谈时，有时使用"敝人"谦称自己或提出观点时使用"愚"以示自谦。

（三）雅语

雅语又称为委婉语，是指用一种比较委婉、含蓄的方式表达双方都知道、理解，但不愿点破的事情。在礼貌服务用语中，雅语的广泛使用是与客人沟通思想感情，使交际活动顺利进行的途径。雅语的使用不是机械的、固定的，它需要根据不同场合、不同人物和不同时间灵活运用。

礼貌用语是旅游接待服务人员在接待客人时需要使用的一种礼貌语言。它从问候客人开始，到告别客人结束。

礼貌用语具有体现礼貌和提供服务的双重功能，直接反映旅游接待服务的质量和管理水平。其作用主要表现在以下几个方面：

第一，能够较快地缩短旅游接待服务人员同客人之间的心理距离。

第二，能够充分地展示旅游接待服务人员较强的职业道德意识和较高的礼貌修养。

第三，可以为旅游企业树立良好的品牌形象。

第四，可以为客人营造文明礼貌的氛围。

第五，可以作为一种营销方式为旅游企业创造经济效益和社会效益。

二、营业部服务礼仪

旅行社营业部是旅行社的形象、窗口、广告。优质的旅行社服务网点服务可以促进旅行社产品的销售，能为旅游产品增值，同时可以提升旅行社的核心竞争力。营业部工作人员在接待服务中应该切实注意以下礼仪。

（一）保持职业形象

职业形象是指个人在职场中公众面前树立的形象，具体包括外在形象、品德修养、专业能力和知识结构这四大方面。个人的衣着打扮、言谈举止能反映出专业态度、技术和技能等。旅行社咨询接待人员的职业形象要达到以下标准：与个人职业气质相契合、与个人年龄相契合、与营业部风格相契合、与工作特点相契合、与旅游行业要求相契合。个人的举止要在行业行为标准的基础上，在不同的场合采用不同的表现方式。个人的装扮要做到在展现自我的同时尊重他人。图5-1展示的是旅游咨询服务人员的职业形象。

图 5-1　旅游咨询服务人员的职业形象

(二) 业务精通熟练

旅游咨询涉及旅游线路、交通、住宿和餐饮等各种信息，不仅包括旅游者的信息，也包括旅游机构的信息。专业咨询人员只有在掌握确切的旅游出行信息以后，才能够对客人提供专业熟练的服务。

(三) 重视服务对象

重视服务对象，要求营业部服务人员召之即来、有求必应、有问必答，尽可能地满足服务对象的要求，并且主动关心对方，让对方感觉到自己是受到关注的。重视服务对象的具体方法有记住重要人物的姓名、善用尊称、倾听对方的要求等。

1. 记住重要人物的姓名

牢记服务对象的姓名，意味着对对方重视有加、另眼相看。记住客人的姓名要注意两个问题：一是千万不要记错了客人的姓名，将客人的姓名张冠李戴，这样会让客人尴尬；二是不要把客人的姓名念错了，这样会使客人觉得难堪。如果实在无法确定对方姓名的正确读法，就变通一下称呼方法，比如只用姓来称呼，或用职位来称呼等。

2. 善用尊称

在提供服务的过程中，营业部服务人员始终要用尊称称呼服务对象。一般来说，对一般客人可以用"先生""女士"或"小姐"来称呼；对有职位的客人，则应采取职位尊称；对有职称的客人，则应采取职称尊称。

3. 倾听对方的要求

当对方提出某些具体要求时，营业部服务人员要暂停其他工作，目视对方，耐心地聆听，并伴以眼神、笑容、点头等姿态和表情，表示自己在恭听，以示对客人的尊敬。如果有必要，营业部服务人员还可以主动与对方进行交流。从某种意义上讲，耐心倾听服务对象的要求，本身就会使对方在一定程度上感到满足，因此旅行社营业部服务人员一定要耐心倾听对方的要求。

(四) 谨慎处理投诉

任何一家旅行社在服务客人的过程中，总会遇到一些客人抱怨和投诉的事件，即使是最优秀的旅行社也不可能保证永远不发生失误或不引起客人投诉。作为一名服务人员（包括服务工作的管理者），必须对客人投诉有一个清醒的认识，才能更加有效地做好服务工作。

1. 有效倾听客人抱怨

当客人说出他们心中的抱怨时，服务人员需要认真倾听，并对他们的感受表示同情。在客人正火冒三丈地倾吐自己的抱怨与不满的时候，服务人员应当保持足够的耐心去听，而且只是认真地倾听客人的谈话，不要做任何反驳，否则只会让客人更加坚持自己的观点，使事情更加难以处理。

2. 确认问题所在

在倾听的同时，服务人员还必须认真了解事情的每一个细节，确认问题所在，并利用纸笔将问题记录下来。服务人员如果对于抱怨的内容不是十分了解，可以在客人将事情说完之后再请问对方，不过不能让客人产生被质问的感觉，而应以婉转的方式请对方提供情况，如"很抱歉，有一个地方我还不是很了解，是不是可以再向您请问有关……的问题"。在对方说明时，服务人员随时以"我懂了"之类的回应来表示对问题的了解状态。

3. 诚心诚意地道歉

无论责任是否在旅行社，服务人员都应该诚心诚意地向客人道歉，并对客人提出问题表示感谢，这样可以让客人感觉受到重视。服务人员表达歉意时态度要真诚，而且必须是建立在凝神倾听、了解的基础上。如果道歉与客人的投诉根本就不是一回事，那么这样的道歉不但无助于平息客人的愤怒情绪，反而会使客人认为是在敷衍，从而变得更加不满。

4. 实实在在地解决问题

解决问题是最关键的一步，服务人员只有有效妥善地解决了客人的问题，才算完成了对这次投诉的处理。问题解决得好，客人感到满意，下次自然还愿意来这里消费；如果敷衍了事，客人会更加不满，或将事情闹得更大，那么客人以后便不再光顾了。

第三节　导游服务礼仪

导游处在接待服务的第一线，导游的导游服务和服务礼仪的表现对整个旅游接待服务工作的成败起着至关重要的作用。旅游专家认为"一名好导游会带来一次愉快的旅游，反之，肯定是不成功的旅游"。为了强调导游作用的重要性，国际旅游界将导游称为"旅游业的灵魂""旅行社的支柱"和"参观游览活动的导演"。

导游服务主要由导游来承担和实施。按服务的内容划分，导游服务可分为导游生活服务和导游讲解服务；按服务的性质划分，导游服务可分为全陪导游服务和地陪导游服务。导游服务的质量可以通过导游在旅游服务中的语言艺术、文化修养、广博的知识、敏锐的观察能力、灵活的应变能力、独立的工作能力，以及职业道德、礼貌修养、服务技能和态度等得到体现。这里介绍一下全陪导游服务礼仪。

"全陪"即"全程陪同导游"，英文为"National Guide"，是指"受组团旅行社委派，作为组团社的代表，在领队和地方陪同导游人员的配合下实施接待计划，为旅游团（者）提供全旅程陪同服务的导游人员"。全陪的主要职责就是保证旅游团（者）的各项旅游活动按计划进行，保障旅行的顺畅和安全，作为组团旅行社的代表必须自始至终参与旅游全程活动，负责团队转移中各环节的衔接工作，监督接待计划的实施，协调领队、地陪、司机等旅游接待人员的协作关系。具体来说，全陪应按以下礼仪要求做好导游服务工作。

一、接团准备礼仪

（一）熟悉接待计划

（1）在接到接待旅行团的任务后，全陪应及时向业务主管报到，听取其对该团的要求及注意事项。

（2）全陪应查阅接待计划及相关资料，全面了解旅游团及团员的情况，分析需要掌握的资料重点和团员特点，主要包括以下几点：

1）了解基本情况，包括旅游团的名称、领队情况、旅游团人数、团员姓名、性别、年龄、职业、国籍、地区、特点，节目要求，首站和末站城市或出入境口岸，核对确认书与接待计划等。

2）了解接待标准，包括费用标准、各地住房情况及礼遇规格。

3）了解日程情况，包括抵、离旅游线路各站的时间，以及交通工具类型和停靠的机场、车站或码头。

4）了解客源国的历史、地理、文化、政治、经济及近期重要新闻，熟悉旅游团途经各城市和旅游点的情况，统一对外宣传的口径。

（二）与接待社联系

根据需要，全陪应提前一天与接待社取得联系，妥善安排好接待工作。

（三）做好物质准备

出发前，全陪应带好必备的出差物品、各种证件和有关资料，如全陪日志、列车上用餐专用结算单、旅途备用金（如电话费等）、身份证、工作证、导游证、社徽、胸卡、个人名片、通讯录、记事本及陪同接待资料袋等。若去边境口岸、特区等地，还需办理有关的通行证；若首站需要去外地接团，还需要提前领取机票或车票，并随身携带。

【知识拓展】

全陪、地陪与海外领队

全陪是指受组团旅行社委派，作为组团旅行社的代表，在领队和地方陪同导游人员的配合下实施接待计划，为旅游团（者）提供全旅程陪同服务的工作人员。全陪的业务范围包括某一旅游线路各站的衔接工作，协调处理旅游活动中的问题，保障旅游团（者）的安全。

> 地陪是地方陪同导游人员，是指受接待旅行社委派，代表接待旅行社实施接待计划，为旅游提供当地旅游活动安排、讲解、翻译等服务的工作人员。
>
> 海外领队是指受国家旅游行政管理部门批准可以经营出境旅游业务的旅行社的委派，全权代表该旅行社带领旅游团在境外从事旅游活动的工作人员。领队的业务范围从国内至海外，直到返回国内。

二、迎候服务礼仪

（一）入境首站迎接服务

全陪要与首站地陪协作，共同完成第一站的接待任务，使客人抵达后立即受到热情友好的接待，并有宾至如归的感觉。

（1）在接团前，全陪应了解并落实第一站接待社接待工作的详细安排，提前到达第一站与地陪取得联系。

（2）全陪和地陪一起提前30分钟到达接站地点（如机场、码头、车站），迎接旅游团（者）。

（3）全陪与领队和全团见面后，应与领队核实有关情况，如人数、行李和有关要求，协助领队向地陪交接行李。

（4）在途中，全陪应代表组团旅行社及个人致欢迎词。致辞应包括热情的欢迎、诚恳的介绍（导游和司机）、提供服务的真诚愿望，以及预祝旅途愉快的祝愿等。

（二）核对商定的日程

全陪应认真与领队核对商定的日程，既要尽量满足团内大多数人的要求，对制定的日程又不要做较大的变动，如遇到难以解决的问题，应及时反馈给组团旅行社，并让领队得到及时的答复，主要要求如下：

（1）了解该团是否持有返程机票，如果有持"OPEN"票者，应提醒领队与出境地、民航部门或有关接待旅行社联系预订机座；如果有持"OK"票者，则需要提醒有关接待旅行社至少提前48小时进行机票信息的确认。

（2）根据接待计划向领队确认实到人数、名单和住房要求。如果有与原计划不符的情况，应在当天报告组团旅行社联系人，由联系人通知各接待旅行社；如果情况紧急，应请首站地接待旅行社迅速通知下一站，然后再告知组团旅行社联系人。

（3）以组团旅行社制订的接待计划为依据，与地陪一同征求领队的意见，尽量避免大的修改；在可能的前提下，小的变动可主随客便。日程商定后由领队向全团宣布。

（4）了解旅游者的健康状况，以便给予适当的照顾和妥善的安排。

（5）对准备付款的旅游团，应了解其付款方式（如现金、信用卡、旅行支票等），安排旅游团付款事宜。

三、住店服务礼仪

进住酒店，应以地陪的服务工作为主线，全陪予以协作配合，使旅游团进入酒店后尽快办完住宿登记手续，进住客房。

（1）全陪协助领队和旅游者填好旅客住宿单、分发房号。

（2）全陪协助地陪和饭店行李员将客人行李分送到每一位客人的房间。

（3）全陪向酒店总台或领队领取团队客人住房分配名单，与领队相互通报房号，并掌握饭店总台、当地接待旅行社和地陪的紧急联系方式，以便随时协助有关人员处理团队进店后可能出现的问题。

四、各站服务礼仪

旅游全程涉及许多站点，因此，为使接待计划全面而顺利地实施，各站之间应有序衔接，各项服务应准时到位，保证旅游者的人身与财产安全，应及时有效地处理突发事件，同时组织好娱乐活动，安排好饮食和休息，努力使旅游者感到充实、轻松、愉快。具体要求如下：

（1）联络工作。全陪应做好各站间的联络工作，及时向地陪通报旅游团的情况，如领队的意见、客人的要求、前几站的活动情况等，并积极协助地陪的工作。

（2）监督旅游计划的执行情况。全陪应认真监督各站的服务质量，检查其是否按标准提供服务，并酌情提出改进意见和建议。一般来说，全陪和地陪同属接待方，与其说是监督，不如说是协助地陪做好各地的接待工作。若当地的活动安排与前几站有明显重复，全陪应建议地陪做必要的调整；若对接待工作有意见和建议，全陪应诚恳地向地陪提出；在工作过程中，全陪若发现有降低质量标准、克扣费用的行为，要及时提出，并在全陪日志中注明；全陪若发现地陪有违法乱纪行为，应及时制止，并如实记入全陪日志报组团旅行社；全陪应提醒地陪落实旅游团赴下站的交通票据并通知下一站。

五、旅途讲解和生活服务礼仪

（1）导游讲解与文娱活动。旅行途中，特别是两站之间，全陪要做必要的导游讲解，照顾好旅游者的生活；在长途旅行时，应尽可能组织文娱活动以活跃气氛；同时与旅游者广泛接触，以增进感情上的交流。

（2）保护旅游者的人身与财产安全。在各游览点，全陪应与地陪一同照顾好老、弱、病、残旅游者，同时注意重点，顾及全团，特别是在地陪进行导游讲解时要注意旅游者的动向，防止个别旅游者走失和意外事件的发生。每次上车全陪都应积极协助地陪、领队清点团员人数，提醒客人不要遗忘随身携带的贵重物品（如钱包、相机、摄像机等）；如出现突发事件，应及时按有关原则处理。

六、离站服务礼仪

全陪应认真完成每一阶段的工作，为下一站旅行的顺利进行打好基础。

（1）确认各项事宜。全陪提醒地陪确认离站的交通票据，并清点数目，若有变更，请地陪及时通知下一站；请地陪确认交通运行时间并通知客人；协助地陪清点行李并与领队核对件数。

（2）做好结算工作。按规定办好离店财务结算手续，全陪协助地陪准确无误地填写结算单等单据，并妥善保管；协助领队提醒团队客人与酒店结清应由客人自己支付的费用，并带好随身物品。

（3）向地陪和司机道别并致谢。重要的是要以真诚和诚挚的态度表达感谢，并且注意尊重当地的文化和习俗。这样不仅可以让地陪和司机感受到全陪的赞赏，也能够建立良好的合作关系和口碑。

七、乘坐交通工具服务礼仪

陪同旅游团乘坐站与站之间的交通工具是全陪工作的重点，也是全陪工作与地陪工作的明显不同之处。这项工作的好坏会直接影响整个旅程的顺利与否，其要求如下：

（一）乘坐前

（1）全陪应向领队说明所乘交通工具有关托运行李和手提行李的规定及入站规定。

（2）全陪应向地陪领取有关交通票据及行李牌，当面点清并妥善保管。

（3）在乘飞机、汽车或火车时，全陪将自己的座位安排在最后排或前排靠通道处，以便工作，将票证交领队安排或分发。当无领队需全陪分发票证时，全陪应照顾身份高者、夫妇、有同伴者；如多次乘机，要注意公正地让大家轮流坐靠窗的位置。

（4）如飞机延误，全陪应协助航空公司及时向客人做好解释并安排好客人的餐饮，若遇困难，全陪应主动向当地接待旅行社寻求帮助。

（5）如民航班机取消，全陪应协同航空公司安排好客人的住宿、餐饮、用车。若系旅游包机取消，全陪应协同当地接待旅行社安排客人的住宿、餐饮、用车，共同解决遇到的问题，并由当地接待旅行社将有关情况通知下一站。

（6）全陪应协助安检人员对客人进行安全检查，自己最后一个离开安检口。

（7）在列车上用餐时，对重点团、大型团、特殊团，全陪应请地陪事先将有关要求通知列车准备餐料；一般情况下由全陪上车后与餐车联系。

(二) 乘坐中

(1) 如乘坐火车或过夜旅游船，全陪应协助领队分好包厢或铺位。

(2) 全陪应向客人介绍交通工具及其内部使用方法、途中距离、所需时间、中途经过的地点和有关注意事项等。

(3) 全陪应负责沿途导游讲解并尽可能组织一些文娱活动。

(4) 全陪应与交通部门一起，做好客人的安全保卫与生活服务工作。

(5) 在下车、船前30分钟，全陪应提醒客人清点好所携带的物品，并做好下车或下船的准备。

(6) 全陪应与领队分工，一人领先、一人断后走下交通工具，并检查旅游者有无遗漏物品。

(三) 乘坐后

(1) 全陪应尽快与地陪接头，如地陪迟到或漏接，应先设法安置客人休息，并与当地接待旅行社联系，请求帮助。

(2) 全陪应将领队介绍给地陪，并将行李牌（票）点交给地陪。

(3) 全陪应向地陪介绍该旅游团的基本情况和特殊注意事项。

八、末站（离境站）服务礼仪

末站服务是全陪服务中最后的环节，全陪的工作应善始善终，应协助领队和地陪共同做好出境的准备工作，使旅游团顺利离境，并给他们留下良好的印象。

(1) 全陪应请末站接待旅行社落实好出境交通票据，帮助客人结清各种账单，提醒旅游者出境时带好护照、海关申报单、购物发票。

(2) 全陪应与领队话别并征求意见和建议，同时请领队协助填写有关调查表，如海外访华评价表，并及时回收；在适当的时间、场合向客人致以情真意切的欢送辞；在欢送辞中，对团队客人在工作上的支持与合作表示感谢，希望客人对自己工作中的不足之处给予谅解（必要时，做好补偿工作），同时欢迎客人再次来旅游，并致以美好的祝愿。

(3) 全陪应提前抵达机场、车站或码头，协助客人办理出境手续。待客人上达乘坐的交通工具离站后，方可离开。全陪还应在旅游团离境当天从出境站城市返回派出地，确因当地接待旅行社订不上回程交通工具票据时除外。

九、处理遗留问题服务礼仪

(1) 全陪应协助旅行社领导处理好旅游过程中的遗留问题。

(2) 全陪应认真办好旅游者的委托事务。

（3）全陪应将各地的结算单据交回财务部门，及时填写出差报销单。

（4）全陪应认真、按时填写全陪日志和其他旅游行政管理部门（或组团旅行社）所要求的资料。全陪日志经领导签字后，同海外领队访华评价表一并交旅行社有关部门验收。

（5）全陪应将有关该旅游团的接待材料集中整理，交旅行社指定部门保管存档。

第四节　旅游展览会礼仪

一、旅游展览会的特点和作用

旅游展览会是各种旅游组织与企业通过实物、文字、图表来展现其成果、风貌、特征的一种公共关系专题活动，是旅游组织与企业推广产品和服务、宣传旅游组织成就、塑造形象的重要方式之一。图5-2展示的是2023年广州国际旅游展现场。

图5-2　2023年广州国际旅游展现场

（一）旅游展览会的特点

1. 综合运用多种传播媒介

旅游展览会上既有讲解、交谈、现场广播等声音传播媒介，又有宣传手册、介绍材料等文字媒介，还有宣传照片、幻灯片、视频等图像媒介。这几种媒介有机地结合起来同时调动公众的多种感官，可以给公众留下深刻印象。

2. 良好的沟通效果和宣传效果

旅游展览会能为前来观看的公众提供与酒店、旅行社、旅游景点等旅游组织与企业直接沟通和相互交流的机会，同时旅游组织与企业可直接了解公众的意见和获取旅游者需求等信息。

3. 效率高，省时省力

旅游展览会不仅可以吸引大量潜在的旅游产品消费者到场参观，还可以集中旅游各行业的不同展品，也可以集中同一旅游行业的同一旅游产品，因而为参观者提供了比较、选择的机会，也为旅游组织的宣传促销节省了大量的时间和费用。许多旅游企业就是通过旅游展览会建立了自己良好的形象，打开了产品的销路。

4. 深受新闻媒介关注

旅游展览会是综合性的大型活动，往往能成为新闻媒介采访的对象，成为新闻报道的中心议题。新闻媒介对旅游展览会展品的传播，会对公众产生较大的影响。

（二）旅游展览会的作用

1. 促进公众对旅游组织与企业的了解

旅游展览活动具有真实性、知识性和趣味性的特点。生动的图片、形象的文字说明、声情并茂的讲解，以及直观的实物展示都直接地介绍了旅游组织与企业的特色和成就，能吸引广大公众关注，从而增进公众对旅游组织与企业的了解，提高旅游组织与企业的知名度。

2. 促进旅游产品的销售

一个成功的旅游展览会也是一次成功的广告，旅游组织与企业可以通过举办或参加各种旅游展览会来促进旅游产品的销售，巩固与发展与合作伙伴的关系。

3. 促进旅游信息的交流

旅游展览会的举办能让参展的旅游组织与企业了解不同旅游需求的最新信息，同时也把旅游组织与企业的产品行情、推销手法等信息及时传达给公众，达到与公众多方交流、密切沟通的目的。

4. 促进政治文化方面的沟通

旅游业是外国游客了解中国社会的窗口，充分利用展览这一专题活动形式，参加各项国际旅游展览活动，能把中国的政治、文化和民族风情传播出去，并能招徕世界各地众多的宾客来华旅游，增加国际或地区间的政治文化交流。

二、旅行社在展览会上的礼仪要求

旅行社通过展览会的形式进行宣传主要有两种情况：一是旅行社自己举办展览会；二是旅行社参加由其他旅游组织举办的展览会。旅行社要想充分利用展览会，达到宣传目的，就需要注意下列重要事项。

（一）展览会的组织要求

1. 参展内容要突出主题

旅行社要围绕明确的主题，认真选择展品，精心布置陈列，合理配置展品，展板、实物与解说词既不能重复，又不能脱节。展品的配置要有利于突出展览会的主题，不能使用脱离主题的过分装饰、音响刺激等，以免分散参观者对展品的注意力。

2. 宣传广告要吸引公众

要想将展览会的信息传播至特定公众，达到良好的宣传效果，旅行社需要有针对性地准备展览会的内容，以吸引参观者。这要以预测参观者的类型为前提和基础。

3. 接待服务要真诚友好

在展览会中，理想的旅行社接待人员应具备的素质是懂得专业知识，能提供业务、产品方面的咨询服务，有较强的口头表达能力和接待能力，仪表端庄。在接待参观者时，接待人员要尽快判断出参观者的意向，实现与参观者的良好沟通，让他们有机会说明其兴趣和需要。

4. 资料介绍要充分准备

旅行社在参加展览前的准备工作中，要印制好参展需要的宣传资料，包括景点介绍、公司简介、旅游线路（或其他产品）等；要在展销会签名处索取参展者名册、买家名录等展览会资料，提早准备正式商务信件，发给可能的买家，邀请他们在展销会期间光临展览会洽谈；还要选择好重点招徕的目标商，研究其需求结构、能接受的价格水平、可能面对的其他竞争者的压力等，制定出适当的策略。

5. 参展人员要恪尽职守

在展览会举办过程中，参展人员要坚守展台，切不可擅离职位。参展人员要充分利用展览会组织者举办的各种社交活动、专题报告会、信息交流会、研讨会等，争取主动推出本旅行社的形象和产品。所有参展人员要有良好的行为举止和穿着，微笑待客，要认真倾听参观者提出的问题、意见，从中了解行情、搜集信息，对对方提出的有关旅游业务或其他类似产品问题，不能立即回答的，要向对方道歉，并送上小礼物，可留下联系方式，以便以后答复。

6. 服务工作要善始善终

展览会结束后，为做好追踪工作，参展人员可多停留一两天，以便对本地客户及时追踪，并拜会新老客户，处理在展览会期间没有来得及处理的问题。另外，参展人员要及时整理参展时进行的调查，将同行的产品行情、推销手法，以及不同年龄、性别、职业者的不同旅游需求的最新信息整理出来，反馈给旅行社，以便应用到本旅行社的营销策略及产品开发上面。

（二）展览会的参展礼仪

旅行社在正式参加展览会时，必须要求自己的全部派出人员齐心协力、同心同德，确保展览会收到预期的效果。因此，在整体形象、待客之道、解说技巧等三个主要方面，参展旅行社要予以特别的重视。

1. 整体形象

在参与展览时，参展旅行社的整体形象直接映入观众眼帘，因而对参展的成败影响极大。参展旅行社的整体形象主要由展示之物的形象与工作人员的形象两个部分构成。对于两者要给予同等重视，不可偏废其一。

（1）展示之物的形象。展示之物的形象主要由旅游宣传展品的外观、展品的质量、展品的陈列、展位的布置、发放的资料等构成。进行展览的展品，外观上要力求完美无缺，质量上要优中选优，陈列上要既整齐美观又讲究主次，布置上要兼顾主题的突出与观众的注意力。在展览会上向观众直接散发的有关资料，则要印刷精美、图文并茂、信息丰富，并且注有参展旅行社的主要联络方法，如公关部门与销售部门的电话、传真以及电子邮箱的号码等。

（2）工作人员的形象。工作人员的形象主要是指在展览会上直接代表参展旅行社露面的人员的穿着打扮。在一般情况下，在展位上工作的人员应当统一着装，最佳的选择是身穿本单位的制服，或者是穿统一的西装、套裙。在大型展览会上，参展旅行社若安排礼仪小姐迎送宾客，则最好请其穿色彩鲜艳的单色旗袍或礼服，既显得隆重又能突出参展旅行社的特色。为了向客人表明身份，全体工作人员都应佩戴标明单位、职务、姓名等信息的工作证。图5-3中展示的是展览会上统一着装的礼仪小姐。

图5-3　展览会上统一着装的礼仪小姐

2. 待客之道

不管是宣传型展览会还是销售型展览会，在展览会上，参展旅行社的工作人员都必须意识到参观者是自己的"上帝"，为其热情而竭诚地服务是自己的天职。为此，全体工作人员都要将礼貌待人放在心上，并且落实在行动上。

展览一旦正式开始，全体参展旅行社的工作人员即应各就各位、站立迎宾。不应迟到、早退、无故脱岗、东游西逛，更不应在参观者到来之时坐、卧不起，怠慢对方。

当参观者走近展位时，工作人员应面带微笑，主动向对方说："您好！欢迎光临！"随后，还应面向对方，稍许欠身，伸出右手，掌心向上，指尖直指展台，并告知对方"请您参观"。

当参观者在展位上进行参观时，工作人员可随行其后，以备对方向自己进行咨询，也可以请其自便，不加干扰。如果参观者较多，尤其是在接待组团而来的参观者时，工作人员可以在左前方引导对方进行参观。对于参观者提出的问题，工作人员要认真做出回答，不应置之不理，或以不礼貌的言行对待对方。

当参观者离去时，工作人员应当真诚地道以"谢谢光临"或"再见"。

3. 解说技巧

解说技巧，此处主要是指参展旅行社的工作人员在向参观者介绍或说明展品时，应当掌握的基本方法和技能。具体而言，在宣传型展览会与销售型展览会上，解说技巧既有共性可循，又有不同之处。

在宣传型展览会与销售型展览会上，解说技巧的共性在于：要善于因人而异，使解说具有针对性；与此同时，要突出展品的特色，在实事求是的前提下，注意扬长避短，强调"人无我有"之处。在必要时，工作人员还可邀请参观者亲自动手操作，或由工作人员为其进行现场示范。此外，工作人员还可安排参观者观看与展品相关的影视片，并向其提供说明材料与旅行社名片。通常，说明材料与旅行社名片应常备于展台之上，由观众自取。

宣传型展览会与销售型展览会的解说技巧，又有一些不同之处。在宣传型展览会上，工作人员解说的重点应当放在推广参展旅行社的形象之上，要善于使解说围绕着参展旅行社与公众的双向沟通进行，时时刻刻都应大力宣传本旅行社的成就和理念，以便使公众对参展旅行社给予认可。

【关键概念】

旅行社服务礼仪　导游服务礼仪　旅游展览会礼仪

【复习思考】

1. 旅行社营业部服务礼仪有哪些？
2. 导游服务应注意哪些礼仪？
3. 旅行社在展览会上的礼仪有哪些？

【拓展训练】

在老师的具体指导下，学生分组模拟旅行社礼貌服务。

（1）模拟旅行社咨询人员有礼貌地迎宾、问候、提供咨询服务和送客。

（2）模拟导游有礼貌地接待游客，如机场（车站）接团、照顾客人上下车、清点人数、致欢迎辞（欢送辞），以及如何使用麦克风，如何进入客人房间，如何送别等。

（3）模拟游览途中导游的解说服务。

【案例分析】

导游的鼓励

　　一位游客在参观故宫的时候,忍了三个小时没有抽烟,走到神武门门口时,下意识地取出了香烟,随即发现仍然在古建筑之中,就又迅速地将烟收了回去。此时,细心的导游看在了眼里,立刻以"显微镜放大"的方式进行表扬。导游说:"张先生刚才想抽烟,但是还是克制了自己的欲望,将烟收了回去。可见他的文物保护意识在参观故宫的过程中得到了极大的升华。大家应该向他学习,现在请大家掌声鼓励一下。"大家热烈鼓掌,掌声使张先生的脸上绽开了灿烂的笑容。不仅张先生非常高兴,全团的气氛也十分活跃。在参观故宫这样的古建筑群时旅游团的气氛稍微严肃了点,而这样的调侃有效地活跃了旅游团的参观气氛,为故宫的游览画上了一个圆满的句号。

　　分析:针对上面的案例,谈谈你的看法。

第六章 旅游景区服务礼仪

【案例导读】

六鼎山文化旅游区通过多种形式开展文明旅游宣传活动：在观光车行驶途中播放文明旅游与文明交通的温馨提示，车内张贴文明旅游标语，规范景区观光车司乘人员文明用语、礼貌待客，引导游客文明旅游、安全出行。通过层层选拔，六鼎山文化旅游区选出景区交通礼仪之星与旅游礼仪之星各一名，发挥模范带动引领作用，引导全景区树立崇尚文明、讲究礼仪的良好风尚。景区在导游、票务、销售、船务等窗口部门，持续开展文明旅游与服务礼仪培训，强化服务意识，提升服务质量，为游客提供文明、诚信、温馨、舒适的游览体验。景区党员干部积极投身文明交通与文明旅游宣导中，为游客疏导交通、答疑解惑，以党建引领护航文明旅游工作的推进。六鼎山文化旅游区将以"礼仪延边"系列活动为契机，以"礼仪延边"实践地为导向，持续营造人人争做文明礼仪践行者的良好氛围，为游客营造优质、高效、安全、文明、和谐、有序的旅游环境。

【学习目标】

1. 理解旅游景区服务礼仪的重要性。
2. 了解应如何根据自己的职业特点塑造职业形象。
3. 掌握旅游景区服务人员的票务等服务礼仪规范和要求。
4. 掌握旅游景区服务基本的语言修养及沟通技巧。

第一节　旅游景区环境与服务特点

旅游景区是旅游产业的重要组成部分之一，景区的服务质量提升是整个旅游产业服务质量提升的重要一环。目前，旅游景区的服务，除需要注重硬件条件的提升外，还需要注重服务质量的提升。服务礼仪就是服务质量提升的关键。

旅游景区一般是指有统一的经营管理机构和明确的地域范围，包括风景区、文博院馆、寺庙观堂、旅游度假区、自然保护区、主题公园、森林公园、地质公园、游乐园、动物园、植物园及工业、农业、经贸、科教、军事、体育、文化艺术、学习等各类旅游景区。

第二节 旅游景区服务人员职业形象标准

旅游景区服务人员代表了整个旅游景区，其职业形象关系到游客对整个旅游景区的印象。因此，旅游景区服务人员的形象本身就是礼仪的一部分。

一、旅游景区服务人员仪容修饰

仪容修饰是旅游景区服务人员职业形象的重要组成部分，包括头发、面容、颈部及手部等部位的修饰。

（一）发式规范

头发要经常清洗，不要有异味和头皮屑，男性员工不要留长发，以前不盖眉、后不遮衣领、两鬓不挡住耳朵为准。女性员工不要披肩散发，上班时间长发要盘起。男女不染异色发。

（二）化妆上岗

女性员工淡妆上岗，使个人的五官更富有精神，但严禁浓妆艳抹。美白要自然，要使颈部肤色与脸部肤色协调，不留长指甲，勤洗手，保持个人卫生。男性员工可适当化妆，但要注重男性气概。

二、旅游景区服务人员服饰修饰

旅游景区服务人员在上岗时要穿工作服，不要太随意。工作服可以提高旅游景区的形象和个人气质。在穿工作服时，旅游景区服务人员要注意保持领口和袖口的洁净，并注意保持工作服的整体挺括；要注意检查扣子是否齐全，有无松动，有无线头、污点等。

鞋子是工作服的一部分，旅游景区服务人员在工作等正规场所要穿皮鞋，一定要保持皮鞋的干净光亮；不要穿白色线袜，或露出鞋帮的有破洞的袜子。男性员工的袜子颜色应与鞋子的颜色协调，通常以黑色最为普遍。女性员工应穿与肤色相近的丝袜。穿工作服要佩戴工作证，无论是哪一个部门的员工，均应把工作证端正地佩戴在胸前。

饰品也是服饰的组成部分，旅游景区服务人员一般不提倡佩戴首饰，如需佩戴应以简洁、统一为原则，如已婚人士可佩戴款式简洁的婚戒，女性员工发饰应统一款式。

若景区要求穿着民族服饰要按传统要求进行，不要出现着装方面的错误。

三、旅游景区服务人员行为规范

总体来说，旅游景区服务人员在服务过程中要做到举止大方、不卑不亢、优雅自然。旅游景区服务人员在与游客交谈过程中，首先要正视对方、倾听，不能东张西望、看书看报、面带倦容、哈欠连天，否则会给人心不在焉、傲慢无理等不礼貌的印象；其次微笑要贯穿礼仪行为的整个过程，这是一种国际礼仪，能充分体现一个人的热情、修养和魅力。真正甜美而非职业性的微笑是发自内心、自然大方的。在服务过程中，旅游景区服务人员还应该注意态度诚恳、表情自然和姿态得体等。

（一）态度诚恳

在与游客交流时，旅游景区服务人员要做到态度诚恳、亲切，并且通过耐心倾听、细致而全面的解答、和颜悦色的面部表情、清晰悦耳的声音，将尊重、热情、关怀等信息传递给游客，让游客从中得到一种美的享受。

（二）表情自然

在与游客交流时，旅游景区服务人员要使用礼貌用语，表情要自然大方；要注意与游客在眼神上的交流：注视对方的眼神应是自然、柔软的，目光高度也应恰到好处，在正视游客时，目光应停留在游客的鼻眼三角区，而不要不时地上下打量游客；要注意避免如打呵欠、搔头皮、掏耳朵、抠指甲、卷衣角、玩弄小物件等小动作。

（三）姿态得体

在与游客交流时，旅游景区服务人员姿态应大方、得体；在站立服务时与游客交流应该按照站立服务的规范要求，与游客始终保持 0.5～1m 的距离；在服务过程中不要用手指指点，也不要抓耳挠腮；在倾听别人讲话时不可以将双手交叉于胸前，也不可以用一只手支在腮前，更不能用双手抱住头部低头听讲，或将双手合拢抱着自己的后脑勺。

第三节　旅游景区服务人员的服务语言

服务语言是指服务人员在工作过程中，用来与客人沟通、交流，以达到为客人服务的目的的语言。服务语言通常有三种形式，即口头语言、副语言和形体语言。在服务过程中，服务人员既要重视口头语言的运用，又不能忽视副语言和形体语言，要将三者结合起来以更好地与客人进行交流。

一、口头语言

从概念的角度出发，口头语言是指以音和义结合而成，以说和听为传播方式的有声语言，表达自己的思想、情感，以达到与人交流的目的。口头语言也是服务人员在工作中需要重视的内容之一。口头语言在服务中让人感觉更亲切，可以用表情、语调提升沟通效果，可以马上得到对方的反应，具有双向沟通的好处。

在日常工作沟通中，口头语言要注意礼貌用语，词语的选择也要注意场合，不要过多地使用语气词，如"嗯、啊、哦"等。同时，网络词语越来越多地进入我们的生活，在服务工作中要注意选择和甄别，避免引起歧义和误解。

口头语言主要用于日常工作和服务的沟通，其优点在于：能及时看到对方的反应并得到有效的回馈；有机会补充阐述和延伸语义；可以用态势语来加强语气；能确定沟通是否成功和建立共识与共鸣；有助于改善服务关系。口头语言的缺点是：口说无凭（除非录音）；不能与太多人双向沟通；情绪会影响口头语言沟通；有些工作人员的口头语言过于啰唆。

因为口头语言具有优缺点，因此在口头沟通中应注意：吐字清晰，发声适中，语言简练、准确，用词得当；集中精力，全神贯注；在沟通过程中，可以在中间暂停下来，询问对方有什么地方没有听清楚，以便达到有效沟通；态度诚恳，营造和谐的沟通气氛，耐心回答对方的提问，不要打断对方讲话或过早地对对方讲话做评价；眼睛看着对方。

（一）旅游景区服务礼貌用语

在旅游行业中，接待与服务工作本身就是以满足游客的需要为前提的。旅游景区接待与服务工作的语言规范要求"以宾客为中心""以讲求礼貌为原则"。口头语言是最直接、最重要的服务语言。

1. 问候语

旅游景区服务人员在工作区域遇到游客时，应主动与游客打招呼并灵活运用问候语礼貌问候。问候语是指在接待游客时根据不同的对象、时间、地点所使用的规范化问候用语。

（1）初次见面，首先用"您好"，再说欢迎语，如"欢迎您到××旅游景区""欢迎到××旅游景区来"等。

（2）一天中不同时间段分别用"早上好""中午好""晚上好"等问候语问候游客。

（3）服务工作中的问候语通常用"您需要帮忙吗？""请问您有什么需要？"

2. 应答语

旅游景区服务人员在接待服务工作中经常要回答游客提出的各种问题，如何巧妙作答，让游客满意，既包含礼貌规范的要求，同时又反映出旅游景区服务人员的语言表达技巧。不同的问题需要用不同的表达方式去回答，具体如下：

（1）对前来问讯的游客在游客开口之前，应面带微笑，倾身向前的同时主动说："您好，您需要帮忙吗？"

（2）接受游客吩咐时应说："好的，我明白了！"

（3）没听清或没听懂游客的问话时应说："对不起，麻烦您再说一遍。"

（4）不能立即明确回答游客问话时应说："对不起，请稍等一下。"

（5）对等候的游客应该说："对不起，让您久等了。"

（6）当游客表示感谢时应说："别客气，这是我应该做的。"

（7）当游客因误解而致歉时应诚恳地说："没关系，这算不了什么。"

（8）当受到游客诚恳的赞扬时应说："谢谢，您过奖了。"

（9）当游客提出无理或过分的要求时，应该说"很抱歉，我们没有这种做法"或者是满怀遗憾地说"哎呀，我也特别想满足您的这种要求，但是我不能这么做"。

（二）旅游景区情境语言礼仪示范

1. 停车场服务

（1）对不起，请您将车辆停在安全线外。

（2）请交费×元，这是您的停车发票。我们的收费标准是……是根据××物价局×号文收取的。谢谢，欢迎下次再来，一路顺风。

2. 接待游客时的用语

（1）您好（早上好、中午好、下午好、晚上好），欢迎光临××旅游景区。

（2）您好，欢迎您来到××旅游景区。

（3）您好，我能帮您什么忙吗？

（4）您好，我来为您简单介绍一下××旅游景区吧。我们的票价设置是……旅游景区内的主要活动有……如果您的时间允许，我想您还是应该看看全景点……因为……请问你们几位？我介绍得比较简单，如果请一位导游的话，您的旅程会非常轻松愉快。我们的导游收费标准是……谢谢您，祝您愉快。

（5）我们的优惠政策是……对不起，您的证件不符合免票规定，请您到售票处购票，谢谢合作。

（6）请您按秩序排队购票，谢谢您的合作。

（7）请出示您的订单（码），谢谢。

（8）这是您的贵宾门票×张，请您点清收好（双手接递）。

（9）请出示贵旅行社的团队派出单或传真确认件，以便我们核对人数，谢谢您。

（10）您好，旅游景区的闭园时间是……但是我可以安排景点有关人员加班，让您不虚此行。

（11）您提的意见，我一定向领导反映，谢谢您！

（12）请稍候，我马上给您办理。

（13）别客气，这是我应该做的。

（14）对不起，这个问题我现在无法回答，让我了解清晰再告诉您，请留下您的联系方式。

3. 售票服务

（1）您好（早上好、中午好、下午好、晚上好），请问您需要购买几位游客的门票？我们的票价设置是……旅游景区内的主要活动有……

（2）我们的优惠政策是……您的证件符合免票规定，请您到接待处兑换贵宾票，谢谢。

（3）对不起，请稍等，我请接待人员给您解释（购票比较忙时）。

（4）请稍等，我马上给您办理。

（5）您好，这是找您的零钱×元，门票×张，请您点清收好（双手递送）。

（6）对不起，门票一旦售出，我们就没办法再给您办理退票。我确实帮不上您的忙，建议您……您的情况比较特殊，请稍等，我马上给领导汇报，我会尽可能帮您解决这个问题。

（7）别客气，这是我们应该做的。

（8）您的建议很好，我们一定尽力去做，谢谢。

4. 电瓶车服务

（1）我们的收费标准是……是根据物价局×号文收取的。

（2）您好，欢迎乘坐环保观光车，请您坐稳，注意安全。

（3）马上到第一处景点，请您在车停稳后下车，注意安全。

（4）请交费×元，这是您的车票。谢谢，欢迎下次再来，一路顺风。

5. 验票服务

（1）您好（早上好、中午好、下午好、晚上好），请出示您的门票，谢谢您的配合。

（2）这是您的门票×张，请您拿好，以便下面的景点验票，请走这边，祝您玩得愉快！

（3）对不起，你们是×位游客，您的门票是×张，您还需要补×张门票，谢谢您的配合。

（4）对不起，您可能是忘记买票了吧，请到这边补票好吗？

（5）这是我们工作的疏漏，十分感谢您提出的批评。

（6）为了您和他人的游览安全，请不要吸烟好吗？

（7）对不起，您的证件不符合免票规定，请到售票处补票，谢谢合作。

（8）您的建议很好，我们一定尽力去做，谢谢。

6. 旅游景区导游服务

（1）大家好，我是××旅游景区导游（讲解员）××，欢迎您到××旅游景区参观游览，很高兴能为您提供讲解服务（配合鞠躬礼使用）。

（2）××景点到了，请拿好您的物品，下车注意安全。

（3）谢谢您的鼓励，我们做得还不够好，请多提宝贵意见。

（4）请您爱护旅游景区的环境卫生，谢谢。

（5）谢谢您，欢迎再来××旅游景区，再见，请慢走。

二、副语言

副语言是指不以人工创制的语言为符号，而以其他感官诸如视觉、听觉、嗅觉、味觉、触觉等的感知为信息载体的符号系统。狭义的副语言指的是超音段音位学中的韵律特征（如语调、重音等）、突发性特征（如说话时的笑声、哭泣声等）以及次要发音（如圆唇化音、鼻化音等）。这些特征可以表明说话人的态度、社会地位及其他意义。广义的副语言不仅包括上述的狭义副语言的特征，而且包括一些非声特征，如面部表情、视觉接触、体态、手势、谈话时双方的距离等。当代的副语言研究往往是广义的副语言研究，而狭义的副语言特征常常被称为副言语特征。

副语言往往通过这些特点的单个或结合运用就可以表达语言的特定意思，友好的或嘲讽的，兴奋的或悲哀的，诚恳的或虚假的，甚至自觉或不自觉地打开情绪状态的"密码"，展示一个人的身份和性格。就拿礼貌用语中用得比较多的一个"请"字来说，语调平稳，会显得客气，满载盛情；语调上升，并带拖腔，便意味着满不在乎，无可奈何；语调下降，语速短促，就会被理解为命令式的口气，怀有敌意。事实上，人们在用语言沟通时，同一句话，因为使用不同的副语言而造成不同理解的事例还有不少。比如，人们往往倾向于认为说话语速较快、口误较多的人是地位比较低且紧张的人，而认为说话声音响亮、慢条斯理的人是地位较高、悠然自得的人。说话结结巴巴、语无伦次的人会被认为缺乏自信，或言不由衷，用鼻音哼声又往往会表现出傲慢、冷漠和鄙视，令人不快。不仅如此，一个人激动时往往声音高且尖、语速快、音域起伏较大，并带有颤音；悲哀时又往往语速慢、音调低、音域起伏较小，显得沉重而呆板。同样，爱慕的声音往往是音质柔软、低音、共鸣音色、慢速、均衡而微微向上的音调、有规则的节奏，以及含糊的发音；表示气愤的声音则往往是声大、音高，音调变化快、节奏不规则，发音清晰而短促。服务人员在景区服务的过程中，要注重副语言的应用。

现代社会认为语言受理性意识的控制、容易作假，而副语言大多是发自内心深处的，是无意识的，是传播者真实的思想感情的流露，是其整体性格的表现以及个人人格特征的反映。副语言更多的是一种对外界刺激的直接反应，是人们潜意识的反应，很难掩饰和压抑，具有更强的真实性。因此，在服务中，服务人员要注意自己的副语言，将积极的副语言特征传递给对方，取得较好的服务效果。

三、形体语言

任何一项服务内容，要通过形体语言达到更好的效果，就对服务人员提出了更高的要求。服务人员正确运用形体语言能够提高旅游服务的质量和水平。

（1）注重服务姿态，提高服务质量，通过服务人员的精神面貌及仪表美，使游客有一种美的感受。

景区服务人员的优美体态，能使游客产生良好的第一印象，有利于调动游客的欢愉情绪。一般说来，在讲解时，服务人员身体要挺胸立腰、端正庄重。所谓"站如松，坐如钟"就是这个姿态。服务人员若在车内讲解，必须站立，面对客人，肩膀可适当倚靠车厢壁，也可用一只手扶椅背或扶手栏杆。服务人员在实地导览时，一般不要边走边讲；在讲解时，应停止行走，面对客人，把全身重心平均放在脚上，上身要稳，要摆出一副安定的姿势。要注意的是，不可摇摇摆摆、焦躁不安、直立不动，或把手插在裤兜里，更不要有怪异的动作，如抽肩、缩胸、乱摇头、不停地摆手、舔嘴唇、掐胡子、抠鼻子、拧领带等。

（2）运用面部表情、眼神的变化，表现出服务人员的热情、诚恳、亲切、耐心，使游客有一种感情享受，从而创造和谐的气氛，达到思想和审美共鸣的境界。表情是人的思想感情的外露，它是通过人的面部或姿态表现出来的。作为服务人员，面带微笑、真诚服务是最基本的要求。

第四节　旅游景区日常接待礼仪

旅游景区售票是游客接触旅游景区的第一环节，也是第一印象产生的关键环节。游客对旅游景区第一印象的好坏决定了其对旅游景区的总体评价，也会对旅游景区接下来的接待、投诉等产生重要影响。

一、旅游景区售票服务礼仪

（一）积极主动服务

旅游景区服务人员积极开展优质服务，要有主动服务的意识，不要等待游客主动开口，应主动问候、询问游客；主动解答游客的提问，做到"百忙不厌"，杜绝与游客发生口角，能熟练使用普通话。当游客出现冲动或失礼时，旅游景区服务人员应保持克制态度，不能恶语相向；耐心听取游客批评，注意收集游客的建议，及时向上一级领导反映。

（二）礼貌待客，热情周到

售票处应公示门票价格及优惠办法。旅游景区服务人员应主动向游客解释优惠票价的享受条件，售票时做到热情礼貌、唱收唱付、双手呈递钱款与票据等。游客购错票或多购票，在售票处办理退票手续，旅游景区售票员应按旅游景区有关规定办理，如果确实不能办理退票，应耐心地向游客解释。

（三）履行告知与提醒义务

旅游景区服务人员应向闭园前一小时内购票的游客提醒旅游景区的闭园时间及旅游景区

内仍有的主要活动;如果是高山、水域等旅游景区,应提醒游客注意安全;在主题公园内应提醒游客注意游览指南上各场馆表演时间,提前做好游览次序安排等。

二、旅游景区排队验票服务礼仪

排队验票是旅游景区的日常接待工作之一,旅游景区服务人员往往可能因为长时间的简单重复动作而显疲惫,在特殊的旅游旺季,还要考虑大量游客涌入旅游景区带来的整体服务压力与服务质量平衡问题。因此,当旅游团大量进入旅游景区时,旅游景区服务人员更要注重礼仪水平的保持。

(一) 精神面貌与着装

旅游景区验票岗位服务人员应保持良好的工作状态、精神饱满、面带微笑,有游客进入旅游景区时,应使用标准普通话及礼貌用语,配合双手接收或递送票据,使用欢迎引领手势等。图6-1展示的是河南尧山旅游景区的"航空化"服务。

图6-1 河南尧山旅游景区的"航空化"服务

(二) 表达问候与欢迎意愿

问候语言的使用在以往的旅游景区接待中经常被忽略,但是一句亲切的问候语和祝福语会给光顾旅游景区的游客留下深刻的印象和美好的回忆。例如,"先生,您好!请拿好您的票。欢迎光临××旅游景区,祝您旅途愉快!"当游客离开时也送上邀请:"欢迎您下一次光临。"这样游客光顾的不只是优美怡人的风景,还享受到了有情感的增值服务。

(三) 效率与准确

现在一些旅游景区除了人工售票、检票以外,也开始使用电子售票设备和二维码检票设备,这样会大大提高人数较多时游客进入旅游景区的检票效率,但不应因为设立了检票设备而忽视了服务人员的礼貌礼节,因为游客对旅游景区的整体服务水平的评价最终还是归结为人的服务。为提高检票效率,旅游景区还可考虑在旅游旺季设立团队入口,保障残疾人通道畅通无阻等。

【知识拓展】

国家 A 级旅游景区

我国的旅游景区质量等级划分为五级,从高到低依次为 AAAAA 级、AAAA 级、AAA 级、AA 级、A 级旅游景区。国家 A 级旅游景区是由国家旅游景区质量等级评定委员会授权省旅游局,依照《旅游景区质量等级管理办法》国家标准进行评审,颁发"国家 A 级旅游景区"标志牌,是一项衡量景区质量的重要标志。

截至 2024 年 2 月,全国共有 339 家国家 5A 级旅游景区。按数量多少排列如下:江苏(26)、浙江(21)、新疆(17)、四川(17)、河南(16)、广东(15)、湖北(15)、山东(15)、江西(14)、安徽(13)、陕西(13)、河北(12)、湖南(12)、重庆(12)、福建(11)、山西(10)、云南(10)、广西(10)、贵州(9)、北京(8)、吉林(8)、甘肃(7)、海南(7)、辽宁(7)、内蒙古(7)、黑龙江(6)、西藏(5)、宁夏(5)、上海(5)、青海(4)、天津(2)。感兴趣的同学可以查一下这些 5A 级景区都是哪些。

(四)协助与答疑

当残疾人或老人进入旅游景区时,服务人员应予以协助。对于进入旅游景区的家庭,旅游景区服务人员应注意儿童的动向,避免儿童奔跑、跨越验票栅栏等行为带来的损害;对于进入旅游景区有疑问的游客,旅游景区服务人员应聆听其问题,如需长时间解答应请辅助验票人员帮助,避免影响后面排队的游客。

(五)禁止行为

旅游景区服务人员应禁止在工作时间攀谈、嬉笑打闹、讨论游客的穿着打扮等;禁止吃东西、嚼口香糖等不文明行为。

旅游景区服务人员如遇闹事滋事者,应及时礼貌地予以制止,如无法制止,应立即报告有关部门;切忌在众多游客面前争执,引起旅游景区秩序混乱。

三、旅游景区咨询服务礼仪

(一)旅游景区客服中心接待礼仪

(1)作为旅游景区咨询服务人员,首先应拥有较丰富的旅游综合知识,对游客关于本地及周边区域旅游景区情况的询问,要提供耐心、详细的答复和游览指导。

（2）在接受游客咨询时，旅游景区服务人员应面带微笑，且双目平视对方、全神贯注、集中精力，以示尊重与诚意。

（3）在答复游客的问讯时，旅游景区服务人员应做到有问必答、用词得当、简洁明了、谈吐得体，不得敷衍了事，言谈不可偏激，避免有夸张论调。

（4）在接听投诉电话时，旅游景区服务人员应首先报上姓名或旅游景区名称；在回答电话咨询时，旅游景区服务人员要热情、亲切、耐心、礼貌，要使用敬语；通话完毕，旅游景区服务人员要确认对方先收线后再挂断电话。

（5）旅游景区服务人员如果被问及暂时无法解答的问题，应向游客说明，并表示歉意，不能简单地说"我不知道"之类的话。

（二）电话接待礼仪

1. 接听电话前

（1）准备笔和纸。如果没有准备好笔和纸，那么当对方需要留言时，就不得不要求对方稍等一下，让游客等待是很不礼貌的。

（2）停止一切不必要的动作。不要让对方感觉到旅游景区服务人员在处理一些与接听电话无关的事情，对方会感到接电话的人分心了，这也是不礼貌的表现。

（3）使用正确的姿势。如果姿势不正确，电话不小心从接电话的人手中滑下来，或掉在地上，发出刺耳的声音，也会令对方感到不满意。

（4）面带微笑。接电话的人要带着微笑迅速接起电话，让对方在电话中也能感受到客服中心服务人员的热情。

2. 接听电话

（1）三声之内接起电话，这是服务行业接听电话的硬性要求。

（2）主动问候，报部门介绍自己。

（3）如果想知道对方是谁，不要唐突地问"你是谁"，可以说"请问您是哪位？"或者可以礼貌地问"对不起，可以知道应如何称呼您吗？"

（4）在必须搁置电话时或让游客等待时，应给予说明，并致歉。每过20s留意一下对方，向对方了解是否愿意等下去。

（5）转接电话要迅速。每一位员工都必须学会自行解决电话问题，如果自己解决不了再转接到相应的分机上，并要让对方知道电话是转给谁的。

（6）在对方需要帮助时，每一位旅游景区服务人员都要尽力而为。

3. 挂电话前

感谢对方来电，并礼貌地结束电话。在电话结束时，应以积极的态度予以回应，同时在表达感谢时要提及对方的名字，对方先挂电话后再挂断电话。

（三）客服中心面谈礼仪

对于前来造访的游客，旅游景区客服中心接待人员应首先站立起身，使用"您好""请进""请坐"等礼貌性语言,并给来访者倒茶水、热水等表示欢迎。对熟悉的游客接待人员还可以适当地寒暄,营造融洽气氛。对外国游客接待人员应使用英语接待,并及时解决其主要问题。对初次来访的游客,接待人员要采取一定的接待技巧,弄清楚对方的单位、身份和来意。对涉及重大问题的接待,接待人员更需要慎重查验对方的身份证件,并对游客陈述的问题做必要的记录;对来访者的合理的、能够答复的愿望和要求,应尽快给予游客明确的答复;不合理的或不便马上答复的,应予以委婉推辞;应请示领导解决的问题,要事先和主管领导研究,予以妥善安排。问题解答或解决后,接待人员应热情送行,并向游客表示"欢迎再来";在分别时要留下相互联系的地址和电话,以便游客再次问询。

四、旅游景区投诉处理服务礼仪

热情受理、慎重处理投诉是处理游客投诉的行为准则。旅游景区是服务行业,受理游客投诉是搞好优质服务的一项重要工作。因此,能否处理好和减少投诉,不仅影响到旅游景区的经济效益,而且关系到旅游景区的社会形象。有效减少游客投诉,成功地处理投诉,不仅可以树立旅游景区的良好形象,而且有利于不断开拓客源市场。

(一)把握正确的投诉处理原则

(1)旅游景区服务人员应把游客的投诉视为建立诚信的契机,服务人员要着装整洁,举止文明,热情、耐心地接待投诉游客。

(2)旅游景区服务人员在受理投诉事件时,能够现场解决的,应及时给予解决。若服务人员不能解决,应及时上报旅游景区负责人,及时将处理结果通知投诉者,并注意收集反馈意见,科学分析,以便及时改进,提高服务质量。

(3)旅游景区服务人员要以"换位思考"的方式去理解投诉游客的心情和处境,满怀诚意地帮助游客解决问题,严禁拒绝受理或与游客争吵。

(4)旅游景区服务人员在接待投诉者时,要注意礼仪礼貌,本着实事求是的原则,不能与游客争辩,既要尊重游客的意见,又要维护旅游景区的利益。

(5)旅游景区应设立专用投诉电话,并在明显位置(售票处、游客服务中心、门票等)标明投诉电话号码,且有专人值守。

(二)旅游景区投诉处理程序

旅游景区服务人员接到投诉后,应准确记录投诉人姓名、投诉事由,并按相应格式填写旅游景区旅游投诉登记表。受理具体投诉的程序如下:

(1)倾听游客的诉求,让游客发泄。

(2)以真诚的态度道歉。

(3)收集信息。

(4)提出解决的办法。

(5) 如果游客仍不满意，问问他们的意见，再协商解决。

(6) 后续跟踪服务。

(7) 善后工作处理。

(三) 投诉处理要领

1. 把握处理投诉的最佳时间

处理投诉要掌握最佳时间。对于游客来说，等待处理投诉是一个备受煎熬的过程，因此迅速到场处理既可为处理投诉赢得先机，又能让游客感觉到旅游景区管理方对游客所提意见的重视，为下一步处理投诉打下基础，否则将会派生出其他投诉或重大投诉。

2. 真心诚意地帮助游客解决问题

游客投诉，说明旅游景区的管理及服务工作尚有漏洞，服务人员应理解游客的心情，同情游客的处境，满怀诚意地帮助游客解决问题。服务人员只有遵守真心诚意地帮助游客解决问题的原则，才能赢得游客的好感，才有助于问题的解决。

3. 绝不与游客争辩或争吵

当游客怒气冲冲地前来投诉时，旅游景区服务人员首先应认真倾听游客的讲话，切忌打断游客或做无谓的解释，然后对游客的遭遇表示歉意，还应感谢游客对旅游景区的爱护。即便游客错了，服务人员也应将对让给游客。当游客情绪激动时，服务人员更应注意礼貌，绝不能与游客争辩。如果不给游客一个倾诉的机会，而与游客争输赢，表面上看来服务人员似乎得胜了，但实际上却输了。因为，当游客被证明错了时，他便再也不会光临了。如果服务人员无法平息游客的怒气，应请管理人员来接待游客，解决问题。

4. 不损害旅游景区的利益

首先，旅游景区服务人员在对游客的投诉进行解答时，必须合乎逻辑，不能推卸责任或随意贬低他人。因为，采取这种做法，实际上会使服务人员陷入矛盾，一方面希望旅游景区的过失能得到游客的谅解，另一方面却在指责旅游景区的某些服务人员。

其次，服务人员在处理投诉，解决游客"求补偿"的问题时，补偿基本上以旅游产品为主，切忌以现金作为处理投诉的筹码。

【关键概念】

旅游景区　　服务质量　　旅游景区服务语言

【复习思考】

1. 简述旅游景区服务礼仪的特点。
2. 如何进行旅游景区服务流程设计？
3. 如何处理游客在旅游景区的投诉？

下篇
旅游文化

　　《礼记》云："入境而问禁，入国而问俗，入门而问讳。"对于面向全世界的21世纪的旅游业而言，现代旅游从业人员不仅要掌握仪容仪表等基本礼仪，还将面临更大的挑战，那就是旅游业的蓬勃发展对旅游从业人员尤其是一线员工文化知识的挑战。旅游从业人员需要了解旅游环境是如何影响旅游者的，还要了解其他文化所带来的改变和旅游者的文化风格。无论旅游者从哪里来，必定有自己国家的文化背景，即使在同一个国家中，也必然有独具地方特色的文化，所以在旅游接待活动中了解旅游者的文化风格非常重要。每个国家都有不同的文化模式，正因为这些不同之处，形成一个国家的风格与特征。许多旅游企业在旅游接待过程中，常遇到文化方面的问题。某些礼仪行为在这个国家可能受人尊敬，可是在另一个国家，却常常会大相径庭。旅游从业人员都需要学习和提升自身的这种文化素养，并与旅游者和谐相处，从而避免冲突的发生。

　　本篇将介绍世界主要宗教、我国旅游业主要客源国，以及我国主要少数民族的文化、礼仪及风俗，帮助本书学习者开阔视野，丰富礼仪相关知识。

第七章 宗教文化礼仪

【案例导读】

一个佛教代表团到我国某城市访问。代表团中的两位客人拜访当地一位知名人士后乘出租车返回酒店时,酒店服务员主动上前为他们服务。待他们付完车款后,服务员协助拉开车门,并将另一手遮住车门框上檐,为客人护顶,以免客人下车时头部撞到车顶门框。但客人对他的服务不仅没有表示感谢,反而显得很生气。你知道这是为什么吗?

【学习目标】

1. 了解主要宗教的起源及其基本教义。
2. 熟悉道教、佛教、基督教与伊斯兰教等宗教的基本礼仪。
3. 掌握几种主要宗教的有关习俗与禁忌。

宗教是人类社会发展到一定阶段的产物,是支配人们日常生活的外部力量在人们头脑中的一种反映,也是人类文化的重要组成部分,属于意识形态的范畴。当今世界,有宗教信仰的人遍布全球,占世界总人口的一半以上。在人类历史长河中,已有过成百上千种的宗教体系,这其中流传最广泛的三大世界性宗教是基督教、伊斯兰教和佛教。除此三大宗教外,在中华大地上还生发出道教这一古老宗教,深刻而广泛地影响着中华文化。

学习宗教的相关知识、礼仪和禁忌,既可以在旅游服务活动中,帮助旅游从业人员了解不同国家、不同地区、不同民族人民的精神生活和习俗传统,又可以在现实交际活动中展现对各方客人的尊重与友好,避免因触犯禁忌阻碍彼此的交往。

第一节 道教礼仪

道教是中国土生土长的一种宗教,距今已有1800多年的历史。道教发源于历史悠久的华夏大地，与中华本土文化紧密相连，具有鲜明的中国特色，并对中华文化的各个层面产生了深远影响。

一、道教的起源、教派与教义

（一）起源

道教是以"道"为最高信仰的中国古代特有的宗教，产生于东汉中叶。该教把老子和《道德经》加以神化，尊老子为教祖，奉若神明；以《道德经》为主要经典，并做宗教性的解释。其教义主张人经过一定的修炼后，可以使精神、肉体两者长生永存，成为神仙。东汉张道陵创立的"五斗米道"和张角创立的"太平道"，是早期道教的两个重要派别。东汉成书的《老子想尔注》始有"道教"之名。

道教是在中国古代宗教信仰的基础上，吸取方仙道、黄老道，以及经学、墨家等宗教或学派的某些观点和方法逐渐形成的。道教从产生时起就表现出宗教"杂家"的面貌。

（二）教派

历史上，道教内部门派众多，北方的全真教和南方的正一教是道教的两大主要派别。

1. 全真教

宋末元初的道教，在北方出现了王重阳创导的全真道（全真教）。后来，王重阳的弟子丘处机为蒙古成吉思汗讲道，劝其勿要滥杀无辜，颇受成吉思汗信赖，被元朝统治者授予主管天下道教的权力。全真教主张三教合一，认为三教同源，以《道德经》《孝经》《般若波罗蜜多心经》为主要经典。全真教按照人自身修炼的需要，设有相应的戒律，主张出家、素食、独身，力求收心定意，注重个人修为，多集体聚居在道观，也有少数人隐居于闹市、山洞、茅庵之中。

2. 正一教

为应对全真教的迅速崛起，原龙虎山天师道、茅山上清派、阁皂山灵宝派合并为正一教，尊张天师为正一教主，从而正式形成了道教北有全真教、南有正一教的两大派别格局。正一教沿袭道教传统成长形式，顺任人事，先渡人后渡己，除少数居宫观似全真教做法外，其余大多聚成集体，散守小家。除初一、十五和一些大型活动斋戒外，其余时间饮食不限。

（三）教义

道教自出现以来，即以敬天垂范。一般道观及道士在祈祷和供奉时，都以三清代表天，所谓三清就是玉清、上清、太清。道教以"道"为最高信仰。"道"无形无象而又生育天地万物。"道"在人和万物中的显现就是"德"。故万物莫不尊道而贵德。"道"散则为气，聚则为神。道教宣扬天道承负，因果报应。神仙既是道的化身，又是得道楷模，以济世度人为宗旨。

《易经》和老子的《道德经》是道教早期的主要经典，《太平经》则是道教第一部正式经典。

道教的标识是"八卦太极图",如图 7-1 所示。太极图代表日月、阴阳两极和上下两方;八卦代表万事万物,四面八方。

图 7-1　八卦太极图(阴阳鱼)

【知识拓展】

八　卦

八卦是中国道家文化的深奥概念,是一套用四组阴阳组成的形而上的哲学符号。其以深邃的哲理解释自然、社会现象。

根据史料记载,八卦的形成源于河图和洛书,由身为三皇五帝之一的伏羲发明。伏羲氏在天水卦台山始画八卦,一画开天。八卦表示事物自身变化的阴阳系统,用"—"代表阳,用"--"代表阴,用这两种符号,按照大自然的阴阳变化平行组合,组成八种不同形式,叫作八卦。

八卦在中国文化中与"阴阳五行"一样,是一种用来推演世界空间、时间、各类事物关系的工具。每一卦形代表一定的事物。乾代表天,坤代表地,巽(xùn)代表风,震代表雷,坎代表水,离代表火,艮(gèn)代表山,兑代表泽。八卦就像八只无限无形的大口袋,把宇宙中万事万物都装进去了。八卦互相搭配又变成六十四卦,用来象征各种自然现象和人事现象。八卦在中医中是指围绕掌心周围八个部位的总称。八卦代表易学文化,渗透在东亚文化的各个领域。

二、道教的礼仪

道教自创立后，吸收儒家及中国传统礼仪的一些礼节，形成自己独特的礼仪形象。道教的礼仪内容复杂，小到日常称呼，大到出入行走，凡事都有一定的礼仪。同时，一个修道或奉道者的外在礼仪风范也是其道德修养的体现。

（一）称谓礼仪

因道士不改变姓氏，所以一般可带姓氏称号以便区分。根据道士的修行程度、教理造诣，以及担任教职等的不同，配以相关称谓，简述如下。

天师——张道陵或其嗣号之后裔。后世也有个别道士称"天师"，如北魏的寇谦之，隋代的焦子顺，唐代的胡惠超等。

法师——精通经戒、主持斋仪、度人入道，堪为众范的道士。

炼师——修炼丹法达到高深境界的道士。

祖师、宗师——各道派的创始人称为祖师；各派传道的首领称为宗师。

真人——体道大法、道行高深、羽化登仙的道士。

方丈——道教十方丛林最高领导者的称谓，也可称为住持。

监院、住持——道观负责人，总管道观内外一切事物。

高功——道教主持斋醮仪礼的执事名称，是经师的首领。

道长——是当今教外人士对出家道士的尊称，而不是职称。

知客——负责接待参访及迎送宾客。

道士或道士先生——道教男教徒。

道姑或女冠——道教女教徒。

道童——道教中为修道者执役的童子。

居士——信奉道教的俗家信众。

此外，在仪式中，各有一定称谓和职守的道士，统称为执事。教外人对道士、道姑一般都可统称为道长。

（二）服饰礼仪

服饰是道教宗教形态上的一个突出标志。道士在庙须头上戴巾，身穿道服、白袜、覆鞋，衣帽整齐洁净。道教把道教徒所戴帽子称"巾"，巾有混元巾、庄子巾、纯阳巾等九种。全真教道士满发，戴混元巾，见图7-2；正一教道士戴庄子巾，见图7-3。

（三）饮食礼仪

（1）用餐礼仪。道众用饭要依仪范进斋堂，名为"过堂"，分便堂、过堂和过大堂三种，规模及仪范程度的要求均逐渐加深。用饭时称"让斋"，平时过堂，由堂头"让斋"，"让斋"完毕，侍者归座，合堂用斋，切忌"响堂"。大众用斋，行堂左右巡视，随时补添饭菜。用斋毕，将筷子置于两碗中间，以示斋毕。堂头看大众全用斋毕，目视侍者、传者下座，喊："大众结斋"。食毕，方丈、监院、道众，同打一躬，依次退出。

图7-2　全真教服饰

图7-3　正一教服饰

现全真教道士仍保持食素。正一教道观在初一、十五或其他节日也要食素，意喻"持斋以奉道"。

（2）饮酒礼仪。早期的道教戒律并无不饮酒的条规。明末清初王常月创全真丛林，全真教龙门派声势大振，该派的《初真戒律》《中极戒》《天仙大成》合称"三堂大戒"，内容多达数百条，大量吸收了佛教"五戒"和儒家的名教纲常思想，对生活各方面均做出规定。这些教规中有明确的不许饮酒戒律。道教对普通教徒虽然并不严格戒酒，但是坚决反对酗酒。

（四）交往礼仪

（1）道众行礼时使用拱手礼，两手相抱（左手抱右手，寓意为扬善隐恶。以左手为善，右手为恶）举胸前，立而不俯。道侣相逢或道俗相逢，多行此礼，表示恭敬。

（2）遵"净口"礼仪。不多言，不与师辈争话，不言人过失，不说俗家事务，不与妇人低声密语，不与人说符咒幻术及一切旁门小术。

（3）道人宿舍须清洁、素雅、整齐，不得华饰。道人不得裸身而卧，不得在卧室内荤酒、神侃。乾道、坤道不得同院居住、随意串门，相互应保持距离、清心寡欲、不起邪念。

（4）非道教信徒不得随便进入道众宿舍，更不能留宿。

三、道教的主要节日

道教将祖师诞辰日以及与本教信仰关系重大的日子视为节日，并在重大节日举行盛大斋醮，以示庆祝。考据现存资料可知，三会日、三元日、五腊日等是较早的道教节日，其余皆为后起节日。

（1）三会日。三会日为农历正月初七、七月初七和十月初五。据称，此三日为"三官"考核道士功过的日子，也是早期正一教道民聚会的三个日子。在此三日里，道民须赴本师治所，申报家口录籍，听道官宣讲科戒，并接受三官考核功过。

（2）三元日。三元是指天、地、水三官，是五斗米道初创时信奉的主要神灵。魏晋南北朝时,此信仰盛行不衰,出现了"天官赐福、地官赦罪、水官解厄"之说。三元中,正月十五为上元,天官检勾;七月十五为中元,地官检勾;十月十五为下元,水官检勾。后此三个考校世人功过的日子又演变为三官生日,从此,三元日作为道教节日,留传至今。

(3) 五腊日。道教据古代"腊日"祭先祖、百神之制,创五腊日。称正月初一为天腊,是"五帝校定生人神气时限长短"之日;五月初五为地腊,是"五帝校定生人官爵、血肉衰盛"之日;七月初七为道德腊,是"五帝校定生人骨体枯盛"之日;十月初一为民岁腊,是"五帝校定生人禄科官爵"之日;腊月初八为王侯腊,是"五帝校定生人处所、受禄分野"之日。特别是正月初一的天腊日,至今仍为道教的重要节日,要遵循传统设醮祭天、祭先祖,求福寿。

(4) 三清圣诞。唐初即已确立三清作为道教最高神的地位。三清分别指玉清元始天尊、上清灵宝天尊和太清道德天尊(太上老君),并分别以冬至日、夏至日和农历二月十五为各天尊诞辰日。

四、道教的禁忌

(一) 服饰禁忌

道士裤管须装入袜筒内,禁敞裤管;不穿高筒白袜;须把裤管齐膝下绑扎;禁不扎裤脚上殿;禁道人顶"冠"如厕,否则将受罚。

(二) 行为禁忌

(1) 道士在参加各种道场活动时,不得衣冠不整或打闹嬉笑;进入法堂及宴席,不应高声言语,也不可大声咳嗽。

(2) 道士不得无故进入其他宫观及僧院,也不得无故去俗人家;有事去俗人家,办完事须立即返回,不得久留。

(3) 不应与俗人同浴,入浴堂不得与别人共语。

【知识拓展】

中国道教四大名山

湖北武当山——我国"四大道教名山"之首,武当武术的发源地。山间道观总数达2万余间,规模宏大,建筑考究,文物丰富,已被列入世界遗产名录。山间主要景点有金殿、紫霄宫、遇真宫、复真观和天乙真庆宫等近百处。

> 四川青城山——我国道教发祥地之一，相传东汉张道陵（张天师）曾在此创立五斗米道。山间林木青翠，峰峦多姿，有"青城天下幽"之誉。宫观林立，至今尚存38处。著名的有建福宫、天师洞和上清宫等，并有经雨亭、天然阁和凝翠桥等胜景。
>
> 江西龙虎山——位于江西鹰潭市西南郊20km处，为国家级风景名胜区。龙虎山有源远流长的道教文化，独具特色的碧水丹山，以及现今所知历史最悠久、规模最大、出土文物最多的崖墓群。著名景点有天师府、大上清宫、龙虎山、悬棺遗址和仙水岩等。
>
> 安徽齐云山——又称白岳，位于徽州盆地、黄山脚下，因其"一石插天，与云并齐"，故名齐云山。齐云山是一处以道教文化和丹霞地貌为特色的山岳风景名胜区，历史上有"黄山白岳甲江南"之称，为国家重点风景名胜区。齐云山碑铭石刻星罗棋布，素有"江南第一名山"之誉。该山道教始于唐乾元年间（758—760），香火旺盛，主要景观有洞天福地、真仙洞府、月华街、太素宫和玉虚等。

第二节 佛教礼仪

一、佛教的起源与教义

（一）起源

佛教起源于公元前6世纪至公元前5世纪的古代印度迦毗罗卫国（今尼泊尔南部），距今已有2500多年的历史。佛教创始人释迦牟尼（乔达摩·悉达多），约生于公元前565年，相传原为迦毗罗卫国净饭王的儿子，20岁时离家成道，此后被尊称为"佛陀"，意为觉悟者，简称"佛"。释迦牟尼是佛教徒对他的尊称，意为释迦族的圣人。佛教以无常和缘起思想反对所罗门的梵天创世说，以众生平等思想反对所罗门的种姓制度，因而被广大群众接受并很快流传开来。

（二）教义

佛教的基本教义可概括为"四谛""五戒十善""八正道""十二因缘""三法印""因果报应""生死轮回"和"三世说"（前世、今世、来世）等，这是释迦牟尼的根本教法。

佛教在长期发展过程中，产生了大量的文献，这些文献统称为一切经、大藏经、三藏经等。佛教的标记是表示吉祥万德的字符"卍"，表示"吉祥福德"之意，象征佛的智慧与慈悲无限。

（三）中国佛教发展

世界三大宗教中，佛教传入中国最早，大约在东汉明帝时期。从南北朝开始中国佛教进入兴盛发展阶段，遍布全国。隋唐时期是中国佛教的鼎盛之时，特别是武则天在位期间对各种宗教都持积极的态度，尤其对佛教寺院重视为最。

佛教在中国形成了三大语系，即汉语系、藏语系和巴利语系。汉藏二系属大乘佛教，巴利语系属小乘佛教，也称"南传上座部佛教"（简称南传佛教）。

中国南传上座部佛教（巴利语系）主要分布于云南省的西双版纳傣族自治州、德宏傣族景颇族自治州、思茅地区、临沧地区和保山地区。傣族、布朗族、阿昌族、佤族的大多数群众信仰南传佛教。

藏传佛教（藏语系）主要流行于西藏自治区、云南省、四川省、青海省、新疆维吾尔自治区、甘肃省、内蒙古自治区等。7世纪，佛教最初从中国汉地和印度传入藏族地区。11至12世纪，形成带有藏族地区特色的藏传佛教。

二、佛教的礼仪

（一）称谓

由于佛教在各国的教制、教职不尽相同，所以在称谓上也不完全一致。在我国寺院中，通常有如下称谓：

(1) 住持或方丈——寺院主要负责人。

(2) 监院——负责处理寺院内部事务。

(3) 知客——负责寺院的对外联系，可尊称为高僧、大师、法师、长老等。

(4) 和尚（僧）和尼姑（尼）——出家的佛教徒，也可尊称为法师、师太。

(5) 居士（或檀越、护法、施主）——不出家而遵守一定戒律的佛教信徒。

（二）戒规

凡出家的佛教教徒必须剃除须发，披上袈裟，称为"披剃"。僧尼一经"披剃"即入住寺院，开始过与世俗隔绝的生活。过去，比丘和比丘尼受戒时，还要在头上烫12个香疤；现在，中国佛教协会根据广大教徒的意见规定，受戒时不必燃香疤。佛教弟子在修行中，日常生活和行为方面都要受到约束，主要包括以下几个方面：

(1) "四威仪"——僧尼的行、站、坐、卧应该保持的威仪德相，不允许表现轻浮举止，一切都要遵礼如法。所谓"行如风、站如松、坐如钟、卧如弓"，就是僧尼应达到的境界。

(2) "五戒十善"——"五戒"是指杀生戒、偷盗戒、邪淫戒、妄语戒和饮酒戒；"十善"是指不杀生、不偷盗、不邪淫、不妄语、不两舌、不恶口、不绮语、不贪欲、不嗔愤和不邪见。

（3）"八正道"——正见、正思维、正语、正业、正命、正精进、正念和正定。

（三）佛事礼仪

（1）顶礼。顶礼为佛教最高礼节，是向佛、菩萨或上座所行的礼节。行顶礼时双膝跪下，两肘、两膝和头着地，而后用头顶尊者之足，故称顶礼。出家的教徒对佛像必须行顶礼。头面接足，表示恭敬至诚，也即"五体投地"。

（2）南无。南无念"那摩"，意为"把一切献给××"或"向××表示敬意"，是佛教教徒一心归顺于佛的致敬语，常用来加在佛、菩萨名或经典题名之前，表示对佛、法的尊敬和虔诚，如称"南无阿弥陀佛"，表示对阿弥陀佛的致敬和归顺。

（3）功课。寺庙中僧尼每天的必修课为朝暮诵课，又名早晚功课或五堂功课。寺庙一般在早上4时开始早课，下午4时左右进行晚课，"晨钟暮鼓"成语即源于寺庙里的早晚功课。

（4）过堂。过堂是指僧尼早晨、中午到"五观堂"（"斋堂"）用饭，是出家人的一项重要仪规和修行，也是僧尼在寺院集体修行的一项重要制度，不可偏废。"五观"是指：一思食物来之不易，二思己身德行亏损有无，三思绝存贪食之念，四思饮食只做疗饥之药，五思因修道业才受此食。

（5）忏悔。佛教理论认为，身心清净之人方能修成正果，但世间本就污浊，即使出家人也可能随时身遭垢染，影响功德。佛教教徒可通过忏悔来消除以往罪过，虔心向道。

（6）朝山。朝山是指佛教教徒前往名山大寺进香拜佛。大乘佛教教徒进入寺庙不可脱鞋，进殿要拜佛祖释迦牟尼和弥勒佛、观音菩萨，以及三世十方众佛和菩萨；小乘佛教教徒进入寺庙则必须脱鞋，进殿只能朝拜释迦牟尼佛像。

（7）水陆法会。水陆法会是佛教中最大的佛事活动，全称"法界圣凡水陆普度大斋胜会"，简称"水陆法会"。水陆法会可分内、外两坛，内坛为主，悬挂毗卢、释迦等像，设有香灯、花草等供品并遍施饮食以救度水陆鬼魂。举行水陆法会时，诵经、设斋、礼佛拜忏，追荐亡灵。全部法事一般为7昼夜。

（四）佛教葬仪

佛教僧侣去世后一般实行火葬，遗骨或骨灰安置在特制的灵塔或骨灰瓮中。佛教信徒死后每年忌日要有家人为其举行祈祷冥福德追荐会，并发放布施。

三、佛教的主要节日

（一）佛诞节

佛诞节是纪念佛教创始人释迦牟尼诞生的一个重要节日，为每年的农历四月初八。相传在2600多年前，释迦牟尼从摩耶夫人的肋下降生时，一手指天，一手指地，说"天上天下，惟我独尊"。于是大地为之震动,九龙吐水为之沐浴。因此,各国各民族的佛教徒通常都以浴佛等方式纪念佛的诞辰。

(二) 成道节

农历十二月初八为成道节,是纪念释迦牟尼成佛的节日。相传释迦牟尼在成佛前苦行修炼,饿得骨瘦如柴,正思放弃修行之时,有位牧女拿出用各种黏米混合煮熟的粥送给释迦牟尼食用,释迦牟尼食后体力恢复,于十二月初八坐在菩提树下悟道成佛。我国很多地区每逢农历十二月初八要以大米及果物煮粥供佛,称为"腊八粥",并衍化为腊月初八吃腊八粥的民俗,是为"腊八节"。世界各国佛寺及僧众每逢此日都要举行诵经纪念活动。

(三) 涅槃节

涅槃节是纪念释迦牟尼逝世的节日。相传释迦牟尼80岁时在拘尸那迦城跋提河边的娑罗双树林间,完成最后一次传法,在农历二月十五逝世。佛教将死亡称为涅槃,是指修道所达到的最后精神境界,故纪念释迦牟尼逝世的日子称为涅槃节。每逢此日,佛教寺院一般要悬挂佛祖图像,举行涅槃法会,诵《遗教经》等。

(四) 世界佛陀日

世界佛陀日即"哈舍会节",又称"维莎迦节"。1954年,世界佛教徒联谊会规定,公历五月间的月圆日为"世界佛陀日",即将佛的诞辰、成道、涅槃合并在一起的节日。节庆期间,佛教盛行国家会举行规模宏大的全国性庆祝活动。

四、佛教的禁忌

(一) 饮食禁忌

(1) 过午不食。按照佛教教制,比丘每日仅进一餐,后来也有进两餐的,但必须在午前用毕,过午则不能进食。在东南亚一带,僧尼和信徒一日两餐,过了中午不能吃东西,午后只能喝白开水。在汉地寺庙的僧尼中,仍有不少尊持"过午不食戒"的。同时,不吃零食也是佛教对僧人的要求。

(2) 不吃荤腥。荤食和腥食在佛门中是两个不同的概念。荤专指葱、蒜、辣椒等气味浓烈、刺激性强的食物。腥则是指鱼、肉类食品。东南亚国家僧人多信仰小乘佛教,由附近人家轮流送饭或到别人家托钵乞食,故无法挑食。我国大乘佛教的经典中有反对食肉的条文,汉族僧人和居士信奉大乘佛教都不吃肉。在我国蒙藏地区,僧人虽然也信奉大乘佛教,但由于气候和地理原因,缺乏蔬菜,所以食肉。但无论食肉与否,大小乘教派都禁忌荤食。

(3) 不饮酒、不吸烟。佛教教徒都不饮酒,因酒会乱性,不利于修行,所以严格禁止。吸烟是一种精神依赖的不良习惯,体现了一种精神追求和贪欲,因此也在佛教的禁忌之内。

(二) 交往禁忌

(1) 佛教教徒内部不用握手礼节,不要主动伸手与僧众相握,尤其注意不要与出家的尼众握手。非佛教信徒对寺院里的僧尼或在家修行的居士行礼时，以合十礼为宜。

（2）不能问僧尼的尊姓大名。僧尼出家后都姓释，由师父赐予法名。在受戒时，由戒师赐予戒名。因此，问僧尼名字时，问："法师上下（或法号）如何？"便可得到回答。

（3）同僧人交往禁忌。不宜向僧人敬烟、劝酒或者劝吃肉，不宜提议同僧人干杯（包括茶、饮料等）；在与僧人同桌就餐时，不宜点排骨、鸡、鳝鱼等荤腥菜品；不宜问僧人是否吃肉、是否结婚，不要学说"酒肉穿肠过，佛祖心中留"之类的话；不宜邀请僧人唱歌、跳舞或参加其他不符合佛教清规戒律的娱乐活动。

（4）同比丘尼交往禁忌。男士到比丘尼寺院，不能进尼众的寮房（宿舍），不能在比丘尼寺院过夜住宿。参观比丘尼寺院应着装得体、行为持礼庄重。

（三）行为禁忌

佛寺历来被佛教视为清净圣地，非佛教教徒在进入寺庙时，衣履要整洁，忌着背心、打赤膊、穿拖鞋。非佛教教徒到寺院参观时，不能乱敲殿堂内外各种法器，如果要使用闪光灯摄影应征得僧人同意；不能说伤害佛教徒感情的话，不能讥讽佛教徒的宗教习惯；在寺内举行宗教仪式或做道场时，不能高声喧哗或做出其他干扰宗教仪式的举动；未经寺内执事人员允许，不可随便进入僧人寮房（宿舍）以及其他不对外开放的地方。另外，为保持佛门清净，严禁将一切荤腥及其制品带入寺院。

此外，佛教对僧尼的日常行为要求还有不能结婚，不蓄私财，不着香花幔，不香油涂身，不自歌舞，不观听歌舞，不坐卧高级豪华床位，不接受金银等财宝，不做买卖，不看相算命，不禁闭、掠夺和威吓他人，禁止比丘、比丘尼同住一寺等诸多方面。

（四）祭拜禁忌

入寺拜佛一般要烧香，把诉诸佛的"信息"通过袅袅香烟传递给众佛。但在拈香时要注意香的支数，佛教把单数看成吉数，所以烧香时每炷香可以有很多支，但必须是单数。

【知识拓展】

中国佛教四大名山

中国佛教四大名山分别是安徽九华山、山西五台山、浙江普陀山、四川峨眉山。

九华山相传为地藏王菩萨道场。九华山古刹林立，香烟缭绕，是善男信女朝拜的圣地；九华山风光旖旎，气候宜人，是旅游避暑的胜境。在中国佛教四大名山中，九华山独领风骚,以"香火甲天下""东南第一山"的双重桂冠而闻名于海内外。

普陀山为观音菩萨道场,同时也是著名的海岛风景旅游胜地。普陀山的名称,出自佛教《华严经》等六十八卷,全称为:"补坦洛迦""普陀洛迦",是梵语的译音,意为"美丽的小白花",由于中国历代帝王多建都在北方,所以自元朝以来,惯称此山为"南海普陀"。普陀山又有"五朝恩赐无双地,四海尊崇第一山"的美誉。

五台山为文殊师利菩萨道场。汉唐以来,五台山设佛寺弘法,以宗教利生,一直是世界与中国的多元佛教文化中心之一,此后历朝发展,历代兴建,经过精心装修,鼎盛时期寺院达300余座,规模之大,可称"诸宗翘楚,一教首班"。

峨眉山为普贤菩萨道场,是我国四大佛教圣地之一。相传佛教于公元1世纪即传入峨眉山。近2000年的佛教发展历程,给峨眉山留下了丰富的佛教文化遗产,造就了许多高僧大德,使峨眉山逐步成为中国乃至世界影响甚深的佛教圣地。

第三节 基督教礼仪

基督教是目前世界上信徒最多、分布最广的宗教。基督教是信奉耶稣基督为救世主的各教派的总称,是一种神论宗教。了解和学习基督教的教义、礼俗、节日和禁忌等,对我们增进与欧洲、美洲、大洋洲等地区和国家人民的友好往来关系,有着重要的意义。

一、基督教的起源、教派与教义

(一) 起源

基督教起源于公元1世纪罗马帝国统治下的亚洲西部巴勒斯坦地区的犹太人中间,是这一地区古代犹太人民反抗罗马帝国奴役的政治斗争反映于宗教的产物。基督教与犹太民族的宗教犹太教有着密切的血缘关系。最初,基督教是犹太教中的一个下层派别,因此,其起初的信仰者多为奴隶和贫民。早期的基督教会反映出当时的奴隶和贫民对奴隶制度的憎恶,但又怯于暴力斗争,主张顺从、忍耐,把希望寄托于来世。至公元1—2世纪,基督教逐渐脱离犹太教,成为影响越来越大的宗教派别。公元313年,君士坦丁大帝发表《米兰敕令》,承认基督教的合法地位。公元392年,罗马皇帝狄奥多西一世宣布基督教为国教。随着欧洲人开辟新航路和向外开拓殖民地,基督教势力逐渐遍布全世界。

基督教的创始者是耶稣。相传,他奉圣父之命下降人世,拯救世人。耶稣思想的核心在于"尽心尽意尽力爱上帝"及"爱人如己"两点。后来由于叛徒犹大的出卖，耶稣在耶路撒冷被罗马总督彼拉多钉死在十字架上，后人把十字架作为信仰基督教的标记。

（二）教派

在基督教的发展历史上，发生过两次大的分裂，由此形成天主教、东正教和新教三大教派。

公元 395 年，罗马帝国分裂为东、西两部。基督教会形成西部的罗马和东部的君士坦丁堡两个中心。公元 1054 年，东、西基督教会正式分裂，东部教会包括俄罗斯教会自称"正教"（东正教），西部教会自称"公教"（天主教）。16 世纪，基督教历史上的第二次大的分裂在罗马天主教内部因宗教改革而引发，天主教中分离出基督教的一个新派别——新教。自此，就形成了天主教、东正教、新教三足鼎立的局面。

1. 天主教

天主教除信仰天主和耶稣基督外，还尊奉玛利亚为圣母。建立以罗马教皇为首的教廷和下属各级教会组织。罗马教皇成为全世界罗马系天主教徒的精神领袖。

2. 东正教

东正教亦称正教，意为正统教会。信奉上帝、耶稣基督和圣母玛利亚，但不承认罗马教皇有高出其他主教的地位和权力。此外，东正教还允许主教以外的教士婚娶。

3. 新教

基督新教在我国学术界称为新教，宗教界译为基督教，民间则称为耶稣教。基督新教不承认罗马教皇的权威，不尊圣母玛利亚为神，对基督教教义、仪式、教会管理方式进行了一些改革，允许教士婚娶。

（三）教义

基督教教义的主要依据是《圣经》。《圣经》包括《旧约全书》和《新约全书》两部分。所谓"约书"，是指上帝和人们所订立的盟约。基督教各派一般都信奉下列基本信条。

1. 上帝创世

基督教认为，在宇宙造出来前，没有任何物质的存在，只存在上帝及其"道"，上帝通过"道"创造一切，包括地球和人类。上帝是天地主宰，是真善美的最高体现者，是人类的赏赐者。

2. 原罪救赎

基督教宣称，上帝创造人类的始祖亚当和夏娃，并将他们安置在伊甸园里过着无忧无虑的生活。但亚当和夏娃经不起蛇的引诱，偷吃伊甸园中"知善恶树"上的禁果后被驱逐。亚当和夏娃的罪世代相传，成为整个人类的原罪，也是人类所有罪恶和灾难的根源。这种原罪人类无法自救，只有忏悔赎罪。耶稣基督为赎世人之罪，甘愿自己被钉死在十字架上，以自己的血来洗刷世人的罪过。所以世人想要灵魂得救，就要信仰、祈求耶稣基督。

3. 天堂地狱、灵魂不灭

基督教认为人死后灵魂不灭，所有世人都得接受上帝的末日审判。善者、信仰上帝灵魂得救者将升入天堂；不信仰上帝、不思悔改的罪人，死后灵魂将受到惩罚而下入地狱。

二、基督教的礼仪

基督教的一些重要礼仪称为"圣事"或"圣礼"，其神学意义是借助可见的表象或形式，将不可见的神恩赋予领受者。天主教和东正教规定洗礼、坚振、神品、告解、终敷、婚配、圣餐七种仪式为圣事。基督新教则只承认洗礼和圣餐为圣事。此外，还有礼拜、团契等活动仪式。

（一）称谓

在基督教内部，信徒之间可互称"平信徒"，是指相对于教会神职人员而言的普通信徒。在我国，平信徒之间习惯称"教友"。新教的教徒，可称"兄弟姐妹"或"同道"。对宗教职业人员，因其教派不同称谓也不尽相同，可按其教职称之，如某主教、某牧师、某神父等，以示尊敬。在非受洗礼入教的基督教徒中，还有一些热心为教会义务工作的人，称为义工。义工有自己的职业，只是利用业余时间从事宗教活动。

（二）洗礼

洗礼为基督教中表明信仰皈依的一种重要宗教仪式，受洗礼意即赦免入教者的一切"原罪"，并获取"印号"，脱去旧人做新人，成为正式信徒，以后有权受其他圣事。洗礼现有滴水礼（点水礼）和浸礼两种仪式。滴水礼是由牧师用手沾"圣水"（经过祈祷祝圣的清水）点在受洗者额上，有的还沾水在受洗者额上画一个十字架"圣号"；浸水礼是指受洗者全身浸没于水中片刻，多数在教堂特设的"浸礼池"中进行。

（三）告解

基督教认为告解是耶稣基督为赦免教徒在领受洗礼后对上帝所犯的各种"罪"，重获上帝恩宠而设立的。教徒通过告解向神父告明对上帝所犯的罪过，神父应为教徒严守秘密，并指示教徒如何礼赎（以忏悔、修行的方式赎罪）。

（四）圣餐

圣餐仪式的起源和耶稣最后的晚餐有关，天主教认为举行此仪式是以不流血的方式，重复进行耶稣在十字架上对圣父的祭献，经过祝圣的饼和酒，实际上已变成耶稣基督的身体和血液。圣餐分为祈祷和领圣体两部分。祈祷包括诵读《圣经》和讲道；领圣体包括奉献（奉献饼和酒）和领圣体、圣血。

（五）婚配

教徒在教堂内举行的结婚仪式，由牧师或其他有圣职的人主持。在婚礼开始时，新郎与新娘在圣台前会合，由牧师为之证婚。证婚仪式中有唱诗、祈祷、主礼人致勉词、交换戒指等。仪式结束后，新郎偕新娘在音乐声中迈出礼拜堂。结婚礼拜要求新郎、新娘均为基督教徒。

（六）礼拜

礼拜是基督教主要的崇拜活动，内容包括祈祷、读经、唱诗、讲道、祝福等，一般是星期日在教堂内举行（守安息日的信徒则在星期六举行礼拜），由牧师或长老主礼。在无圣职人员时，可推举一位信徒主领。在礼拜时，教堂内常置有奉献箱或传递收捐袋，信徒可投钱于其中，作为对上帝的奉献。

（七）团契

团契是基督教各宗派普遍的宗教活动，含有"交流、交谊"之意，即参加团契的信徒相互交流，彼此劝勉，使自己的信仰得以巩固，并能以良好的行为造福于他人和社会。团契以性别或年龄分为少年团契、青年团契和壮年团契等，有时也通称妇女聚会、青年聚会。

（八）终敷

终敷是指临终时敷擦"圣油"。在教徒年迈或病危时，由神父用经主教祝圣过的橄榄油，敷擦病人的耳、目、口、鼻和手足，并诵念一段祈祷经文，借此帮助受敷者减缓病痛，赦免其一生罪过，安心去见上帝。

三、基督教的主要节日

（一）圣诞节

圣诞节是基督教最重要的节日，为庆祝耶稣诞生，大多数教会定于每年的12月25日为圣诞日。12月24日通常被称为圣诞平安夜，因《圣经》中说耶稣是夜间诞生的，故一般教堂都要举行庆祝耶稣降生的夜礼拜，礼拜中专门献唱《圣母颂》或《弥赛亚》等名曲。圣诞节期间，人们会互相赠送礼物和祝福，合家欢宴。西方人以红、白、绿三色为圣诞色，绿色的圣诞树和红白色的圣诞老人为节日增添了浓重的喜庆色彩。

（二）受难节

受难节是纪念耶稣被钉死于十字架上受难的节日。据《圣经·新约全书》记载：耶稣于复活节前三天被钉在十字架而死，因此规定复活节前的星期五为受难节。基督教多数教派都纪念这一节日。

（三）复活节

复活节是纪念耶稣复活的节日。据《圣经·新约全书》记载：耶稣受难被钉死在十字架上后，第三天复活，耶稣复活的意义在于战胜死神。根据公元325年尼西亚公会议规定，复活节在每年春分月圆后的第一个星期日，一般在每年的3月22日至4月25日之间。基督教多数教派都纪念这个节日。庆祝活动的具体内容各地不一，彩蛋和兔子是复活节的吉祥物。节日期间人们互赠复活节彩蛋，象征着生活幸福；而兔子则是兴旺发达的新生命的象征。

（四）圣灵降临节

圣灵降临节，也称五旬节。据《圣经·新约全书》记载：耶稣"复活"后第40日"升天"，第50日差遣"圣灵"降临，门徒领受圣灵后开始向世界各地传布福音。据此，基督教会规定，每年复活节后第50天为圣灵降临节。

（五）感恩节

感恩节为美国基督教的习俗节日，起源于1621年，初为迁居美洲的清教徒举行的庆祝丰收的活动，后经美国总统华盛顿、林肯等定此节为全国性节日。感恩节的具体日期多经更改，1941年起定为每年11月的第四个星期四举行，教堂在这一天举行感恩礼拜，家庭也举行聚会，通常共食火鸡等。中国基督教的部分教派守此节，并举行感恩礼拜。

四、基督教的禁忌

基督教有很多禁忌，旅游从业人员在服务工作过程中，要注意以下禁忌。

（一）交往禁忌

与基督教教徒交往时要尊重其信仰，尊重神职人员，不能以上帝起誓，更不能以基督教教徒尊重的圣母、圣徒等开玩笑。不宜任意使用基督教圣像与十字架等宗教标志。向基督教教徒赠送礼品，要避免上面有其他宗教的神像或者其他民族所崇拜的图腾。

（二）行为禁忌

教堂为基督教的圣殿，允许非基督教教徒进入参观。非基督教教徒进入教堂应衣冠整洁、脱帽示礼，与人交谈应压低声音，禁止打闹喧哗或有碍宗教活动的举止。当教徒祈祷或唱诗时，旁观的非教徒不可出声；当教徒全体起立时，非教徒则应跟随一同起立。在教堂中若有人分饼和面包给非基督教教徒，非基督教教徒应礼貌谢绝。（饼和面包等食物寓意耶稣在十字架上的身体和血液，受圣餐人必须是受过基督教洗礼的信徒）

（三）饮食禁忌

一般情况下，基督教教徒不食蛇、鳝、鳅、鲶等无鳞无鳍的水生生物，不食动物血液、不食勒死的牲畜；有些教派的基督教教徒有守斋之习，守斋时不食肉、不饮酒。与基督教教徒就餐时，应待教徒祈祷完毕后，再拿起餐具就餐，不可在教徒祈祷期间便开始用餐。

（四）数字禁忌

"13"与"星期五"被基督教教徒视为不祥的数目，传说耶稣是在死前最后一顿晚餐上被其教徒犹大出卖，而犹大正好是晚餐上的第13个人；与此同时，耶稣受难的日子正好是星期五。因此，与月历中的13号重合的星期五被称为黑色星期五，基督教教徒往往会闭门不出。此外，"666"在基督教教徒眼中代表魔鬼撒旦，应避免令基督教教徒接触这些数字的情况。

【知识拓展】

黑色星期五

在西方国家，有很大一部分人认为，如果一个月的第 13 天正好是星期五，这天就会发生不好的事情。令人奇怪的是，在相信这一天不吉利的人当中，大部分人根本给不出任何合理或者不合理的解释。正如大多数迷信思想一样，人们完全是对黑色星期五本身感到恐惧，而不需要任何理由。

对黑色星期五的恐惧源于两种恐惧，分别是对数字 13 和星期五的恐惧。这两种恐惧在西方文化中都有很深的渊源，最主要的来源是基督教神学。13 对于基督教教徒来说是一个极具隐含意义的数字，因为出现在最后的晚餐中的人数刚好是 13 人（耶稣和他的 12 个门徒）。犹大，即出卖耶稣的那个门徒，恰恰是第 13 个来参加晚餐的人。基督教教徒们一直以来都忌讳星期五，因为耶稣就是在这一天被钉死在十字架上。另外，某些神学家认为亚当和夏娃是在星期五偷食了禁果，而且大洪水灾难也是在星期五降临的。

第四节　伊斯兰教礼仪

一、伊斯兰教的起源、教派与教义

伊斯兰教是一种世界性宗教，大多分布在阿拉伯国家，以及中非、北非、中亚、西亚、东南亚和印度、巴基斯坦、中国等。一些国家将伊斯兰教定为国教。

（一）起源

伊斯兰教起源于公元 7 世纪的阿拉伯半岛，由伊斯兰教的先知穆罕默德所创。当时阿拉伯半岛由于东西商路改道，社会经济日趋衰落，又由于盛行多神教崇拜和部落混战，长期处于分裂动荡状态，要求发展经济和实现统一已成为各部落的共同愿望。正是在这种情况下，穆罕默德顺应形势，于 40 岁那年宣称他受到安拉（汉译"真主"）的启示，在麦加创立了伊斯兰教。公元 631 年，伊斯兰教成了阿拉伯半岛上占统治地位的宗教。

中国旧称伊斯兰教为清真教、回教、天方教等。伊斯兰教于 7 世纪中叶传入中国，迄今有回族、维吾尔族、哈萨克族、乌孜别克族等共 10 个少数民族信仰伊斯兰教。8 世纪初，伊斯兰教进一步发展成为跨欧洲、亚洲、非洲三洲的世界性宗教。

(二) 教派

公元632年，穆罕默德病逝于麦地那。由于政治、宗教及社会主张上的分歧，伊斯兰教内部形成多种教派，主要分为逊尼派和什叶派两大派系。

1. 逊尼派

逊尼派被认为是主流派别，又被称为正统派，分布在大多数伊斯兰国家，人数占全世界穆斯林的85%以上。中国穆斯林也大多是逊尼派。逊尼派与什叶派的区别主要在于对穆罕默德继承人合法性的承认上。逊尼派认为哈里发只是信徒的领袖，是穆罕默德宗教领导人身份的继承者，无论是谁，只要虔诚信仰伊斯兰教，都可担任哈里发。

2. 什叶派

什叶派的信徒主要分布在伊朗，还存在于其他一些国家和地区，如伊拉克等国。什叶派认为只有穆罕默德的女婿兼堂弟阿里及其直系后裔（穆罕默德·哈希姆家族）才是合法的继承人。

(三) 教义

《古兰经》是伊斯兰教的唯一根本经典，是穆罕默德在23年的传教过程中陆续宣布的"安拉启示"的汇集，同时也是立法、道德规范、思想学说的基础。伊斯兰教主要信奉以下基本信条。

（1）信安拉。伊斯兰教信仰安拉是创造和主宰宇宙万物的唯一的神，穆罕默德是安拉在人间的使者，传达神意，拯救世人。同时，伊斯兰教还相信现世的一切都是安拉的前定，人在现世的命运是安拉早就预定的，也相信人死后"灵魂不灭""死后复活"等。

（2）信天使。伊斯兰教相信神界有许多天神，根据安拉的旨意，他们各司其职，人的言行都有天使监视汇报。

图7-4展示的是世界上最古老的《古兰经》，现存于埃及国际图书馆。

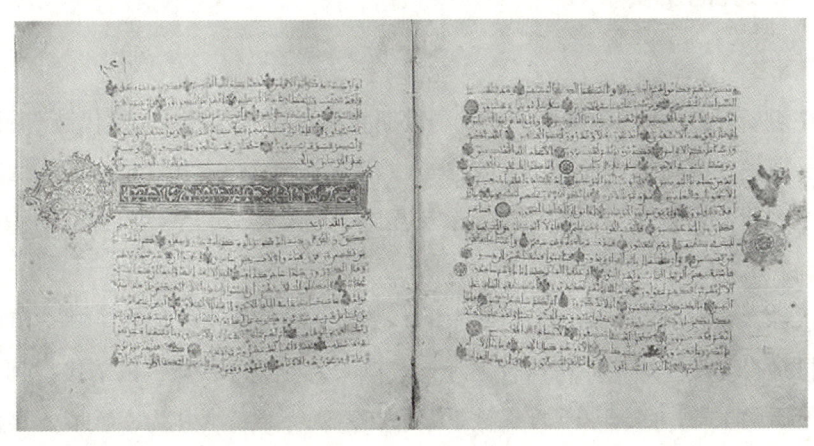

图7-4 最古老的《古兰经》

二、伊斯兰教的礼仪

（一）称谓

伊斯兰，是阿拉伯语的音译，本意为"顺从""顺服"。顺从安拉旨意的人，即"顺从者"，在阿拉伯语中为"穆斯林"，是伊斯兰教信徒的通称。伊斯兰教信徒之间无论在什么地方、不分职位高低，都互称兄弟。

伊斯兰教的教职有伊玛目、海滩布、穆安津，合称"掌教"。在我国，则将主持清真寺教务者尊称为阿訇（hōng），年长者称阿訇老人家；教坊首领，尊称为教长阿訇；经文大师尊称为开学阿訇；对主持清真女寺教务或教学的妇女，称师娘。在清真寺求学的学生称满拉或海里发。

（二）服饰礼仪

伊斯兰教认为，男子从肚脐到膝盖，妇女除两手、双足及面部，其余身体部位均为羞体，不能裸露。在公开场合，男女穆斯林必须穿着不露羞体的衣服。妇女戴面纱和盖头，男子多戴无檐小帽。

（三）婚葬礼仪

伊斯兰教反对独身主义，主张男大当婚、女大当嫁，认为婚姻是一个人对自己、家庭、社会，以及人类生存延续负有责任的重要行为，也是一个穆斯林遵从主命、履行先知穆罕默德教诲的具体表现。因而伊斯兰教积极提倡男女健康、合法的婚姻，禁止非法同居和私通等关系。

穆斯林葬礼的基本原则是土葬、速葬、薄葬。白布裹尸，"三日必葬"，不用任何陪葬物。待葬期间不宴客、不披孝、不磕头、不鞠躬、不设祭品。在举行殡礼时，由阿訇、教长或至亲率众站立默祷，祈求安拉赦免亡人罪过。坟墓南北向，长方形。

三、伊斯兰教的主要节日

（一）开斋节

开斋节在伊斯兰教历的 10 月 1 日，我国穆斯林称"肉孜节""大尔代节"。穆斯林在开斋节要净身、理发、剪指甲，穿新衣，吃枣子；到清真寺举行会礼，要去时和回时走不同的路；较富裕的穆斯林要施舍；在会礼后，亲友互访，互赠礼品，举行庆祝活动。

（二）宰牲节

宰牲节也称"古尔邦节"，传说先知易卜拉欣受安拉启示，要他宰杀其子伊斯玛仪，以考验他对安拉是否虔诚。当他即将执行之际，安拉派天使送羊一只，以羊代替其子。后穆斯林在伊斯兰教历的 12 月 8 日至 10 日宰牲献祭并在清真寺举行会礼为宰牲节。宰牲献祭的牲畜肉分三份：一份送亲友、一份施舍、一份自食。节日期间，亲友之间也会互相拜会。

(三) 圣纪节

阿拉伯语称"冒路德节",是与"开斋节"和"古尔邦节"并称的伊斯兰教三大节日。相传穆罕默德的诞生日和逝世日都是在伊斯兰教历的太阴年三月十二日。为缅怀穆罕默德功德,在每年的这日要举行诵经、赞圣、讲述生平事迹等纪念活动。当日穆斯林要前往清真寺听教长、阿訇讲经,然后游玩一天,有的还宰杀牛羊,设宴聚餐。

四、伊斯兰教的禁忌

(一) 饮食禁忌

伊斯兰教对饮食有严格的规定:

(1) 禁食猪肉、自死的动物,禁食诵非真主之名宰杀的动物和动物的血液。

(2) 禁食不反刍的猫、狗、马、驴、骡、鸟类和没有鳞的水生动物(鳗鱼、鳝鱼、甲鱼等)等。

(3) 穆斯林宰牲,要念经祈祷,采用断喉见血的方式,不用绳勒、棒打、破腹等屠宰法。

(4) 忌食生葱、生蒜等有异味食物后做礼拜。

(5) 伊斯兰教禁止饮酒、吸烟,严禁服用一切麻醉品和毒品。

(6) 非清真的一切厨具、餐具、茶具,均不得盛放招待穆斯林的食物或饮料。

(二) 服饰禁忌

(1) 禁止在人前袒胸露背。严禁改变人类原造本体的矫饰行为。忌讳穆斯林穿外教服装。

(2) 禁止男性佩戴金银等奢侈品。禁止男子模仿妇女的行为和装束。

(3) 禁止妇女显露身体,妇女除两手、双足及面部外,其余身体部位均不能暴露给丈夫和至亲以外的男子,不得让无关的男性看见自己身体上的装饰和佩戴物。禁止妇女模仿男子的行为和装束。

(三) 交往禁忌

(1) 忌在背后诽谤别人或议论别人的短处。禁作伪证、说谎或刺探别人隐私。

(2) 忌别人在自己家里吸烟、喝酒。

(3) 谈话时忌讳谈及"猪"字或同音字。

(4) 称故去的人为"亡人",称人去世为"无常"。

(5) 与穆斯林交往时,一般不宜问候女主人,不宜向其赠送礼物。

(6) 外国女性前往伊斯兰教国家,衣着一定要入乡随俗,禁止袒胸、露臂、赤足等。

(7) 认为左手不洁净,忌用左手递送物品。

(四) 行为禁忌

(1) 禁止在礼拜时交谈、打呵欠或吹东西等;禁赌博、求签、问卜占相等。

（2）伊斯兰教禁止妇女外出参加社交活动。

（3）禁止与有相近血缘、亲缘、婚缘和乳缘关系的人结婚，禁止与外教人结婚，禁娶有夫之妇，禁视离婚为儿戏等。

（4）禁止和月经期妇女或产妇性生活，禁止通奸，禁止性反常（同性恋等）。

【复习思考】

1. 基督教的教义是什么？基督教分为哪三大教派？
2. 伊斯兰教的服饰禁忌和饮食禁忌分别有哪些？
3. 佛教的礼节有哪些？
4. 道教的称谓是什么？道教有哪些禁忌？

第八章 国际交往礼仪

【案例导读】

尊重客人的信仰

在一次印度代表团来我国某城市进行友好访问时,为了表示我方的诚意,有关方做了积极的准备,就连印度代表团下榻的饭店中,也专门换上了舒适的牛皮沙发。但是,在我方的外事官员事先进行例行检查时,却责令立即撤换掉这些崭新的牛皮沙发。

你知道这是为什么吗?

【学习目标】

1. 掌握国际交往礼仪原则。
2. 熟悉迎送、会见、会谈、签字和礼宾次序等礼仪。
3. 了解国旗悬挂、涉外宴请、礼品赠送等相关礼仪。

21世纪是一个全新的世纪,我国的国际合作和交流空前发展,国家之间的交往日益密切和深入。涉外服务接待是旅游业中的一个重要接待类别,许多涉外接待活动需要在掌握一定的国际礼宾交际要求的基础上进行。涉外服务接待是否合乎国际礼宾惯例,不仅直接关系到旅游从业人员的职业发展,还关系到我国旅游业在国际上的声誉影响,更关系到我国的外交形象和民族尊严。因此,国际交往礼仪知识是每一位旅游从业人员都应该学习和掌握的。

第一节 国际交往礼仪原则

国际交往礼仪原则是指人们在涉外交往时,为维护自身形象并表示出对交往对象的尊重与友好，应遵循使用的国际交往惯例和约定俗成的行为规范。

一、对等原则

对等原则是指受访一方出面接待者与来访者在级别、职务，以及待遇、费用等方面，大体上要对等。除非有特殊的安排，国际交往礼仪不宜随便提高或降低。

《联合国宪章》在"序言"中阐述了"大小各国权利平等"的信念。国家无论大小，相互之间平等，所有国家都是国际社会的平等成员。每个国家都享有平等主权的权利，每个国家也都有尊重别国主权的义务。因此，现代国际交往应以"主权平等"为基础，遵循对等原则。对等原则是现代国际交往原则中的一项基本准则。

对等原则，通俗地讲，就是"礼尚往来"。你怎样对待我，我便怎样对待你，"投之以桃，报之以李"，是对对等原则的贴切比喻。在礼宾活动中，我们对各国都应做到一视同仁、平等相待；在礼宾操作中对身份相同的外宾应给以同等礼遇，按同等礼宾规格接待，不厚此薄彼。

二、破格原则

有的来访者身份虽然不高，但有较深背景，或一方对另一方有特殊要求，或为了达到某种目的而给来访者以破格的较高接待礼遇。

对等原则不是绝对的。在国际交往活动中，很多时候需要在礼仪上给予"破格接待"。各国为了体现自己的外交政策，往往打破对"对等""平衡"的机械理解，做出一些特殊的安排。例如，1984年，英国首相撒切尔夫人来华访问，中英双方达成了《中英关于香港问题的联合声明》，在她访华的短短36个小时中，中方为她安排了14场活动，中方多位主要领导人在同一天会见了她，被认为是一次"破格"接待。可见，礼仪规则不应当是机械的条条框框，其巧妙应用还在于善于结合实际情况进行安排。从这个意义上说，破格原则的适当运用也是一种外交艺术。

三、简化原则

简化原则即重精神、重友谊、重实效，不重形式、不讲排场、不事铺张。从简不等于冷落，要注意生活照顾，尽量做到热情周到。

由于国际交往和活动急剧增多，繁文缛节势必成为人们不堪负荷的重担，占用人们的许多时间和精力。因此，外交礼仪简化在国际上成了一种必然趋势。

现代国际交往礼仪抛去了繁文缛节，往往更加讲求和注重实效。例如，领导人之间的实质性会谈更加受到重视；日程安排更加紧凑合理；举行宴会讲究礼仪但不事铺张，参加宴会的人数有所压缩，宴会上发表正式讲话的次数有所减少；动员群众参加的大规模场面很少；

互访代表团人数减少;生活接待更加注意安全、舒适、方便等。

例如,我国在接待与来访国无相应级别的代表团互访时,招待天数为5天,人数(不含记者和企业家)分别为:国家元首国事访问、工作访问、非正式访问招待18人,如元首配偶不随访,则招待17人;政府首脑正式访问、工作访问招待12人,如首脑配偶不随访,则招待11人。

在国际交往中,因具体情况的不确定性和交往环境的未知变化性,可能会出现各种各样、错综复杂的突发问题。因此,在遵循上述三大主要原则的基础上,作为旅游涉外从业人员,还应遵守以下通行的国际交往原则和要求:

(1) 忠于祖国,严守机密。
(2) 维护形象,不卑不亢。
(3) 求同存异,入乡随俗。
(4) 热情有度,尊重隐私。
(5) 承诺慎重,遵时守信。
(6) 女士优先,尊卑有序。
(7) 不宜先为,不必过谦。

第二节　常见国际礼宾活动

礼宾是指官方对外交往中的礼仪和礼节。许多国际交往活动往往是通过各种礼宾活动进行的。常见国际礼宾活动有迎送、会见、会谈、签字、宴请和参观游览等。礼宾工作具有高度的政治性、政策性和策略性,各国在遵循已形成的国际惯例的同时,又根据各自的特点和风俗习惯,形成自己的独特做法,具有一定的灵活性。

一、迎送

迎送,顾名思义,就是迎来送往,是一种常见的社交礼节。在国际交往中,对外国来访的客人,通常均视其身份和访问性质,以及两国关系等因素,安排相应的迎送活动。

各国对外国国家元首、政府首脑的正式访问,往往都举行隆重的迎送仪式。对军方领导人的访问,也举行一定的欢迎仪式,如安排检阅仪仗队等。对其他人员的访问,一般不举行欢迎仪式。然而,对应邀前来访问者,无论是官方人士、专业代表团,还是民间团体、知名人士,在他们抵达和离开时,均应安排相应身份的人员前往机场(车站、码头)迎送。对长期在本国工作的外国人士和外交使节、专家等到任和离任时,各国有关方也安排相应人员迎送。

(一) 确定迎送规格

对外宾的迎送规格各国具体做法不一致。在我国,确定迎送规格,主要根据外宾的身份及访问目的，适当考虑两国关系，同时要注意国际惯例，综合平衡。一般来说，迎送外宾人员与外宾的身份应相当，即遵循对等原则。如果遇到特殊情况（如国家体制不同，当事人年高不便出面或临时身体不适、不在当地等），对等身份迎送人员无法到场时，可灵活变通，指派职位相当的人士或副职人员等作为代表前去，并向对方解释，适当表达歉意。总之，接待外宾人员的身份要与外宾相差不大，同外宾对等为宜。

根据规格不同，迎送通常分为下列三种：

（1）隆重迎送，一般适用于来访的外国国家元首、政府首脑或重要官方代表团。

隆重迎送仪式在遵从国际惯例的基础上，注重迎送过程的规范性与严肃性。同时，对每个迎送程序的细节都应精心安排，避免因疏漏而影响国家声誉。此外，在特殊背景环境下，从发展大局关系角度出发，对有些身份虽达不到隆重迎送规格的外国来访者，也可安排隆重迎送仪式，遵循破格接待原则。然而，为避免造成厚此薄彼的印象，非有特殊需要，一般都按常规办理。一般，国宾正式访华，我国国家主席为外国元首举行欢迎仪式，国务院总理为外国政府首脑举行欢迎仪式。

（2）一般迎送，适用于政治、商业等不同访问性质的一般人员或代表团的来访，是使用频率较高的一种迎送规格。

一般迎送应妥善安排、合理组织，迎送外宾人员应热情真诚、礼貌周到，力求使来访外宾有宾至如归之感，便于双方后续工作的开展和长远关系的维护。

（3）私人迎送，适用于来访者以朋友身份进行私人性质的访问情况。

私人迎送侧重于迎送安排的方便性，并因宾主双方之间的私人情谊而较其他两种迎送规格更为温暖热情、温馨融洽。

总之，迎送规格的确定并非一成不变，而是要根据具体的情况，相应变化，灵活运用。

（二）掌握抵、离时间

负责迎送接待的有关人员必须及时、准确地掌握外宾所乘坐交通工具（飞机、火车、汽车等）的抵、离时间，及早通知全体迎送人员和有关单位，并在外宾抵达前到场迎接，离开时同行送别。

现代交通工具特别是飞机等受天气变化情况影响较大，且一般大城市的机场离市区较远。因此，要想既顺利地接送客人，又不过多耽误迎送人员的时间，负责接待的人员就一定要仔细掌握外宾抵、离时间，如有变化，及时周知。

（三）献花、介绍

通常在外宾抵达后的迎接仪式上要安排献花，这也是国际交往中的一项重要仪式。献花可用鲜花、鲜花扎成的花束或花环等，并保持花形整洁、花色鲜艳，忌用菊花、杜鹃花、石竹花或杂色花朵等。在我国，通常由儿童或女青年在参加迎送的主要领导人与客人握手完毕之后，将花献上。同时，要注意不同国家对鲜花花色、花语和支数等方面的禁忌，避免出现有损双方关系的献花情况。

迎接人员与外宾见面时，应互相介绍。通常由礼宾人员或迎接人员中身份最高者，将前来迎接人员按职位从高到低的顺序介绍给外宾。根据介绍礼仪，被介绍者应微笑点头致意，并说"您好"等招呼用语，不可面无表情、毫无反应。当遇外宾行拥抱礼时，我方人员不可推脱或应付，而应大方、热情地给予回应。此外，在介绍时有时需递送名片，涉外接待人员最好使用由两种文字印刷的名片，便于双方联系交流。客人初到，一般较拘谨，主人宜主动与客人寒暄。

（四）主方陪同乘车

外宾抵达后，从机场到驻地，访问结束后，由驻地到机场，东道主方应安排相关接待人员陪同乘车，有时东道主本人也会亲自陪同乘车。在我国主人陪同乘车时，应请外宾坐在主人的右侧。在乘坐两排座轿车时，主宾同坐后排，翻译坐在驾驶人旁边的副驾驶座上；在乘坐三排座轿车时，主宾也同坐后排，翻译坐在主人前面的加座上。

在上车时，应由接待服务人员负责开关车门，请外宾从右侧门上车，主人从左侧门上车，避免从客人座前穿过。如果遇外宾先上车，坐到了主人的位置上，则不必请外宾再挪换座位。

（五）送至下榻饭店

在国际活动中，一般应将身份重要的外宾安排到条件优越、设施完备、安全可靠的涉外宾馆住宿。东道主方将外宾送至下榻饭店后，应陪同其到客房楼层并送至客房，询问外宾是否还有其他需要，并在可能情况下尽力满足。

（六）认真话别送行

当外宾结束访问离开时，东道主方负责接待的人员应提前到达外宾住处，同外宾正式道别并一一握手致意，预祝外宾旅途愉快。在宾馆送别外宾时，要待外宾所乘交通工具消失在视野中后方可离开。在机场送别外宾时，根据外宾身份，可选择在外宾通过安检进入候机厅后离开；而对身份重要的外宾，则可在其所乘坐飞机起飞并消失在视野中后再离开。

二、会见、会谈礼仪

（一）会见

会见是指跟别人相见，是一种常见的国际礼宾活动，也称接见或召见。凡身份高的人士会见身份低的，或是主人会见客人，一般称为接见或召见。外交交涉一般称为召见。凡身份低的人士会见身份高的人士，或是客人会见主人，一般称为拜见。拜见君主，又称谒见、觐见。我国一般不做上述区分而统称会见。

（1）会见的分类。根据会见内容划分，有礼节性会见、政治性会见和事务性会见三种。礼节性会见出于双方为维持稳定友好关系而进行，通常时间较短，话题广泛。政治性会见一般是指涉及双边关系、国际局势等重大国际问题的会见。事务性会见是指一般外交事务安排或业务洽谈等。

根据会见形式划分,有个别约见和大型接见两种。个别约见是指国家领导人或部门负责人就某方面的外交事务或业务问题,与使馆人员或个别人士进行会面商谈的一种礼宾活动。个别约见的范围通常较小,但保密性较强。大型接见是指国家领导人会见一国或几国群众团体、国际会议代表等。大型接见的参与人数众多,场面隆重。

(2)会见座位安排。会见在国际上通常安排在会客厅或办公室,座椅多采用单人沙发或扶手椅,沙发之间设小茶几,宾主各坐一边或穿插入座。会见时的座位安排一般为客人坐在主人的右边(个别情况例外),翻译人员、记录员安排在主人和主宾的后面。其他客人按礼宾顺序在主宾一侧就座,主方陪见人员在主人一侧就座,如图8-1所示。人数较多座位不够时可在后排加座。某些国家元首会见还有其独特礼仪程序,如双方简短致辞、赠礼、合影等。

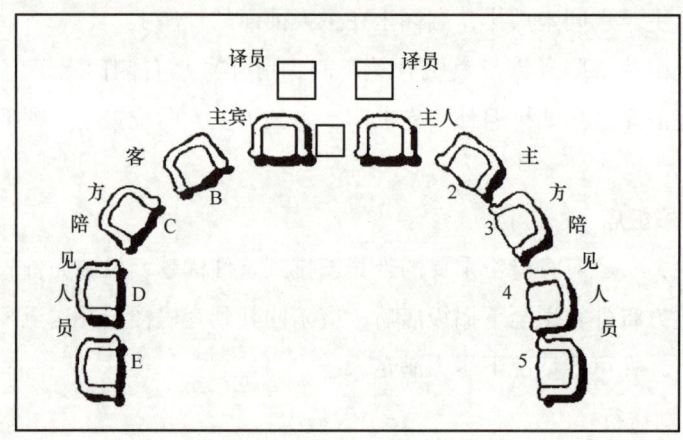

图8-1 国际会见座位安排

(3)会见服务流程。宾客到达前要整理好会客厅的座椅、茶几等物品,用茶杯上茶,茶杯手柄要朝向客人的右手边一侧,也可以整齐地按顺序放置多种饮品供客人自选。同时,注意遵守时间,不可失约,不可在工作和休息时间打搅外宾。

会见时待宾客坐好后,可由两位服务人员分别从主宾和主人处开始为宾客递送毛巾,递给外宾的服务员动作要快于递给主人的服务员,宾客用毕毛巾后及时收回并保持台面清洁。如果需要上饮品,则遵循相同顺序,我国会见一般只提供茶水。会见期间一般在30分钟左右为宾客续水一次,不可过于频繁,以免扰乱会谈。会客厅的光线和温湿度根据实际天气情况及主要宾客的要求调整,一般夏季在24~25℃、冬季在20~22℃为宜。

(二)会谈

会谈是指双方或多方就某些重大的政治、经济、文化、军事及其他共同关心的问题等交换意见的活动,也是指具体业务的谈判或公务洽谈。会谈一般内容较为正式,政治性或专业性较强。

（1）会谈的分类。根据会谈的目的、性质不同，可以把会谈分为拜访会谈、商务会谈、涉外会谈等类别。拜访会谈应围绕拜访主题进行，可选择轻松愉悦的话题交谈，并注意把握时间、适时告辞。商务会谈（包含商务谈判）应就各方共同关心的问题彼此磋商，以达成对各方享受的权利和承担的义务的一致认同。涉外会谈应注意话题的选择和把握，如选择外宾关心的双方关系问题或喜闻乐见的传统文化习俗等。

根据会谈的形式不同，有双边会谈和多边会谈两种类别。双边会谈参加者为宾主双方，通常用长方形或椭圆形会议桌；多边会谈参加的代表团较多，为体现公平平等，可不设会议桌，而将座位摆成圆形或方形等。

（2）会谈座位安排。会谈一般安排在与参加人数规模相当的会议室（厅）内，通常采用长方形或长椭圆形会议桌，宾主双方各坐会议桌的一侧，分长桌式（见图 8-2a）和竖桌

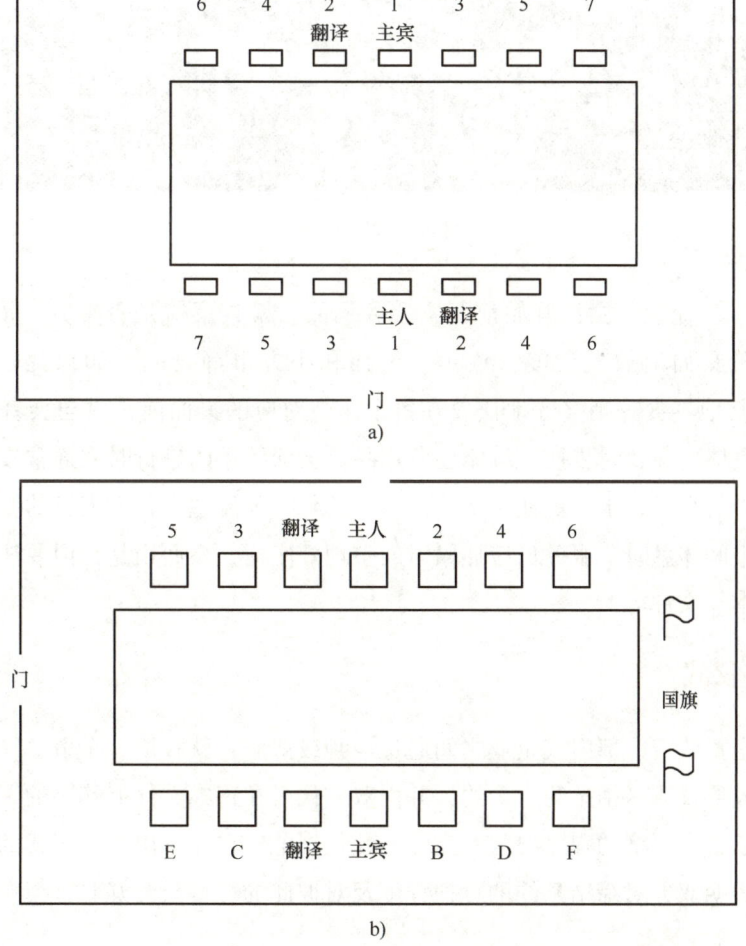

图 8-2 国际会谈座位安排
a）长桌式　b）竖桌式

式（见图8-2b）两种。根据"面门为上"的通行国际惯例，长桌式中，面向正门的会议桌一侧为上座，由客人来坐，背向正门的一侧为下座，由主人来坐。竖桌式中，则以进门方向为准，进门右侧由客人来坐，进门左侧由主人来坐。入座时，主人与主宾坐在中间，宾主双方的其他人员根据礼宾顺序和国际惯例分坐左右两侧。

在举行多边会谈时，常使用圆桌或把座位布置成圆形，如图8-3所示，以体现参会者地位平等、不分尊卑的公平理念。

图8-3　圆桌会议

（3）会谈服务流程。会谈开始前配置会务用品。检查桌椅是否整齐、清洁、无破损，在每个座位前的桌面上放置便笺、铅笔、茶杯和小方巾等物品。如果提供咖啡、茶水、水果、干果或其他零食等则整齐地摆放在每个座位对应的桌面前，供与会者自行取用。

会谈中视具体情况及时更换、续添会务用品。会谈活动的进行时间通常较长，会议服务人员应视情况为与会者续水、更换铅笔或便笺，并随时关注主宾各方人员的服务诉求，及时满足。在会谈中间休息时，服务员应抓紧时间整理好座椅、桌面用品，但要注意不要弄乱和翻阅桌上的文本、文件等。

三、签字仪式

签字仪式是指政府、部门或企业之间通过谈判或协商，就政治、军事、经济和科技等某一领域彼此达成协议或缔结条约、公约，并由双方代表在正式文件上签字的一种隆重而严肃的仪式。签字仪式有严格的程序要求和完整的礼仪规范，在显示出签字仪式的庄重性和严肃性的同时，也表明双方对缔结条约的重视程度及对彼此的尊重与友好。

（一）签字仪式筹备

在签字仪式正式举行前，双方应对各自所承担的工作进行完善，主方还应负责签字仪式现场活动的一切事宜。

（1）准备文本资料。在签字仪式开始前，要精心准备签字文本和签字所需物品。文本是签字仪式的主要对象，主方应会同有关各方一道指派专人负责从定稿、翻译到印刷、装订等各项工作，并确保文本内容精准无误。涉外协议或合同的签字仪式，应按国际惯例，分别使用宾主双方的母语来准备文本资料，也可使用英文等国际通行语言来准备。待签的合同文本，应以精美的白色纸张印制，按大八开规格装订成册，并以真皮、金属或软木等高档材料作为封面。

此外，在签字时使用的国旗、文具等要准备齐全，符合规格。签字笔的颜色须符合文本归档要求，并确保书写流畅。

（2）确定参加人员。签字代表一般由缔约双方根据文件的性质和重要性协商确定，但应遵循对等原则，即各方签字代表的身份应大致相当。主方可安排级别更高的领导出席签字仪式，通过高规格接待体现对客方的礼遇和尊重。

签字仪式可安排助签人员，各方助签人员由缔约各方共同商定且人员数目应相等。助签人员协助签字代表完成签字仪式，也可专设礼仪小姐来承担助签工作。参加会谈、谈判的人员一般都要出席签字仪式，以体现出各方对协议或合同的重视。

参加签字仪式的人员需着正装或套装，相关服务人员可着工作制服或旗袍等礼仪性服装。

（3）布置签字厅。签字厅一般要张贴会标，摆放签字桌、座椅，悬挂国旗，放置讲台和话筒等，并根据厅室的具体面积和空间布局情况进行相应的安排和布置，如图8-4所示。

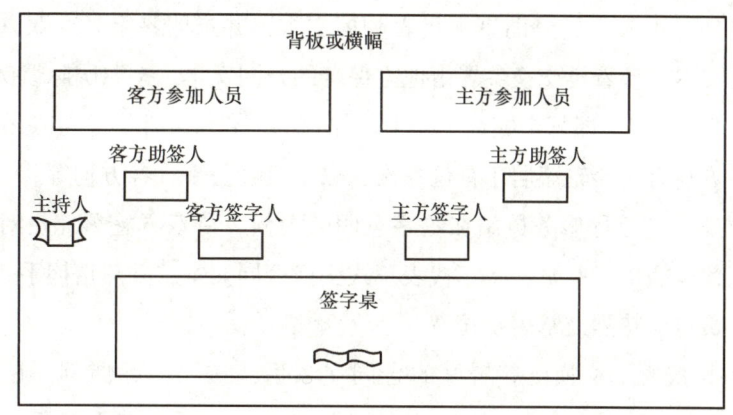

图8-4 签字厅布置

签字仪式的会标要醒目，由签约双方名称、签字文本标题和"签字仪式"或"签约仪式"等字样组成。

在我国举行的签字仪式，通常在签字厅内设置一张长方桌为签字桌，桌面覆盖台布，台布的色彩选择需要考虑对方的国家、民族、宗教等的习惯与禁忌。签字桌上一般放置献花、旗架和各方签字代表的席卡。旗架上插放各方旗帜，根据"客右主左"的国际惯例，客方旗帜在面对正门的右侧，主方旗帜则放置在面对正门的左侧，即各方旗帜插放方向与该方签字代表座次同向。各方席卡用其母语文字标示，写明签约的国家、组织或公司名称，也可加上签字人的职务和姓名。在双方签字时，座位按"客右主左"的国际惯例摆放；在多方签字时，按英文国名首字母的顺序排列，或按事先商定的顺序排列。其他参加仪式的人员坐在签字桌对面或并列站立在签字人身后。

在双方签字时，国旗分别悬挂在签字人身后，或插放在各自的签字桌上。在多方签字时，一般插放在各方签字人座位前的桌上或是身后。如果现场有会标，国旗不可遮挡会标。如果签字仪式还安排各方领导人致辞，可在签字桌右侧摆放讲台，或安置落地话筒。

（二）签字仪式程序

签字仪式既是一次洽谈或谈判的结束，又是一次活动的高潮。所以，参加签字的所有人员都应注重仪表、仪态，穿着打扮力求整洁得体，言谈举止要大方自然，整体感觉应喜悦而庄重。签字仪式一般有以下四个步骤：

（1）成员就位。各方出席人员准时步入签字厅，服务员应主动上前为签字代表拉椅让座。签字代表按照"客右主左"的顺序就座于预先安排好的位置上，助签人员站在签字者外侧。其余陪同人员分主客两方排列站立于各签字者之后，或坐在己方签字者的对面。客方陪同人员按身份由高到低从中间向右边排，主方陪同人员按身份高低从中间向左边排。当一行站不完时，可以按照以上顺序并遵照"前高后低"的惯例，排成两行、三行或四行。

（2）签署文本。助签人员协助签字代表翻揭文本，并指明签字处，双方代表先签署由己方保存的合同文本，接着再交换签署由他方保存的合同文本。按照国际惯例，签证条约协定时，应遵守"轮换制"，即每个签约国在由其保存的一份文本上将名字签在首位。意指在位次排列上，各方均有机会轮流居于首位一次，以示机会公平、各方均等。

（3）交换文本。签字厅服务员站在签字桌两旁等候，待双方签署完由对方保存的文本起立后，为签字代表撤椅。此时，签字代表正式交换合同文本，并热情握手、互相祝贺。全场参加仪式的人员也应热烈鼓掌表示祝贺。

（4）共饮香槟庆祝。交换已签署好的合同文本后，按照国际惯例，在场人员应同饮香槟酒庆祝。可在交换合同步骤完毕后，安排服务人员以托盘端香槟酒入内，先请客方和主方签字代表端取，再从桌后站立者的中间开始向两边分让，请每位参加仪式的人员依次端取。大家相互道贺后将香槟一饮而尽，宾主干杯后，服务人员应迅速上前用托盘接收酒杯。

（三）签字仪式结束

主要签字仪式完成后，要进行文本的装订和保存。我方保存的文本排序一般是中文、对方文字、第三种文字，装订用的条约夹和丝带一般由各方自己准备。文本装订好后，凡较重要条约和协定应加盖各方火漆印，火漆印应盖在条约夹上。

最后，服务人员照顾签字代表和参加仪式的人员退席，检查并整理签字厅。

四、涉外宴请

涉外宴请是现代国际交往中经常采用的一种礼宾活动，各国宴请都有自己国家或民族的特点与习惯。国际上通用的宴请形式有宴会、招待会、茶会和工作餐等。采用何种宴请形式，通常根据活动目的、邀请对象及经费开支等各种因素而定。但无论采用何种形式，在以东道主身份设宴款待外宾时，都需要遵循宴会礼仪有序进行。

（一）确定宴请的目的、对象、范围及形式

（1）宴请目的。宴请目的是多种多样的，可以为代表团来访，为庆祝某一节日或纪念日，为外交使节或外交官员的到、离任等。在国际交往中，还可根据需要举办一些日常的宴请活动。

（2）宴请对象。确定宴请对象的主要依据是主、客双方的身份，即宾主双方身份应对等。通常，所邀请对象若已婚，一般应以夫妇名义发出邀请。日常交往中的小型宴请则根据具体情况以个人名义或夫妇名义出面邀请。

（3）宴请范围。宴请范围是指邀请哪些人士，邀请到何种级别，邀请多少人以及主人方请什么人出来作陪等。确定宴请范围需考虑多方因素，如宴请的性质、主宾的身份、国际惯例、对方对我方的做法，甚至当前的政治环境等。

宴请范围与规模确定之后，即可草拟具体邀请名单。被邀请人的姓名、职务、称呼，以及对方是否有配偶等都要准确无误。

（4）宴请形式。一般来说，正式、规格高、人数少的以宴会为宜，人数多则冷餐会或酒会更为合适。妇女界活动多用茶会。目前，各国礼宾工作都在简化，宴请范围趋向缩小，形式也更为简便，因此酒会、冷餐会被广泛采用。

（二）确定宴请时间、地点

宴请时间的确定应以宾主双方都合适为宜。驻外机构举行较大规模的活动，应与驻在国主管部门商定时间。注意避开对方的重大节假日、重要活动或禁忌的日子和时间。

宴请地点的选择。官方正式隆重的活动，一般安排在政府、议会大厦或宾馆内举行，其余则按活动性质、规模大小、形式、主人意愿及实际可能而定。选定的场所要能容纳全体人员。举行小型正式宴会，在可能条件下，宴会厅外另设休息厅（又称等候厅），供宴会前简短交谈用。

（三）发出请柬

在举行宴请活动时，一般均发请柬。这既是礼貌的体现，又可对客人起提醒、备忘之

用。这其中，邀请国家最高领导人作为主宾参加活动时，需单独发邀请信，其他宾客发请柬；便宴约妥后，发或不发请柬均可；工作进餐一般不发请柬。

请柬一般须提前 1~2 周发出（有的地方须提前一个月），以便被邀请人及早安排。已经口头约妥的活动，仍应补送请柬，在请柬右上方或下方注上"To remind"（备忘）字样。需要安排座位的宴请活动，为确切掌握出席情况，往往要求被邀者答复能否出席。遇此情况，请柬上一般用法文缩写注上 R.S.V.P.（请答复）字样，如果只需要不出席者答复，则可注上"Regrets only"（因故不能出席请答复），并注明电话号码，也可以在请柬发出后，通过电话询问能否出席。

请柬内容包括活动形式、举行的时间及地点、主人的姓名（如果以单位名义邀请，则用单位名称）。

正式宴会，最好能在发请柬之前排好席次，并在信封下方注上席次号（Table No.）。请柬发出后，应及时落实出席情况，准确记录，以安排并调整席位。即使是不安排席位的活动，也应对出席率有所估计。

（四）确定宴请菜单

宴请的酒菜根据活动形式和规格，在规定的预算标准以内安排。选菜不以主人的爱好为准，主要考虑主宾的喜好与禁忌。适合宴请外宾的菜肴主要有四类：一是具有民族特色的菜肴，如春卷、水饺、元宵等；二是具有本地风味的特色菜肴，我国有八大菜系，不同区域有不同口味，各地更有相应的代表菜肴；三是餐厅的"招牌菜"或厨师的"看家菜"；四是外宾本人喜欢或希望品尝的菜肴。但要注意不同民族、国家和宗教的饮食禁忌，绝对不许有丝毫违犯。无论哪一种宴请，事先均应开列菜单，并征求主管负责人的同意，获准后，如果是宴会，即可印制菜单。菜单一桌两三份，至少一份，讲究的也可每人一份。

（五）排定宴会席位

正式宴会一般均排席位，也可只排部分客人的席位，其他人只排桌次或自由入座。无论采用哪种做法，都要在入席前通知到每一个出席者，使大家心中有数，现场还要有人引导。大型的宴会，最好排席位，以免混乱。

宴会座位排列包括桌次排序和座次排序两个方面。在正式宴会上，一般根据主人和客人的身份高低安排桌次和座次。按照国际惯例，桌次排序遵循"面门定位、居中为尊、以远为上"等原则来定主桌，且离主桌越近、桌次越高；离主桌越远、桌次越低。

在国外，通常是男女穿插落座，而我国习惯按各人本身职务排列以便于谈话，如夫人出席，通常把女方排在一起，即主宾坐男主人右上方，其夫人坐女主人右上方。大型宴会中，其余桌的主陪之位应保持与主桌主位同方向，即"各桌同向"。

礼宾次序是排席位的主要依据。在排席位之前，要把经落实出席的宾主双方出席名单分别按礼宾次序开列出来。除了礼宾顺序之外，在具体安排席位时，还需要考虑其他一些因素。多边活动需要注意客人之间的政治关系，政见分歧大，两国关系紧张者，尽量避免排到一起。此外，适当照顾各种实际情况。例如，身份大体相同，使用同一语言者，或属同一专业者，可以排在一起。译员一般安排在主宾右侧。

（六）宴请程序及现场工作

（1）主人一般在门口迎接客人。官方活动，除男女主人外，还有少数其他主要官员陪同主人排列成行迎宾，通常称为迎宾线。其位置宜在客人进门存衣以后进入休息厅之前。客人握手后，由工作人员引进休息厅。如果无休息厅则直接进入宴会厅，但不入座。若不安排领位员引领来宾入座，则须在请柬上用中英文标注每位赴宴者所在桌次，在每张餐桌上放置桌次牌和用餐者姓名卡，对号入座，或是在宴会厅入口处张贴宴会桌次的中英文示意图，指引来宾入座。

（2）在有些国家的官方隆重场合，在客人（包括本国客人）到达时，有专责人员唱名。

（3）主宾到达后，由主人陪同进入休息厅与其他客人见面。如果其他客人尚未到齐，由迎宾线上其他官员代表主人在门口迎接。

（4）主人陪同主宾进入宴会厅，全体客人就座，宴会即开始。如果休息厅较小，或宴会规模大，也可以请主桌以外的客人先入座，贵宾席最后入座。

（5）如果有正式讲话，各国安排讲话的时间不尽一致。一般正式宴会可在热菜之后甜食之前由主人讲话，接着由客人讲话；也有一入席双方即讲话的。冷餐会和酒会讲话时间则更灵活。

（6）主人与主宾起立，宴会即告结束。

（7）主宾告辞，主人应送至门口；主宾离去后，原迎宾人员顺序排列，与其他客人握别。

五、礼宾次序与国旗悬挂

（一）礼宾次序

礼宾次序是指在国际交往中，对出席活动的国家、团体、各国人士的位次按某些规定和惯例进行排列的先后次序。一般来说，礼宾次序体现出东道国对各国宾客所给予的礼遇，在某些国际性的集会上则表示各国主权地位的平等。

按国际惯例，礼宾次序的排定主要有以下三种方式：

（1）按身份和职务高低排列。在官方活动中，通常是按参加者的身份与职务高低来安排礼宾次序。在国际性活动中，各国提出的正式名单或正式通知是确定职务高低的依据。但由于各国的国家体制不同，因此在礼宾排序时应按各国相应的官衔级别的划分方式进行安排。根据身份和职务高低排序是国际礼宾次序排列的一个主要依据，但需要注意绝不能将此依据教条化，因有时双边、多边活动中也会按其他方法排列。

（2）按国家名字的字母顺序排列。多边活动的各方或参加者不便按身份与职务的高低排列时，可采用按国家名字的字母顺序排列，一般以英文字母排列居多。如果国家名字的第一个字母相同，则按第二个字母排列，以此类推。

联合国大会的席位次序即按国名英文字母排列。但是，为避免一些国家总占据前排席位，每年抽签一次，决定本年度大会席位以哪一个字母开头，以便让各国都有排在前列的机会。国际体育比赛，如奥运会等也根据国名英文字母来排列体育代表团名称和开幕式出场顺序。东道国一般排列在最后。

（3）按通知和抵达时间的先后排列。这种排列方法多见于对团体的排次，也是国际上经常采用的一种方法。东道国对同等身份的外国代表团，有按派遣国通知代表团组成的日期先后排列、按代表团抵达活动地点的时间先后排列和按派遣方决定应邀派遣代表团参加活动的答复时间的先后排列三种排法。具体采用何种方法，东道国应在致各国的邀请函中加以说明。

在实际工作中，礼宾次序的排列常常不能按一种方法进行，而是几种方法交叉使用，并考虑包括国家之间的关系、地区所在地、活动性质与内容和对于活动的贡献大小，以及参加活动者在国际事务中的威望、资历等在内的其他因素。例如，通常把同一国家的、同一地区的、同一宗教信仰的或关系特殊的国家的代表团排在一起或排在前面。对同一级别人员，常把威望高、资历深、年龄大者排在前面。有时还需考虑业务性质、相互关系、语言交流等因素。例如，在观礼、观看演出或比赛、大型宴请时，除考虑身份、职务外，还应将业务性质对口的、语言相通的、宗教信仰一致的及风俗习惯相近的安排在一起。

（二）国旗悬挂

国旗是国家的一种标志性旗帜，也是国家尊严的象征。它通过一定的式样、色彩和图案反映一个国家的政治特色和历史传统。人们通过悬挂国旗，表示对祖国的热爱或对别国的尊重。所以，在一切正式场合遇到升国旗、奏国歌，都要肃穆致敬。

（1）日出升旗、日落降旗。在室外悬挂国旗，一般都应日出升旗、日落降旗。如果需降旗致哀，则需要先将旗升至杆顶，再下降，下降幅度约为杆长的1/3；在日落降旗时，需要先将旗升至杆顶再降下。有些国家致哀时不是降半旗，而是在国旗上方挂黑纱表示。平时升国旗一定要升至杆顶。

（2）按国际惯例，悬挂双方国旗时，"右上左下"，如图8-5a和图8-5b所示。两国国旗并挂，以旗本身的面向为准，客方国旗在右，本国国旗在左。汽车上挂旗，以汽车行进方向为准，驾驶人右手为客方，左手为主方。主客方的确定以举办活动的主人为依据，如外国代表团来访，在东道国举行的欢迎宴会上，东道国为主人，答谢宴会上则来访者是主人。

多面国旗并列，主方在最后。如果是国际会议，无主客之分，则按会议规定的礼宾顺序排列,如图 8-5c 所示。

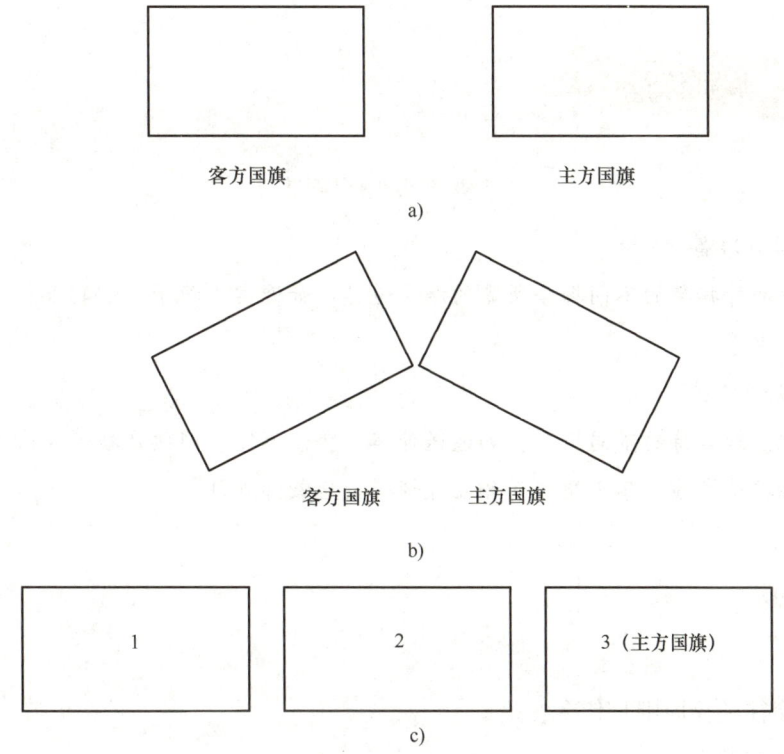

图 8-5 国旗悬挂

a) 国旗挂法之一　b) 国旗挂法之二　c) 国旗挂法之三

(3)东道国在接待来访的外国元首或政府首脑时,在贵宾下榻的宾馆和乘坐的汽车上悬挂国旗,是一种外交特权。按国际惯例,一国元首、政府首脑在他国访问期间,在其下榻处及乘坐的交通工具上悬挂来访方或双方的国旗,是一种礼遇。此外,一个国家的外交代表在接受国境内有权在其办公处和官邸及交通工具上悬挂本国国旗,这也是国际上公认的原则。

(4)国旗不能倒挂。一些国家的国旗由于图案和文字的关系,不能倒挂、竖挂和反挂。有的国家明确规定,国旗竖挂需要另制旗,将图案和文字转正。正式场合悬挂国旗,要把国旗的正面面向观众。如果把国旗挂在墙壁或帐幕上,应使用并列挂法,避免竖挂和交叉相挂。特别注意,不能悬挂破损或有污迹的国旗。

【关键概念】

国际交往礼仪原则　迎送程序　会见、会谈座位排列　签字顺序　礼宾次序

【拓展训练】

涉外接待礼仪培训

1. 道具准备

准备涉外接待的不同场合所需的演示道具：如迎宾小旗子、迎宾鲜花、会谈座椅、签字桌等。

2. 实训安排

模拟涉外接待的不同场合，如迎送外宾、会谈签字、国旗悬挂等。请学生分组进行模拟接待表演，各小组之间相互点评，最后教师点评。

【复习思考】

1. 国际交往礼仪原则是什么？
2. 简述外宾迎送礼仪。
3. 会见、会谈礼仪的座位排序方法是什么？
4. 签字仪式的会场布置有哪些常见形式？
5. 如何排定涉外宴请座位？请以图示标明。
6. 简述常见的三种礼宾次序排列方法。

第九章 我国主要客源国（地区）习俗与礼仪

【案例导读】

让客人伤感的礼物

国内某家专门接待外国游客的旅行社，有一次准备在接待来华的意大利游客时送每人一件小礼品。于是，该旅行社订购制作了一批纯丝手帕，是杭州制作的，还是名厂名产，每个手帕上都绣着花草图案，十分美观大方。手帕装在特制的纸盒内，盒上印有旅行社社徽，是一份很精致的小礼品。中国丝织品闻名于世，料想会受到客人的喜欢。

旅游接待人员带着盒装的纯丝手帕，到机场迎接来自意大利的游客。欢迎词致得热情、得体。在车上，他代表旅行社赠送给每位游客两盒包装甚好的手帕，作为礼品。没想到车上一片哗然，议论纷纷，游客显出很不高兴的样子。特别是一位夫人，大声叫喊，表现得极为气愤，还有些伤感。旅游接待人员心慌了，好心好意送人家礼物，不但得不到感谢，还出现这般景象。中国人总以为送礼人不怪，这些外国人为什么怪起来了？

【学习目标】

1. 掌握主要客源国的礼俗禁忌。
2. 熟悉主要客源国的饮食特点及社交礼仪。
3. 了解主要客源国的历史沿革、节庆习俗及宗教信仰。

第一节 亚洲国家和地区

一、韩国

韩国位于朝鲜半岛南部，北部与朝鲜接壤，东、南临日本海，西与我国山东省隔黄海相望。截至 2022 年 12 月 31 日,韩国户籍登记人口略高于 5143.9 万人。单一民族,通用语言为韩国语,50%左右国民信奉佛教或基督教。韩国现实行总统制共和政体,首都首尔,国旗为太极旗,国歌为《爱国歌》,国花为木槿花。

(一) 衔接历史

公元 1 世纪,朝鲜半岛上形成了高句丽、百济和新罗三个奴隶制国家。7 世纪新罗统一三国,进入封建制时代。10 世纪,高丽取代新罗,大力效仿唐朝体制,佛教文化更为盛行。14 世纪末,李氏王朝取代高丽,改国号为朝鲜。1897 年,李氏王朝结束,改国号为大韩帝国。1910 年起朝鲜半岛沦为日本殖民地,直到 1945 年 8 月 15 日日本投降。以"三八线"为界,1948 年 8 月 15 日,南部宣布成立大韩民国;9 月 19 日,北部宣布成立朝鲜民主主义共和国。1992 年 8 月 24 日韩国正式与中国建交,来华旅游和贸易人数猛增,成为我国旅游业在亚洲的最大客源国之一。

(二) 节庆习俗

1. 元旦

尽管韩国人过春节,但公历的元旦也有两天的法定假期以庆祝新年。一般头一天早上家人在家里吃年糕汤,下午开始去长辈家拜年或者问候。

2. 春节

韩国的春节与中国的春节一样,是一年中一家人团聚的最大节日。春节的早晨,大家穿最好的衣服举行祭祖仪式。祭祀后家庭中的晚辈向长辈拜年,并且接收长辈给的压岁钱。然后一家人围坐在一起吃年糕汤,韩国人认为吃了它就算长了一岁。下午,人们互相走亲戚串门,给亲朋好友拜年。春节期间有掷骰游戏、放风筝、抽陀螺和跷跷板等很多民俗活动。

3. 元宵节

元宵节即农历每年的第一个满月,此时农民和渔夫祈求丰收并进行特殊的游戏。正月十五的早上,一家人团聚在一起吃花生和核桃,这是因为他们相信这样可以赶走一年的酷热。自古以来,韩国人就认为月圆的晚上很神秘,特别是一年中第一个月圆的日子。当月亮升起的时候,人们会望着圆月祈祷,相信愿望能够实现,而农民也会为当年有个好收成而祈愿。

4. 端午祭

端午祭从农历四月开始,一直持续到农历五月,其深受中国文化的影响。韩国江陵端午祭,是一种历史悠久的祭祀活动,然而发展至今,它已不再是单纯的宗教性祭仪,而成了大型综合性庆典活动。端午祭期间会开展祭祀、演艺、民俗游戏等活动。

(三) 社交礼仪

在社交礼仪上,韩国男性通常采用握手作为见面礼节。在握手时讲究使用双手,或是单独使用右手;在晚辈、下属与长辈、上级握手时,后者伸出手来之后,前者须先以右手握手,随手再将自己的左手轻置于后者的右手之上。一般情况下,韩国妇女不和男子握手,以点头或是鞠躬作为常见礼仪。韩国人在称呼上多使用敬语和尊称，很少直接称呼对方的名字。

(四) 餐饮礼仪

韩国人在一般的情况下喜欢吃辣和酸，主食主要是米饭、冷面，菜肴有泡菜、烤牛肉、人参鸡等。总体来说，韩国人的菜品种不是太多，而且其中绝大多数比较清淡。一般来说，韩国男子较喜爱烧酒、清酒、啤酒等。在吃饭时，一般用筷子，为环保，韩国人常使用金属制品。与长辈吃饭时不许先动筷子，不可以用筷子对别人指指点点，用餐完毕后将筷子整齐地放在餐桌的桌面上。在吃饭时，不宜高谈阔论。在吃东西时，嘴里响声太大被视为不雅行为。到韩国人家里赴宴，宾主一般都是围坐在一张矮腿方桌周围，盘腿席地而坐。在这种情况下，切勿用手摸脚、伸直双腿或是双腿叉开，这些行为都是不允许的。

(五) 禁忌

韩国人禁忌颇多。逢年过节见面时，不能说不吉利的话，更不能生气、吵架；农历正月头三天不能倒垃圾、扫地，更不能杀鸡宰猪。寒食节忌生火；生肖相克忌婚姻，婚期忌单日；渔民吃鱼不许翻面，因忌翻船；忌到别人家里剪指甲，否则两家死后结怨；吃饭时忌戴帽子，否则终身受穷；睡觉时忌枕书，否则读书无成。

在与年长者同坐时，坐姿要端正。由于韩国传统韩屋餐桌是矮腿小桌，放在地炕上，用餐时，宾主都应席地盘腿而坐。若是在长辈面前应跪坐在自己的脚底板上，无论是谁，绝对不能把双腿伸直或叉开，否则会被认为是不懂礼貌或侮辱人。未征得同意前，不能在上级、长辈面前抽烟，不能向其借火或接火。进入家庭住宅或韩式饭店应脱鞋。在大街上吃东西、在人面前擤鼻涕，都被认为是粗鲁的。

【知识拓展】

寒食节的由来

寒食是自冬至起第 105 天，通常在阳历 4 月 5 日前后。"清明时节雨纷纷，路上行人欲断魂。"清明节是中国人祭奠祖先、缅怀先烈的传统节日。在韩国，人们会在寒食节那一天扫墓祭祖。寒食节虽然是从中国传到韩国的，却受到了韩国人的重视，与春节、端午和中秋并称为韩国的四大传统节日。韩国人将这一天作为拜祭祖先、追思先人的日子。

相传寒食节起源于中国春秋时期。晋文公为逼贤臣介子推出山辅佐社稷，下令举火烧山。大火三天方熄，介子推母子被烧死在山中。悔恨不已的晋文公为悼念他，下令这一天全国禁烟火、吃寒食，寒食节由此而得名。关于寒食节的由来，在韩国还流传着另一种说法。在原始社会中，人们认为一切事物都有生命，并且会随时间而消逝，火也是如此。因此每年要止息一次，再重新燃起新火，这一活动称为"改火"。在改火之时，各家都只能吃生冷的食物，这便被认为是寒食节的起源。

二、越南

越南，全称为越南社会主义共和国，是亚洲的一个社会主义国家，位于东南亚的中南半岛东部，北与中国广西、云南接壤，西与老挝、柬埔寨交界，国土狭长，面积约33万km^2，紧邻中国南海，海岸线长3260多km，人口1.03亿人（2023年统计），有54个民族，京族占总人口的86%。

（一）衔接历史

历史上，越南中北部长期为中国领土，968年正式脱离中国独立建国，之后越南历经多个封建王朝并不断向南扩张，但历朝历代均为中国的藩属国。19世纪中叶后逐渐沦为法国的殖民地。越南人经过抗法、抗日的长期艰苦斗争，于1945年8月取得"八月革命"胜利，日本法西斯被逐出越南，阮朝末代皇帝保大帝也宣布退位。1945年9月2日，胡志明领导的越盟（即后来的越南共产党）在越南北方的河内宣布独立，胡志明发表《独立宣言》，宣布越南民主共和国成立，1976年改名越南社会主义共和国，1986年开始施行革新开放，2001年越共九大确定建立社会主义市场经济体制。越南共产党是该国唯一合法的执政党。越南是东南亚国家联盟成员之一。中越两国于1950年1月18日建交。

（二）节庆习俗

1. 春节

越南春节是农历除夕到正月初三。与中国一样，农历新年是越南最盛大的传统节日，时间大多在每年的1月至2月。越南人民会供奉列祖列宗、守岁、放爆竹等，还会在大年初一逛寺庙求吉利。春节前夕，在外地的游子会不远万里赶回家，所以也有类似中国一样的"回乡潮"。

2. 解放日

4月30日是越南官方假日，是为了纪念越共在越南战争中获得胜利，解放南越和西贡的日子，称"解放日"。每年胡志明市都会举行活动庆祝这个重要日子，军队、教徒、学生、退伍老兵会举着胡志明的照片在街上游行。有时还会在这一天举办各种商贸旅游活动,来促进经济和文化的交流和发展。

3. 端午节

越南的端午节是从中国传过去的,但许多人不知道"屈原"。他们会在当天喝雄黄酒、吃粽子,还会给孩子戴上五色丝线。这五色丝线要在夏季的第一场大雨或是第一次洗澡时,扔到河里,以此求得平安健康。

4. 中秋节

越南人也在农历八月十五过中秋节,不同的是,越南的中秋节是以孩子和花灯为主。大人们在这一天会为孩子们准备各种零食和礼物,与孩子们一同过节,而孩子们则爱提着灯笼四处嬉闹,但都少不了边赏月边吃月饼。近年来,越来越多的年轻人在这天结伴出游,因此中秋也逐渐成为年轻人的节日。

(三) 社交礼仪

越南人很讲究礼节,见了面要打招呼问好,或点头致意。越南人在打招呼时,对长辈称大爹、大妈或伯伯、叔叔,对平辈称兄、姐,对儿童称小弟、小妹。越南人在见面时,通行握手礼,一般不采用拥抱、接吻等方式;一些少数民族如苗族、瑶族行抱拳作揖礼;信仰小乘佛教的民族(如高棉族)多行合十礼(双手合十齐唇或齐额为宜,过头则是拜鬼)。越南人见面说话要先称呼对方,尤其对长辈更应如此,否则会被认为没有礼貌;做客时用水、用烟或用饭前要先说一句"您先请",以示礼貌。越南人说话声音较小,温文尔雅,很少大喊大叫。

(四) 餐饮礼仪

越南人偏好吃植物食粮,以大米为主,喜欢吃糯米,会用大米、糯米来制作各种可口的食品,同时也吃一些杂粮,如红薯、白薯、玉米等。越南的普通餐具为中式碗、筷子、盘、勺子等。

越南是一个海岸线长的国家,河流、湖泊、水塘也很多,所以鱼在越南人的生活中占有很重要的位置。喜欢吃生菜,是越南饮食文化的一大特色。越南人生吃青菜比较讲究,生吃的青菜主要有洗净的空心菜、生菜、绿豆芽,此外还有香菜、薄荷、黄瓜等,生吃的青菜要蘸佐料,佐料主要是鱼露加一些鲜柠檬汁和白糖。

(五) 禁忌

越南人忌讳三个人合影,不能用一根火柴或打火机连续给三个人点烟,不愿让人摸头顶,席地而坐时不能把脚对着人。

此外,在越南,不同民族之间的风俗也有区别。例如,京族人不喜欢别人用手拍背或用手指着人呼喊。外人到他们家时,不能从坐卧的人身上跨过去,不能睡在妇女的房门口和经常来往的过道上,不准进入主人的内房。有些少数民族住竹木高脚屋,习惯在楼上席楼坐卧；进屋要脱鞋，否则认为是看不起主人。在少数民族地区也有敬老的习惯，如傣族、佬族家中有一条凳子专供老人坐，青年人和外人不准坐。

南部越南人认为左手不洁，因此与之交往时不要用左手行礼、进食、送物和接物。

三、日本

日本是位于太平洋西岸的岛国，西隔东海、黄海、朝鲜海峡和日本海，与中国、朝鲜、韩国和俄罗斯相望，人口约1亿2443万人（2023年8月统计），主要民族为大和族，北海道地区约有1.3万阿伊努族人。日本通用日语，北海道地区有少量人会阿伊努语，主要宗教为神道教和佛教，现实行君主立宪政体，首都东京。日本国旗为日章旗，也称太阳旗，国歌为《君之代》，国花为樱花。日本属于发达国家，科学研发能力居世界前列。

（一）衔接历史

中国和日本是一衣带水的邻邦。在日本的历史中，既有始于几千年前的中日友好往来的历史，也有经历战争的一页。公元4世纪中叶，日本出现统一的国家——大和国。5世纪初，大和国发展到鼎盛时期，势力曾扩大到朝鲜半岛南部。公元645年，日本发生大化革新，仿照唐朝律令制度，建立起天皇为绝对君主的中央集权国家体制。12世纪末，日本进入由武士阶层掌握实权的军事封建国家，史称"幕府"时期。19世纪中叶，英国、美国、俄国等国家迫使日本签订许多不平等条约，民族矛盾和社会矛盾激化，实行封建锁国政策的德川幕府统治动摇，具有资本主义改革思想的地方实力派萨摩和长州两藩，在"尊王攘夷""富国强兵"的口号下倒幕。1868年，革新派实行"明治维新"，废除封建割据的幕藩体制，建立统一的中央集权国家，恢复天皇统治。明治维新后，日本资本主义发展迅速，逐步走上对外侵略扩张的道路。1894年，日本发动甲午战争；1904年，日本挑起日俄战争；1910年，日本侵吞朝鲜。1926年，裕仁天皇登基，日本进入昭和时代。日本在第二次世界大战中战败，1945年8月15日宣布无条件投降。第二次世界大战战后初期，美军对日本实行单独占领。1947年5月实施新宪法，由绝对天皇制国家变为以天皇为国家象征的议会内阁制国家。20世纪60年代末，日本成为仅次于美国的资本主义第二经济大国。1972年9月29日，日本同我国建交。

（二）节庆习俗

1. 除夕日

日本把每年的12月31日称为"大晦日"，也就是除夕日。按照日本的风俗，除夕前要大扫除，并在门口挂草绳，插上橘子（称"注连绳"），门前摆放松、竹、梅（称"门松"，现已改用画片代替），取意吉利；除夕晚上全家团聚吃过年面，半夜听"除夕钟声"守岁；元旦早上吃年糕汤（称"杂煮"）。

2. 成人节

成人节在1月第二个星期一，是庆祝年满20岁的青年男女成人自立的节日，从此便有了参政权,并被允许饮酒。在成人节这一大,男青年穿西装,女青年穿和服,参加当地举行的成人庆祝活动。

3. 偶人节

偶人节在3月3日,又称桃花节或雏祭典,是女孩子的节日。家中有女儿者均于当天陈饰雏人形(小偶人),供奉菱形年糕、桃花,以示祝贺并祈求女儿幸福健康。

4. 男孩节

男孩节在5月5日,是特别为男孩设立的节日,用意在祈祷其健康成长和将来事业成功,有插鲤鱼旗、着武士服装的玩偶,以及吃粽子、柏饼等习俗。

5. 七五三节

11月15日是祝福孩子健康成长的节日。凡在这一年满3岁或5岁的男孩子,满3岁或7岁的女孩子都要在这一天举行庆祝活动。孩子们穿上漂亮的和服到神社去参拜。之所以将这一天定为3、5、7岁年龄孩子的节日,是因为日本人认为奇数是吉利的数字,故特意选择这三个年龄,以求吉祥。

(三) 社交礼仪

日本人在待人接物以及日常生活中十分讲究礼貌、注重礼节。在社会交往中,日本人见面多以鞠躬为礼。一般人们相互之间行30°和45°的鞠躬礼,鞠躬弯腰的深浅不同,表示的含义也不同,弯腰最低、最有礼貌的鞠躬称为"最敬礼"。男性在鞠躬时,两手自然下垂放在衣裤两侧;对对方表示恭敬时,多以左手搭在右手上,放在身前行鞠躬礼,女性尤其如此。在行见面礼时,日本人讲究必须同时态度谦虚地问候交往对象,常用的见面礼节话有"您好""拜托了""初次见面请多关照"等。

在与日本人初次见面时,通常都要互换名片,否则即被理解为不愿与对方交往。因而有人将日本人的见面礼节归纳为"鞠躬成自然,见面递名片"。在一般情况下,日本人外出时身上往往会带上好几种印有自己不同头衔的名片,以便在交换名片时可以因人而异。

(四) 餐饮礼仪

日本人最喜欢吃鱼类食品,蒸、煮、煎、炸、烤、汤、生、熟皆宜。日本有特色的食物包括刺身(生鱼片)、拉面、天妇罗(油炸食物)等。在吃刺身和天妇罗时,享用食物的顺序是从颜色浅、味道淡的食物到颜色深、味道重的食物。这样味觉才不会被打乱,能够充分享受到每一种食物的鲜味。

日料的餐具主要有筷子、茶杯、饭碗、汤碗这四种。摆放方法是左边摆放饭碗,右边摆放汤碗,筷子要横向摆放在筷架上。当主人斟酒时,要站立,右手拿杯,左手握在杯子底部以示恭敬,并且要及时给主人斟酒,以示回应。当喝了第一杯酒之后,第二杯酒不能再喝时,就要婉言谢绝,但要等到所有人都把酒杯倒置时,再把酒杯倒放,才算不失礼。

(五) 禁忌

日本人不喜欢紫色,认为紫色是悲伤的色调;最忌讳绿色,认为绿色是不祥之色。日人忌讳3人一起"合影",他们认为中间被左右两人夹着,是不幸的预兆。日本人忌讳荷花,认为荷花是丧花;在探望病人时忌送盆栽花,也忌提到4、6、9等。日本人不愿接受有菊花或菊花图案的东西或礼物,因为它是皇室家族的标志。日本人喜欢的图案是松、竹、梅、鸭子、乌龟等,忌饰有狐狸和猫图案的物品。

日本人有不少语音忌讳,如"苦"和"死",就连谐音的一些词语也在忌讳之列,如数词"4"的发音与死相同,"42"的发音是死的动词形,所以医院一般没有编号为4和42的房间和病床,用户的电话也忌讳用"42",监狱一般没有4号囚室。"13"也是日本人忌讳的数字,许多宾馆没有"13"楼层和"13"号房间。

日本人送礼,喜欢送成双成对的礼物,如一对笔、两瓶酒很受欢迎,但送新婚夫妇红包时,忌讳送2万日元和2的倍数。日本民间认为"2"这个数字容易导致夫妻感情破裂,一般送3万、5万或7万日元。礼品包装纸的颜色也有讲究,在日本黑白色代表丧事,绿色为不祥,也不宜用红色包装纸,最好用花色纸包装礼品。

四、蒙古

鄂嫩河上游原有座蒙山,附近有蒙河,生息在这一带的部落即称"蒙古"。蒙古全国平均海拔1580m,是一个内陆国,东、南、西三面与我国为邻,北面与俄罗斯接壤。蒙古全国面积156.65万km^2,人口345.8万人(2023年12月统计),主要是喀尔喀蒙古人,约占全国总人口的80%,还有少数的哈萨克等少数民族。

蒙古全国分为18个省和3个直辖市,省、市以下设县(区),首都乌兰巴托,货币为"图格里克",官方语言为喀尔喀蒙古语。1924年11月26日,正式成立"蒙古人民共和国"。1992年2月12日正式决定改"蒙古人民共和国"国名为"蒙古国"。

(一)衔接历史

1618年(明神宗万历四十六年),后金首领努尔哈赤起兵反明。1626年,努尔哈赤亲率大军,征大蒙古国察哈尔部。努尔哈赤死后其子孙于崇德元年(1636年)建立大清帝国,并最终消灭南明,征服全中国。其间塞外的蒙古诸部有的与清朝统治者联盟、联姻,如科尔沁部;有的则被清朝征服,如喀尔喀部、和硕特部、卫拉特部、察哈尔部、准噶尔部。最终,当时整个东亚地区的蒙古部落隶属于清朝的统治下。1911年,中国辛亥革命之后,蒙古诸部中有亲俄罗斯帝国的,有主张独立运动的,也有主张继续留在中华民国之内的。几经反复,最终一部分在1944年并入苏联,一部分建立蒙古国,一部分成为中国的内蒙古。

1921年,蒙古人民革命党在苏联红军的帮助下建立"人民革命政权",1924年宣布废除君主立宪制,成立蒙古人民共和国,定都库伦,改城名为乌兰巴托。1937年,在霍尔洛·乔巴山的领导下,蒙古爆发了大镇压,党和政府、军队、僧人当中有两万到三万人被杀。1961年，蒙古人民共和国成为联合国成员国。苏联解体以后，蒙古国于1992年2月12日放弃社会主义，推行多党制和总统制民主，实行议会制。新宪法当日生效，国名改称为"蒙古国"。

（二）节庆习俗

1. 白月节

白月节（白节），蒙历新年，蒙古语为查干萨尔，日期与中国藏历年相同，节日习俗和汉族的春节相似，是蒙古国民间最隆重的节日。1988年12月，蒙古大人民呼拉尔主席团决定，白月为全民节日。

2. 国庆节

蒙古国国庆节为7月11日。1921年7月10日，蒙古人民党在库伦（今乌兰巴托）成立君主立宪政府，后将7月11日定为国庆日。1922年起，蒙古定期在每年7月11日举行全国性那达慕，成为国庆活动的一个主要组成部分。1997年6月13日，蒙古国庆中央委员会第三次会议决定将蒙古国庆易名为"国庆节—那达慕"。

（三）社交礼仪

蒙古人在社交场合与宾客相见时，一般施握手礼，但献哈达要属蒙古民族最正统的礼节方式了。尤其是在迎接贵宾时，献哈达是蒙古民间的一种传统礼仪。不过，蒙古国人敬献的哈达不同于中国一些民族的白色哈达，而是由丝绸制成的天蓝色哈达。他们在献哈达的同时，还要向客人献上一碗鲜奶，以表达他们对嘉宾的深深敬意。他们相互见面一般都不施脱帽礼，请让客人只以右手示意，即施请安礼。如果人在马上要先下马，坐在车上要先下车，以表示对对方的尊敬。请安的时候，男子要单屈右膝，右臂自然下垂；女子施礼则要双膝弯曲。蒙古人亲属相见时，一般要施亲吻礼，晚辈出远门或归来，长辈也要吻晚辈的前额，以示祝福。

（四）餐饮礼仪

蒙古人最爱吃肉和奶类食品，尤以羊肉食用最为普遍。手扒肉、烤全羊、石烤肉等都是他们经常食用的民族传统佳肴。他们用餐习惯用手抓饭，偶尔也用刀叉。他们吃肉乐于把整块肉下锅煮，待六成熟时捞出，然后用手撕或以小刀切着吃。蒙古人在饮食上不吃虾、蟹、海味及"三鸟"（鸡、鸭、鹅）的内脏，也忌讳吃鱼，因为有些地区的蒙古人视鱼为神的化身。他们不爱吃糖和带辣味的调味品；不爱吃带汁的、油炸的菜肴，不太爱吃米、面食品和青菜；他们还不爱吃猪肉及糖醋类菜肴。

（五）禁忌

蒙古人忌讳别人用烟袋或手指点他们的头部，认为这是一种极不礼貌的举止；忌讳生人依坐在他们的蒙古包上，认为这种举止有失礼貌。蒙古的伊斯兰教徒禁食猪肉，也忌讳谈论有关猪的问题。

五、马来西亚

马来西亚，简称大马，首都吉隆坡，是位于东南亚的一个国家，地处太平洋和印度洋之间，全境被中国南海分成东马来西亚和西马来西亚两部分。马来西亚人口 3300 万人（2023 年统计），其中马来人 70%，华人 22.7%，印度人 6.6%，其他种族 0.7%；马来语为国语，通用英语，华语使用较广泛；伊斯兰教为国教，其他宗教有佛教、印度教和基督教等；国歌为《我的祖国》，国花为朱槿（又称大红花、扶桑）；国鸟是马来犀鸟。马来西亚也是东南亚国家联盟的创始国之一。马来西亚是一个自然和农业资源的出口国，石油是其中一项重要出口物资，并拥有相对开放的新兴工业化市场经济。旅游业已成为马来西亚的重要外汇收入来源，知识经济服务也在同步扩张。

（一）衔接历史

公元初马来半岛建立了羯荼、狼牙修等古国。15 世纪初以马六甲为中心的满刺加王国统一了马来半岛的大部分，并发展成当时东南亚主要国际贸易中心，16 世纪起先后遭到葡萄牙、荷兰和英国侵略，1911 年沦为英国殖民地。沙捞越、沙巴历史上属文莱，1888 年两地沦为英国保护国。第二次世界大战期间，马来半岛、沙捞越、沙巴被日本占领。第二次世界大战战后英国恢复其殖民统治。1957 年 8 月 31 日，马来亚联合邦在英联邦内独立。1963 年 9 月 16 日，马来亚联合邦和新加坡、沙捞越、沙巴合并组成马来西亚（1965 年 8 月 9 日新加坡宣布退出）。

（二）节庆习俗

1. 开斋节

马来人新年是全国最重要的节日。每逢伊斯兰教历 9 月，全国穆斯林都要实行白天斋戒禁食，9 月封斋后的第 29 天黄昏时，如果望见新月，第二天就过开斋节，否则就推迟一天。节日前夕穆斯林要进行慈善捐赠活动。节日清晨，穆斯林们在教堂举行隆重的祷告仪式，之后互相祝贺。节日里，人们从四面八方赶回家里，同亲人团聚，亲朋好友互相拜访祝贺佳节。

2. 春节

农历正月初一是华人新年，节日的风俗和中国的春节大致相同。这一天是全国公共假日，到处张灯结彩、敲锣打鼓，华人们相互登门，互道"恭喜发财"，其他人士也登门祝贺。这一天华人还举行团拜，玩龙舞狮，以驱邪逐妖，迎接新的吉祥年。

3. 花卉节

花卉节在每年 7 月，历时一周。届时，吉隆坡将成为美丽的花园城市，全市到处百花争艳。各公园、酒店也纷纷配合举行形形色色的活动，如寻花赛、花展等。购物中心则用鲜花将门面点缀得花枝招展、引人注目。花卉周的高潮是一项千姿百态、百花齐放的大规模花车游行,每年都吸引大批国内外游客前来观光。

4. 屠妖节

屠妖节是印度人的新年,每年10月至11月,在月圆后的第15天看不见月亮的日子举行。清晨,印度教徒在沐浴后,全身涂上姜油,穿上新衣,阖家老小用鲜花祭神。印度庙里挤满了善男信女,妇女们供上槟榔叶、槟榔、香蕉和鲜花,向神顶礼膜拜,祈求幸福。节日里,家家户户香烟缭绕、灯火通明,所以又叫"光明节"。

5. 圣诞节

马来西亚的基督教教徒,同世界各地的教徒一样在每年的12月25日虔诚地庆祝佳节。圣诞前夕,各教堂举行夜弥撒,而各购物中心、酒店、老人院与孤儿院等处处可闻圣诞乐曲飞扬。无论是基督教教徒还是非基督教教徒都沉醉在圣诞的气氛中,大家携手同欢。

6. 圣纪节

圣纪节(伊斯兰教历3月12日)是穆罕默德诞辰日,是伊斯兰教教徒的节日。每年这一天吉隆坡数十万伊斯兰教教徒在最高元首的率领下,前往清真寺举行隆重的祷告仪式,然后举行盛大的游行庆祝活动。

(三) 社交礼仪

马来西亚不同民族采用不同的见面礼节。马来人的常规做法是向对方轻轻点头,以示尊重。马来西亚人也有自己的问好方式,这种方式叫作"Salam",即见面的一方上手合掌,但并不握紧,双手互触后再指向自己的胸口,这样做的意义是表示衷心的欢迎,接收的一方以同样的礼仪来回应。

有些信奉伊斯兰教的马来西亚妇女不喜欢有肢体接触,特别是在见到陌生男人时,只会用点头或微笑来表示友好。因此,男性旅游从业人员不要主动与马来西亚妇女握手,只有在女方先伸手的情况下,男方才能握手回礼。马来西亚的华人与印度人同外人见面时,则大多以握手作为见面礼节。

(四) 餐饮礼仪

马来西亚以伊斯兰教为国教,饮食习俗禁酒,喜欢饮用椰子水、红茶、咖啡等。马来西亚的穆斯林不吃猪肉,不吃自死之物和血液,不食用一切猪制品,通常吃米饭,喜食牛肉,极爱吃咖喱牛肉饭,并且爱吃具有其民族风味的"沙爹"烤肉串。

马来西亚的印度人不吃牛肉,但是吃羊肉、猪肉和家禽肉。马来人十分好客,他们认为:客人在主人家里若不吃不喝,等于不尊敬主人。马来西亚人平常用餐时只用右手抓食食物,左手被视为"不洁之手",禁用其取食食物或饮料,只有在十分正规的宴请中,才以刀叉进餐。

(五) 禁忌

马来西亚人非常讨厌别人用右手食指指向自己,或指向其他的东西,甚至是指路都不能使用右手的食指。如果不希望惹怒马来西亚人,游客一定要记得,用右手的拇指指向自己想要的方向,并且另外4个手指要紧握。

对女士不可先伸出手要求握手。对婴儿不要使用"fat"(胖)这个字眼。马来人不喜欢0、4、13这3个数字。头被认为是神圣的部位,不可触摸他们的头部,否则会引起不愉快。

在和伊斯兰教教徒共餐时,不要劝酒,要回避宗教信仰的忌讳。马来西亚的马来人不禁止一夫多妻,所以不要随便闲谈他人的家务事。对年长者不能直呼"你",而要称"先生""夫人"或"女士"。

六、菲律宾

菲律宾位于亚洲东南部,北隔巴士海峡与中国台湾省遥遥相对,南和西南隔苏拉威西海、巴拉巴克海峡与印度尼西亚、马来西亚相望,西濒中国南海,东临太平洋,总面积为29.97万 km^2,共有大小岛屿7000多个,其中吕宋岛、棉兰老岛、萨马岛等11个主要岛屿占菲律宾总面积的96%。菲律宾海岸线长约18533km。人口约1.1亿人(2022年统计)。马来族占全国人口的85%以上,包括他加禄人、伊洛人、邦邦牙人、维萨亚人和比科尔人等;少数民族及外来后裔有华人、阿拉伯人、印度人、西班牙人和美国人;还有为数不多的原住民。菲律宾有70多种语言,国语是以他加禄语为基础的菲律宾语,英语为官方语言;国民约85%信奉天主教,4.9%信奉伊斯兰教,少数人信奉独立教和基督教新教,华人多信奉佛教,原住民多信奉原始宗教。

(一)衔接历史

根据中国史籍记载,早在10世纪以前,菲律宾民都洛岛就出现一个麻逸国。成书于13世纪的《诸蕃志》有麻逸国奴隶殉葬的记载。15世纪末16世纪初,欧洲海上强国葡萄牙和西班牙的冒险家纷纷探寻到东方的新航路。1521年,麦哲伦首次航行到达菲律宾的萨马岛。1565年,黎牙实比率军占领菲律宾宿务岛。西班牙殖民者以优势兵力,利用当时菲律宾尚未统一的机会,于1571年占领马尼拉,此后相继侵占菲律宾大部分土地,建立殖民统治。1898年4月,美西战争爆发。5月,阿奎纳多乘美国军舰返菲重新领导菲律宾革命,6月宣告独立。在起义军打击下,西班牙殖民政权土崩瓦解。1902年,美国国会通过《菲律宾法案》,宣布结束军事统治,在菲律宾建立以美国人为主的文官政府。1935年,菲律宾自治政府成立,奎松当选为总统。1941年12月7日,太平洋战争爆发。1942年3月29日,建立菲律宾共产党领导的菲律宾人民抗日军,广大华侨也积极参加抗日斗争。1942年5月,驻菲美军先后投降,日本军国主义侵占整个菲律宾,自治政府官员流亡美国。1945年1月,美军在人民抗日武装配合下重返菲律宾。同年8月15日,日本无条件投降,17日伪政府宣布解散。1946年7月4日,美国宣布给予菲律宾独立,同时,两国签订"总关系条约"和"贸易协定"(又称"贝尔协定"),美国保持在菲律宾的经济和政治方面享有特权地位。

1975 年，菲律宾与中国建立外交关系。

（二）节庆习俗

1. 新年除夕

12 月 31 日至 1 月 1 日，菲律宾全国各地的城市街道上到处燃放烟火、洋溢着热闹欢乐的气氛。新年除夕与家人团聚是菲律宾的传统习惯。饭店里举行的新年舞会，有现场的乐队演奏。一月份的第一个星期天，相当于我国的春节。市民汇集于各区教堂，充满着虔诚和期望，参加新年的第一个弥撒。郊区的村民穿上华丽的衣服，戴上美丽的帽子，牵着孩子兴高采烈地在村中巡游。

2. 黑面拿撒勒耶稣节

黑面拿撒勒耶稣节在每年的 1 月 9 日举行。这天在首都马尼拉的奇亚波区举行盛大庆典。庆典最精彩的部分在接近中午时分进行，参加仪式的男士们赤着脚，争先恐后去触摸黑耶稣像。

3. 复活节

复活节在每年 3 月 29 日举行。这个菲律宾一年一度纪念耶稣复活的节日，最富特色的活动是自我鞭笞赎罪和钉十字架。这一天，数以千计的戴头兜的忏悔者在大街小巷、在乡间泥路上蜿蜒而行，其中许多人用嵌着碎玻璃的竹棒边走边抽打自己的背，为自己的"罪孽赎罪"，并祈求上帝保佑。

4. 五月花节

五月花节在 5 月的最后一个星期日举行。节日那天，小女孩们手捧花束献给圣母玛利亚，举行圣母像大游行，未婚的少女们穿上白色、缀满鲜花的长袍，跟随在圣母像之后。

（三）社交礼仪

菲律宾部分人，由于受西方社会的影响，盛行女士优先的风气。他们无论做什么事，一般都习惯对女士给予特殊的关照。菲律宾人在社交场合与客人相见时，无论男女都习惯以握手为礼。在与熟人或亲朋好友相见时，一般都很随便，有的男女之间相逢时，常以拍肩膀示礼。年轻人与长辈相见时，则要吻长辈的手背，以示对老人的敬重；年轻姑娘见长辈时，则要吻长辈的两颊为礼；晚辈遇见长辈时，说话前要把头巾摘下放在肩上，深深鞠躬，并称呼男性长辈为"博"（意为大爷）。

（四）餐饮礼仪

菲律宾人主食以米饭为主，副食为肉、蛋、禽、海鲜、蔬菜等，烹调趋向于清淡。但用餐时，绝大多数人却习惯于在菜肴里多放调味品，尤其是那些香辣的调味品。在日常生活之中，菲律宾人不分男女老幼，都十分爱喝啤酒，不少人爱嚼甘蔗、槟榔，伊戈罗人平时还喜欢咀嚼烟叶。许多菲律宾人习惯用叉和匙并用进食，广大乡村依旧习惯用右手抓食食物。在宴请活动中邀请方务必要多次进行邀请，以示诚意；在主人第一次敬酒或为客人上菜时，客人务必表示谦让,客人不要在主人落座前就座。

(五) 禁忌

菲律宾人忌讳别人用手摸头部和背部,认为触摸头部是对他们的不尊重,触摸背部会带来噩运;茶色和红色属禁忌之色;认为左手是肮脏、下贱之手,应避免使用左手;登门拜访和探望时,忌进门时脚踏门槛;与菲律宾当地人交谈时要避免涉及其国内政治纷争、宗教、菲律宾近代史等话题;菲律宾人认为,"13"这一数字是厄运、灾难的象征。

七、新加坡

新加坡是东南亚的一个热带城市国家。该国位于马来半岛南端,其南面有新加坡海峡与印度尼西亚相隔,北面有柔佛海峡与马来西亚相望,并有两条长堤相连于新马之间。新加坡人口有564万人(2022年统计),其中华人占74%左右,其余为马来人、印度人和其他种族。马来语是其国语,主要宗教为佛教、伊斯兰教、基督教和印度教。新加坡是全球较富裕的国家之一,属于新兴的发达国家,其经济模式被称作"国家资本主义",并以稳定的政局、廉洁高效的政府而著称。新加坡是亚洲重要的金融、服务和航运中心之一。新加坡在城市保洁方面成绩斐然,故有"花园城市"之美称。

(一) 衔接历史

新加坡古称淡马锡,8世纪建国,属室利佛逝王朝,公元18世纪至19世纪初为马来柔佛王国的一部分。1819年,英国人史丹福·莱佛士抵新,与柔佛苏丹订约设立贸易站。1824年,新加坡沦为英国殖民地,成为英国在远东的转口贸易商埠和在东南亚的主要军事基地。1942年,新加坡被日军占领,1945年日本投降后,英国恢复其殖民统治,次年划为直属殖民地。1959年6月,新加坡实行内部自治,成为自治邦,英国保留国防、外交、修改宪法、颁布"紧急法令"等权力。1963年9月16日,新加坡并入马来西亚。1965年8月9日,新加坡脱离马来西亚,成立新加坡共和国,同年9月成为联合国成员国,10月加入英联邦。

(二) 节庆习俗

1. 春节

新加坡华人都保留着中华民族过春节的习俗,中国农历腊月二十四,华人开始过春节,当日俗称"小除夕"("小年"),最重要的风俗是送灶神,腊月三十是"除夕",开始连续几天的过春节("大年")。

2. 开斋节

遵照穆斯林的传统伊斯兰教历9月为斋月,新加坡的马来人会在这个月白天不进食,晚上才可吃东西。伊斯兰教历9月封斋后的第29天黄昏时,如果望见新月,第二天就过开斋节,否则就推迟一天。当天,男女老少,沐浴更衣,探亲访友,举行隆重的庆祝活动,一派喜气洋洋,就像华人过新年一样。

3. 点灯节

大约公历 10 月下旬或 11 月初，是新加坡印度人的点灯节。届时家家户户在房屋周围点上蜡烛、油灯，迎接守护神和幸运女神。

4. 踏火节

踏火节是印度教的盛大节日。印度教徒通过庆祝踏火节向马里安曼神表示敬意，也是为了纪念一位名叫德劳巴迪的英雄。传说德劳巴迪在一场战争中被敌人俘虏，因为走过火坑而未受到任何伤害。

5. 哈芝节

新加坡伊斯兰教教徒一生有五大责任，其中之一是到麦加朝圣。哈芝节是庆祝教徒结束朝圣的节日。上午 8 时左右，伊斯兰教教徒在教堂集合祈祷，然后按宗教仪式宰杀祭品，把祭肉分赠给贫苦大众。

除此之外，新加坡还有圣诞节、大宝森节、食品节等节庆。

（三）社交礼仪

新加坡人举止文明，在社交场合与客人相见时，一般都施握手礼。男女之间可以握手，但对男子来说，比较恰当的方式是等妇女先伸出手来，再行握手。马来人则是先用双手互相接触，再把手收回放到自己胸部。

当地工商界人士多讲英语，见面时要交换名片，名片可以用英文印刷。在会谈中尽可能不要吸烟。新加坡人不喜欢挥霍浪费，宴请对方不要过于讲排场，尤其是在商务活动中，答谢宴会不宜超过主人宴请的水平。

新加坡的华人讲求孝道，如有老人行将去世，其子孙必须回家中守在床前。丧礼一般都很隆重。

（四）餐饮礼仪

新加坡人的主食多是米饭，有时也吃包子等，但不喜食馒头。马来人用餐遵从伊斯兰教礼仪，一般用手抓取食物，他们在用餐前有洗手的习惯，进餐时必须使用右手。饮茶是当地人的普遍爱好。客人来时，他们常以茶水招待。华人喜欢饮元宝茶，意为财运亨通。

（五）禁忌

新加坡人视黑色为倒霉、厄运之色，紫色也不受欢迎，偏爱红色。伊斯兰教教徒忌讳猪和猪制品，还忌讳酒。印度教徒视牛为圣牛，所以不吃牛肉，但喝牛奶。

新加坡人新年期间不扫地、不洗头，否则好运会被扫掉、洗掉；不要打破屋里的东西，尤其是不要打破镜子；认为"4""6""7""13""37"和"69"是消极的数字，最讨厌"7"。在与新加坡人交往时，应尽量避免提及"7"。

八、印度

印度共和国是南亚次大陆最大的国家，东北部同中国、尼泊尔、不丹接壤，孟加拉国夹在东北国土之间，东部与缅甸为邻，东南部与斯里兰卡隔海相望，西北部与巴基斯坦交界；东临孟加拉湾，西濒阿拉伯海，海岸线长 5560km。印度国土面积约 298 万 km^2（不包括中印边境印占区和克什米尔印度实际控制区等），居世界第 7 位。印度有 100 多个民族，其中印度斯坦族约占总人口的 46.3%，其他较大的民族包括马拉提族、孟加拉族、比哈尔族、泰卢固族、泰米尔族等。世界各大宗教在印度都有信徒，其中印度教教徒和穆斯林分别占人口的 80.5% 和 13.4%。印度官方语言为印地语和英语。

（一）衔接历史

公元前 6 世纪末期，波斯皇帝大流士一世征服了印度西北部地区。亚历山大撤出印度之后不久，被称为月护王的旃陀罗笈多推翻了摩揭陀的难陀王室。旃陀罗笈多建立起印度历史上第一个帝国式政权孔雀王朝。孔雀王朝在阿育王时期到达巅峰。公元 320—540 年贵霜帝国在强盛了若干世纪之后分裂为一些小的政治力量。取代他们在北印度的优势地位的是旃陀罗笈多一世建立的笈多王朝。笈多王朝是孔雀王朝之后印度的第一个强大王朝，也是由印度人建立的最后一个帝国政权，常常被认为是印度古典文化的黄金时期。1739 年，波斯国王纳迪尔沙阿对印度进行了一次可怕的入侵，焚掠德里，并割走了印度河以西的所有印度领土。由于殖民者的种种不利政策，1857 年爆发了著名的印度民族大起义。1857 年，印度起义带来了重大的政治后果。英国政府认识到其印度政策存在严重弊端，开始进行重大调整。1858 年，通过的《改善印度管理法》取消了东印度公司，由印度事务大臣接管其全部职权；并成立以印度总督为首的印度政府。1947 年，英国提出"蒙巴顿方案"。根据该方案，巴基斯坦和印度两个自治领分别于 1947 年 8 月 14 日和 8 月 15 日成立，英国在印度的统治宣告结束。

（二）节庆习俗

1. 洒红节

公历 2、3 月间，是印度教节日，也是全国性的大节日。此节源于印度史诗《摩诃婆罗多》，大致在公历 3 月。它在印度的地位仅次于排灯节。这个节日一过印度的天气就变得炎热起来，所以它是印度的春节，又称霍利节，是印度最古老的节日之一，代表着色彩单调的冬天终于结束，并预示着春天土地的丰饶。

2. 排灯节

印度的排灯节每年在气候宜人的 10 至 11 月间庆祝，即印历 8 月见不到月亮之后的第 15 天。这时候使人窒息的盛暑消退，一年中最宜人的季节就要来临。商人们都习惯在这天更换新账本，以求开市大吉、财源茂盛。因此，一些印度人把排灯节说成是他们的新年。排灯节庆祝活动长达半个月之久。

3. 十胜节

十胜节是印度教节日，也是全国性的重大节日。根据印度历法，十胜节是从颇湿缚庾阁月的第一天开始,一连庆祝10天,一般是在公历9、10月间。十胜节来源于史诗《罗摩衍那》,具有几千年的传统。该节日是庆祝印度教教徒心目中的英雄罗摩与十首魔王罗波那大战10日,并最后大获全胜,故称"十胜节"。

4. 佩镯节

佩镯节在每年8月间月亮最圆的那天举行。节日中印度妇女不分宗教和种族,把丝线织成的绳子和花朵,系在自己兄弟的手腕上,表示请求他们的帮助、保护和友情。据印度神话传说,在古代,许多神被魔鬼从天上扯了下来,他们用一根绳子做信号,互传信息,暗示大家联合起来同魔鬼战斗,结果赶走了魔鬼。最初仅是印度教教徒在印度各地庆祝这个节日,约400多年前伊斯兰教的胡马云国王接到了细绳,不问宗教的区别出兵援救了拉贾斯坦一个信仰印度教的女王。从此该节日成为各教派和种族共同庆祝的节日。

(三) 社交礼仪

印度人在见到熟人和客人时都双手合十,举于胸前,并面带微笑地道一句"纳玛斯戴"(Namaste)。这是印度的传统见面礼。"纳玛斯戴"在印度语中是一个表示吉祥和尊敬的词语。印度人在见到自己最敬重的人时要行触脚礼,即见面后俯下身去触对方的脚,然后再摸一下自己的额头。这是表示对尊敬者的最高礼节。现代的城市居民见面时更多的是行握手礼。但千万要注意的是,决不能伸出左手和别人握手,因为印度人认为左手是不洁的,用左手握手被视为是对人的不敬和污辱。特别值得注意的是,印度人表示同意或肯定时,不像我们摇头"不是"点头"是",而是摇摇头,或先把头稍微歪到左边,然后立刻恢复原状表示"是"。

(四) 餐饮礼仪

印度人通常一天只吃两顿饭,第一餐是在上午接近中午的时候,第二餐基本在晚上9点以后。但是习惯西式生活的印度人,也开始一日三餐,每餐包括开胃菜、汤、主菜和甜点,根据个人食量点菜,也可以不要开胃菜。

如果和印度人同桌吃开胃菜,吃得太快或太慢都是不好的,最好尽量保持和对方相同的速度把菜吃完。甜点和茶一定要等到饭后再端上餐桌,否则也是对客人非常不礼貌的行为。

印度人用手也是有忌讳的,那就是他们只用右手抓食物,而左手绝对不得用来触碰食物。印度人认为,左手是专门用来处理不洁之物的,因此吃饭时,他们的左小臂一般沿桌边贴放,手垂放于桌面以下,或是干脆把左手藏在隐蔽的地方。服务员会给客人用小碗端来洗手水,水里漂着用于清洁的柠檬片和用于装饰的花瓣来清洗右手。

(五) 禁忌

印度人睡觉时,不能头朝北,脚朝南,据说阎罗王住在南方;晚上忌说蛇;节日或者喜庆的日子里忌烙饼;婴儿忌照镜子,否则会变成聋哑人;父亲在世时,儿子忌缠白头巾、剃头;3和13是忌数,因为湿婆神有3只眼睛,第三只眼睛是毁灭性的,13是因为人死后有

13天丧期；妇女在怀孕期间，忌做衣服、照相；忌用左手递接东西。在饮食上，信奉印度教的信徒们忌食牛肉，信奉伊斯兰教的教徒们忌食猪肉。如果你想去印度各地的寺庙参观，身上绝不要穿以牛皮制造的东西，诸如皮鞋、皮表带、皮带、手提包等牛皮制品，也不要将其带入寺门，否则会被视为犯了禁戒。因为在这个信仰印度教的国度里，信徒们敬奉牛，视牛为圣物，牛不可以被宰杀，他们甚至连以牛皮制成的东西也不愿看到。

九、泰国

泰国全称泰王国，位于东南亚，东临老挝和柬埔寨，南面是泰国湾和马来西亚，西接缅甸和安达曼海。泰国官方语言是泰语，人口近6609万人（截至2022年年末），佛教教徒占全国人口90%以上。全国共有77个府。泰国是君主立宪政体国家，国王是至高无上的。泰国国歌为《泰王国歌》，国花是睡莲。泰国在世界上素有"佛教之国""大象之国""微笑之国"等称誉。近年来，泰国成为我国的主要客源国之一。

（一）衔接历史

泰国已有800多年的历史和文化，原名暹罗。公元1238年建立了素可泰王朝，开始形成较为统一的国家，先后经历了素可泰王朝、大城王朝、吞武里王朝和曼谷王朝。从16世纪起，其先后遭到葡萄牙、荷兰、英国和法国等殖民主义者的入侵。19世纪末，曼谷王朝五世王大量吸收西方经验进行社会改革。1896年，英国、法国签订条约，规定暹罗为英属缅甸和法属印度支那之间的缓冲国，从而使暹罗成为东南亚唯一没有沦为殖民地的国家。1932年6月，人民党发动政变，建立君主立宪政体。1938年，銮披汶执政，1939年6月更名为泰国，意为"自由之地"。1941年被日本占领，泰国宣布加入轴心国。1945年，恢复暹罗国名。1949年5月又改称泰国。1975年7月1日，中泰两国建交。

（二）节庆习俗

1. 宋干节

宋干节又称泼水节，4月12—15日是泰国的新年，全国放假四天。每当此刻，举国欢庆，曼谷尤甚。在节日里孩子会把水泼到长者的手上，在水花四溅中祈求他们的祝福。最受尊敬的佛像——帕辛佛（Sihing）将被展出，会有上千佛教弟子向他泼水，祈求赐福。庆典活动还包括打水仗，这在炎炎4月的泰国是一种降温的好办法。

2. 火箭节

火箭节又称竹炮节，在5月中旬，泰语称"汉邦菲"。它是泰国民间祈雨的一种风俗仪式，于每年雨季将至前举行，一般进行两天。有盛大的火箭游行和地方舞蹈，并在公园内发射火箭。

3. 佛诞节

佛诞节又称为浴佛节，5月23日为佛祖释迦牟尼诞生纪念日，放假一天。佛寺在这一天都要举行斋戒、诵经法会，以各种香水、鲜花水浴洗佛像。这天善男信女都要到寺庙敬香，参加浴佛仪式。

4. 守夏节

守夏节在 7 月，是重要的佛教节日，玉佛寺会举行隆重的玉佛更衣仪式，一般由国王或御代表主持。这一天即表示泰国已进入盛雨季节，僧侣进入为期 3 个月的坐禅、诵经期，期间和尚除早上外出布施化缘外，其他时间一律不得随意走出寺庙，膳食只能早晚两餐，且晚餐只能吃流食。

5. 水灯节

水灯节在公历 11 月，泰历 12 月月圆之日，是泰国民间最热闹、最富诗意的传统节日。司仪把香棒、硬币、蜡烛、菱叶和鲜花放在莲花形的托叶上（水灯）上，然后点燃蜡烛和香，把水灯放到水边，希望它的烛光随水远行。其中火焰代表梦想和长寿的实现。沿着河岸，游客们可以买到事先做好的水灯，一起参加庆祝。水面上千万朵闪烁的火花上上下下，代表了人民的希望和梦想。

（三）社交礼仪

泰国人在见面时通常采用合十礼。在行合十礼时，要立正站好，双手十指并拢、掌心相对。双手举起的高度不同，给予对方的礼遇便不同，通常有四种规格：一是举到前额下，用于晚辈向长辈施礼；二是举于胸前，多用于长辈向晚辈还礼；三是举到鼻子下，一般用于平辈间；四是举过头顶，只用于平民拜见泰王时。

在交际场合，泰国人习惯以"小姐""先生"等国际上流行的称呼彼此相称。在交谈时，泰国人习惯细声低语。在泰国人看来，与人打交道时面无表情、愁眉苦脸，或是高声喧哗、大喊大叫，都是失敬于人的。

访问政府办公厅宜穿西装。商界见面着衬衫、打领带即可。拜访大公司或政府办公厅必须先预约，准时赴约是一种礼貌；宜持用英文、泰文、中文对照的名片。

（四）餐饮礼仪

泰国人不喝热茶，习惯在茶里放冰块，称为冰茶。在用餐时，泰国人习惯围着小圆桌跪膝而坐，用手抓食，不用筷子，但现在大多用叉子和勺子。

泰国人一般比较喜欢用盘子吃饭，吃饭的时候把饭盛到圆盘里面，再用汤匙将菜肴和饭拌匀，用勺子吃饭，筷子只是用来夹菜的一个工具；在用勺子舀食物的时候，从靠身体的内侧向前方舀起，吃完之后再盛饭。泰国菜的礼仪贯穿着一种共享精神，一般都会把食物放在桌子的中央，使用放于餐桌中央的公用筷子夹菜，不要拿自己的餐具去盛餐桌中央的食物。

（五）禁忌

泰国人忌讳褐色，喜欢红色、黄色，并习惯用颜色来表示不同的日期。例如，星期日为红色，星期一为黄色，星期二为粉红色，星期三为绿色，星期四为橙色，星期五为淡蓝色，星期六为紫红色。

在泰国，鹤和龟的图案是不受欢迎的。鹤被视为"色情"鸟；龟则被视为男性"性"的象征。因此，泰国人忌讳这两种动物以及印有其形象的物品。

泰国人特别崇敬佛和国王，因此不能与他们或当着他们的面议论佛和国王。泰国人十分重视头部，认为头部是人的智慧所在，是身体的最重要部位，是神圣不可侵犯的，随便用手触摸他人的头部，被视为对他人的极大侮辱；即使对小孩表示亲昵，也不要随便抚摸头部，以免给小孩带来厄运。泰国人睡觉忌讳头向西方，忌用红笔签名，因为头朝西和用红笔签名都意味着死亡。

在泰国参观佛寺时，除了进门前要脱鞋之外，还要摘下帽子和墨镜。在佛寺之内，切勿高声喧哗，随意摄影、摄像。

十、印度尼西亚

印度尼西亚共和国通称印度尼西亚，简称印尼，是东南亚国家，首都为雅加达。印尼与巴布亚新几内亚、东帝汶和马来西亚等国家相接。

印尼由约17508个岛屿组成，属于马来群岛，是全世界最大的群岛国家，疆域横跨亚洲及大洋洲，别称"千岛之国"，也是多火山多地震的国家。印尼面积较大的岛屿有加里曼丹岛、苏门答腊岛、伊里安岛、苏拉威西岛和爪哇岛。

印尼人口超过2.76亿人（2022年12月统计），居世界第四位。印尼是东南亚国家联盟创立国之一，也是东南亚最大经济体及20国集团成员国，航空航天技术较强。印尼石油资源可实现净出口，曾是石油输出国组织成员国（1962—2009年），近期正在重新加入该组织。印尼群岛自公元7世纪起即为重要贸易地区。

（一）衔接历史

16世纪末，印尼各主要岛屿兴起较为强大的穆斯林王国。16世纪西方殖民者纷纷来到东南亚地区。1511年7月1日，阿尔布凯克率领葡萄牙舰队侵入印尼。1596年，荷兰商人组织第1支殖民先遣队闯入印尼。1602年，荷兰政府批准成立具有政府职权的联合东印度公司（以下简称公司）。1619年，公司占领雅加达（改名为巴达维亚）后，就以它为基地，开始了长达350多年的对印尼和亚洲其他国家的殖民掠夺。在公司统治时期（1602—1799），印尼各族人民展开轰轰烈烈的反抗斗争，其中规模较大、历时较长的反抗有杜鲁诺佐约的抗荷武装斗争（1674—1679）、苏拉巴蒂起义、基·托坡领导的万丹人民起义（1750—1755）。印尼人民持续不断的武装斗争延缓了印尼殖民化的进程，加速了公司垮台。1800年，荷兰"巴达维亚共和国"接管印尼殖民地。1942年，日本占领印尼。1945年，日本投降后，印尼爆发八月革命，1945年8月17日宣布独立，成立印度尼西亚共和国。

(二) 节庆习俗

1. 元旦

和世界各国人民一样，印尼人也过元旦。元旦这一天，家家户户，欢聚一堂，举行宴会或歌舞会，欢庆新一年的到来。

2. 英雄节

11月10日，印尼宣布独立不久，英军以接受日军投降为名，试图侵占印尼。11月10日，当英军在泗水登陆时遭到了印尼军民的英勇抵抗。泗水之战使泗水获得了"英雄城"的称号，11月10日后来被定为"英雄节"，旨在发扬印尼军民的英勇精神。

3. 开斋节

开斋节是印尼最重要的节日。开斋节前夕，伊斯兰教教徒要进行慈善捐赠活动。外出工作的人都要赶在开斋节前返回老家与亲人团聚。

4. 静居日

静居日是巴厘岛印度教教徒的新年，时间在巴厘历十月初一。这是个庆祝方式非常独特的节日。节日前几天，人们便开始忙碌起来，男人打扫庭院，制作节日用的形似魔鬼、雄狮、巨龙等的木偶，女人则赶做新衣及节日祭祀用的菜肴、糕点。节日前一天是个欢庆日，人们兴高采烈、喜气洋洋，身穿艳丽民族服装去参加欢庆活动。静居日早上6点起至次日早上6点，巴厘岛则转入安恬的沉静之中，出现另一番完全不同的景象：街上除值勤警察、警车、救护车、旅游车辆外，没有任何其他行人、车辆，所有店铺都大门紧闭，停止营业。人们一日不生烟火，不谋炊饮，不出居所，不欢乐也不悲伤，只是静静地思过，以求内心的安宁。

5. 古尔邦节

古尔邦节是伊斯兰教的主要节日之一。按伊斯兰教的规定，伊斯兰教历12月10日为古尔邦节。每逢此日，穆斯林沐浴盛装，举行庆祝活动。

6. 卫塞节

卫塞节是印尼佛教纪念佛教主悟道的日子。每逢这一节日，来自全国各地的佛教徒云集到中爪哇的婆罗浮屠、门都特等寺院举行盛大的庆祝活动。

(三) 社交礼仪

印度尼西亚人很重视礼节，讲究礼貌。"谢谢、对不起、请原谅"等敬语经常挂在嘴上；与人见面行握手礼，一般不主动与异性握手。

伊斯兰教教徒很讲究礼节，熟人相见，除互致问候外，还念诵祝词"愿真主保佑你"，而"请""谢谢""对不起"等礼貌用语更是时常挂在嘴上。文雅、谦恭、和蔼是穆斯林公认的美德。宗教在穆斯林生活中起着决定性的作用。虔诚的教徒每天要到清真寺做5次跪拜，跪拜前要脱鞋，然后沐浴净身，一般清真寺内都保持安静、肃穆的气氛。

(四) 餐饮礼仪

印度尼西亚人在饮食习惯上主要以大米为主食，以鱼类、蔬菜、肉类等为主要副食品。他们喜欢以牛、羊、鸡的五脏烹制各种菜肴。虽说大多数人不饮酒，但极少数人却爱饮烈性酒，少部分人爱喝葡萄酒和香槟酒。虽说大多数人信奉伊斯兰教，但也有阿斯玛特人、达尼人和巴布亚人等不信奉伊斯兰教。印度尼西亚人习惯吃西欧式的西餐；除在官方场合有时使用刀、叉、匙或筷子之外，一般都习惯用手抓饭。由于受当地华人的影响，印度尼西亚人普遍对中餐倍加喜爱，认为中餐是举世公认的最佳餐饮之一。

(五) 禁忌

在印度尼西亚，如果晚上出门决不能吹口哨，因为人们认为吹口哨会把到处游荡的幽灵招引来，故而会对吹口哨的人予以惩罚。在印度尼西亚人心中，蛇有着崇高的地位，人们敬蛇如敬神。

印度尼西亚人忌讳用左手传递东西或食物。他们把左手视为肮脏、下贱之手，认为使用左手是极不礼貌的。他们忌讳有人摸他们孩子的头部，认为这是缺乏教养和侮辱人的举止。印度尼西亚巴杜伊人衣着色彩除了他们崇尚的白色、蓝色和黑色之外，禁忌穿戴其他色彩的衣服，甚至连谈论都不允许。印尼人对乌龟特别忌讳，认为乌龟是一种令人厌恶的低级动物，它给人以"丑陋""性""侮辱"等极坏的印象。他们忌讳老鼠，认为老鼠是一种害人的动物，给人以"肮脏""瘟疫"和"灾难"的印象。

第二节 欧洲国家和地区

一、俄罗斯

俄罗斯联邦，简称俄罗斯，是世界上面积最大的国家，地域跨越欧亚两个大洲，与多个国家接壤。俄罗斯绵延的海岸线从北冰洋一直伸展到北太平洋，还包括了内陆海黑海和里海。俄罗斯面积1709.82万km^2，人口约1.46亿人（截至2023年4月），有194个民族，其中俄罗斯族占77.7%。其欧洲部分是国家经济、政治、文化中心，全国3/4的工业和人口都集中在这里。其民族和文化渊源主要出自欧洲，也兼有东方文化的特点，宗教在日常生活中占有一定地位，主要信仰东正教。

(一) 衔接历史

俄罗斯历史始于东斯拉夫人，也是后来的俄罗斯人、乌克兰人和白俄罗斯人。基辅罗斯是东斯拉夫人建立的第一个国家。988年开始，东正教从拜占庭帝国传入基辅罗斯，由此拉开了拜占庭和斯拉夫文化的融合，并最终形成了占据未来700年时间的俄罗斯文化。13世纪初，基辅罗斯被蒙古人占领后，最终分裂成多个国家。这些国家都自称是俄罗斯文化和地位的正统继承人。

13世纪以后，莫斯科逐渐成为原先基辅罗斯文化的中心。16世纪中叶伊凡四世时代，莫斯科大公国改称沙皇俄国，到18世纪彼得一世时代，已变成庞大的俄罗斯帝国，横跨从波兰到太平洋的广袤地域。1861年，俄罗斯废除农奴制。随后农民不断增加，对土地的需求也不断增长，急剧增加了革命的压力。从废除农奴制度到1914年第一次世界大战爆发，俄国推出了斯托雷平改革、1906年宪法和国家杜马，极大地改变了其经济和政治状况，只是沙皇尼古拉二世依然没有意愿放弃独裁统治。

军事战败和食物短缺引发了1917年俄国（10月）革命，此后列宁领导的布尔什维克（无产阶级）登上权力的舞台，建立了苏联。从1922年至1991年，苏联逐渐成长为一个超级大国。但随着经济和政治体制的缺点所引发的矛盾越来越尖锐，1991年苏联解体。

1991年后，俄罗斯联邦成立并继承了苏联在国际事务中的地位。直至今日，俄罗斯的政治经济结构依然带有沙俄和苏联的特点。

（二）节庆习俗

1. 谢肉节

谢肉节又称送冬节、烤薄饼周，在东正教为期40天的大斋期里，人们禁止吃肉和娱乐，因而在斋期开始前一周，人们纵情欢乐。按照传统的民间习俗，为期7天的谢肉节每天都有不同的庆祝方式。每当谢肉节来临，俄罗斯人都会自发组织化装游行、民间歌舞、游戏、溜冰、滑雪、乘三套马车兜风等娱乐活动。

2. 三圣节

三圣节在复活节后第50天，又称圣降灵节，是东正教中的一个重大节日，和斯拉夫人的悼亡节结合在一起，民族色彩浓重，流传很广，也是俄罗斯民间最重要的夏季节日，最受青年人喜欢。节日这天，青年们从教堂出来后，吃点儿饭，稍事休息，就聚集在一起到林中去编织花环、游戏、跳圆圈舞并把编好的花环挂到桦树上，放声高歌。

3. 革命节

革命节，又称十月革命节，11月7日是苏联的国庆节，作为传统节日依然保留了下来。过去，这一节日要举行隆重的活动，甚至平民百姓也要在家中大办节日宴席。现在，政府有组织的庆典和各种娱乐活动已经取消，但是许多政治组织、群众团体依然自发地组织起来，举行各种庆典活动，甚至游行。莫斯科红场依然人头攒动，群情激昂，胜过平时。

4. 桦树节

四季节日的第二个节日是桦树节，节期在俄历每年6月24日。桦树节源自古代的夏至节。夏至节本在6月22日，这一天太阳在空中达到最高点，此节日带有太阳崇拜的色彩。在农村，此时夏季来临不久，农民辛劳一春，稍得清闲，因此要欢庆一番。民间的庆祝活动体现了水火崇拜。人们身着节日盛装，头戴花环，围着篝火唱歌跳舞。有人从篝火上跳过，或烧掉旧衣服，以消灾辟邪、强身祛病。人们还把桦树枝与祭品一起投入湖中，祈求神灵保佑丰收。少女们将点燃的蜡烛放在花冠上，放进河水中，谁的蜡烛燃得最久，谁就被认为是将来最幸福的人，她们还按照花环漂动的方向占卜自己的婚事。

(三) 社交礼仪

在人际交往中，俄罗斯人素来以热情、豪放、勇敢、耿直而著称于世。在交际场合，俄罗斯人惯于和初次会面的人行握手礼。但对于熟悉的人，尤其是在久别重逢时，他们则大多要与对方热情拥抱。在迎接贵宾之时，俄罗斯人通常会向对方献上"面包和盐"。这是给予对方的一种极高的礼遇，来宾必须对其欣然笑纳。

在称呼方面，在正式场合，他们也采用"先生""小姐""夫人"之类的称呼。在俄罗斯，人们非常看重人的社会地位。因此对有职务、学衔、军衔的人，最好以其职务、学衔、军衔相称。

依照俄罗斯民俗，在用姓名称呼俄罗斯人时，可按彼此的不同关系，具体采用不同的方法。只有与初次见面之人打交道时，或是在极为正规的场合，才有必要将俄罗斯人的姓名的三个部分连在一起称呼。

(四) 餐饮礼仪

在饮食习惯上，俄罗斯人讲究量大实惠、油大味厚。他们喜欢酸、辣、咸味，偏爱炸、煎、烤、炒的食物，尤其爱吃冷菜。总的说来，他们的食物在制作上较为粗糙一些。

一般而论，俄罗斯人以面食为主，他们很爱吃用黑麦烤制的黑面包。除黑面包之外，俄罗斯人大名远扬的特色食品还有鱼子酱、酸黄瓜、酸牛奶等。在吃水果时，他们大多不削皮。在饮料方面，俄罗斯人很能喝冷饮。具有该国特色的烈酒伏特加，是他们最爱喝的酒。此外，他们还喜欢喝一种叫"格瓦斯"的饮料。在用餐之时，俄罗斯人多用刀叉。他们忌讳用餐发出声响，并且不能用匙直接饮茶，或让其直立于杯中。通常，他们吃饭时只用盘子，而不用碗。在参加俄罗斯人的宴请时，宜对其菜肴加以称道，并且尽量多吃一些。俄罗斯人将手放在喉部，一般表示已经吃饱。

(五) 禁忌

在俄罗斯，被视为"光明象征"的向日葵受到人们喜爱，它被称为"太阳花"。在拜访俄罗斯人时，送给女士的鲜花宜为单数。在数目方面，俄罗斯人最偏爱"7"，认为它是成功、美满的预兆。对于"13"与"星期五"，他们则十分忌讳。俄罗斯人非常崇拜盐和马。俄罗斯人主张"左主凶，右主吉"，因此他们也不允许以左手接触别人，或以之递送物品。俄罗斯人讲究"女士优先"，在公共场合，男士往往自觉地充当"护花使者"，不尊重妇女，到处都会遭人白眼。俄罗斯人忌讳的话题有：政治矛盾、经济难题、宗教矛盾、民族纠纷、苏联解体、阿富汗战争，以及大国地位问题。

二、英国

英国是欧洲西部的群岛国家，面积 24.41 万 km^2，人口 6702.6 万人（2021 年统计），其中以英格兰人为主，主要宗教是基督教新教和罗马天主教，首都为伦敦。

现英国政府实行君主立宪、责任内阁制。现任国王为查尔斯三世。

英国是世界上工业化最早的国家。到 1850 年，英国工业生产占世界总产量的 39%，贸易量占世界贸易量的 21%，均居世界第一位。煤和钢铁总产量都占世界总产量的一半以上。

（一）衔接历史

公元前，地中海伊比利亚人、比克人和凯尔特人曾先后来到不列颠。1 世纪至 5 世纪英格兰东南部被罗马帝国统治。罗马人撤走后，欧洲北部的盎格鲁人、撒克逊人和朱特人相继入侵英格兰并定居。7 世纪开始英格兰形成封建制度，许多小国并成 7 个王国，争雄达 200 年之久，称"盎格鲁—撒克逊时代"。829 年，威塞克斯国王爱格伯特统一了英格兰。8 世纪末遭丹麦人侵袭，1016 年至 1042 年英格兰成为丹麦海盗帝国的一部分。其后经英王短期统治，1066 年诺曼底公爵渡海征服英格兰。1215 年，约翰王被迫签署大宪章，王权遭抑制。1337 年至 1453 年，英法进行"百年战争"，英国先胜后败。1588 年，英国击败西班牙"无敌舰队"，树立海上霸权。1640 年，英国爆发资产阶级革命。1649 年 5 月 19 日，英国宣布为共和国。1660 年王朝复辟，1668 年英国发生"光荣革命"，确定了君主立宪制。1707 年，英格兰与苏格兰合并，1801 年又与爱尔兰合并。18 世纪后半叶至 19 世纪上半叶，英国成为世界上第一个完成工业革命的国家。19 世纪是大英帝国的全盛时期，1914 年占有的殖民地比本土大 111 倍，是第一殖民大国，自称"日不落帝国"。第一次世界大战后，英国开始衰败。英国于 1920 年设立北爱尔兰郡，并于 1921 年至 1922 年允许爱尔兰南部脱离其统治，成立独立国家。1931 年，英国颁布《威斯敏斯特法案》，被迫承认其自治领在内政、外交上独立自主，大英帝国殖民体系从此动摇。在第二次世界大战中，英国经济实力大为削弱，政治地位下降。随着 1947 年巴基斯坦和印度的相继独立，到 60 年代，英帝国殖民体系瓦解。1973 年 1 月，英国加入欧共体。

（二）节庆习俗

1. 圣诞节

英国的圣诞节是最重要的家庭节日。12 月 25 日和 26 日两天是国家法定节日。在圣诞节这天，家庭聚会并吃传统的圣诞午餐或晚餐，人们要交换礼物。圣诞节这天没有公共交通，在 12 月 26 日节礼日这天，交通也受到限制，因为是宗教节日，教堂有特殊的活动，每个人无论如何都要去教堂。

2. 新年

1 月 1 日也是公共节日。在新年前夜人们通常会熬到深夜，迎接新年的到来。在苏格兰，新年前夜被看作大年夜，甚至是比圣诞节更有节日气氛的时候。

3. 复活节

复活节在3月末和4月中旬之间。这时候又有特别的宗教活动，孩子们会收到巧克力彩蛋。在复活节当天，城镇有复活节游行。在复活节前的星期四，英国王室每年会访问一座不同的大教堂，送当地居民一些金钱，被称为濯足节救济金，作为象征性的礼物。

4. 情人节

每年的2月14日，是3世纪殉教的圣徒圣·瓦伦丁逝世纪念日。情人们在这一天互赠礼物，故称"情人节"，是英国等西方国家的重要传统节日之一。男女恋人在这一天互送巧克力、贺卡和鲜花，用来表达彼此的爱意或友好，现已成为各国青年人喜爱的节日。

（三）社交礼仪

英国的礼俗丰富多彩，彼此第一次认识时，一般都以握手为礼，不像东欧人那样常常拥抱。

英国人注意服装，穿着要因时而异，仪容态度尤其注意。英国人讲究穿戴，中、上层的人士尊崇传统的"绅士""淑女"风度。在英国，"女士优先"的社会风气很浓。

按英国商务礼俗，随时宜穿三件套式西装，打传统保守式的领带，但是勿打条纹领带，因为英国人会联想到那是旧"军团"或老学校的制服领带。英国人的时间观念很强，拜会或洽谈生意，访前必须预约，准时很重要，最好提前到达。他们的相处之道是严守时间，遵守诺言。

去英国人家里做客，最好带点价值较低的礼品，因为花费不多就不会有行贿之嫌。礼品一般有高级巧克力、名酒、鲜花，特别是我国具有民族特色的民间工艺美术品，他们格外欣赏。在英国，邀请对方午餐、晚餐、到酒吧喝酒或观看戏剧、芭蕾舞等，会被当作送礼的等价回馈。

（四）餐饮礼仪

在英国，正式的宴会一定要穿礼服，穿着得体是基本的礼仪；吃东西要优雅，吃面包要小块小块掰下来吃，拿着整块面包咬是不好的行为；嘴里的东西没咽下去就不要再往嘴里放食物，也不要喝水；永远都是左手持叉右手持刀。如果有甜点，甜点专用刀叉要摆在盘子上端。吃完饭后，将刀叉并排放在盘子中。叉子要放在刀的左边，保持叉子齿朝上。英国人普遍喜爱喝茶。"下午茶"几乎成为英国人的一种必不可少的生活习惯，即使遇上开会，有的也要暂时休会去饮"下午茶"。他们不喝清茶，而是在杯里倒上冷牛奶或鲜柠檬，加点糖、再倒茶制成奶茶或柠檬茶。如果先倒茶后倒牛奶会被认为缺乏教养。他们还喜欢喝威士忌、苏打水、葡萄酒和香槟酒，有时还喝啤酒和烈性酒，彼此不劝酒。

（五）禁忌

英国人非常不喜欢谈论男人的工资和女人的年龄，甚至他人家里的家具值多少钱，也是不该问的。

英国人很少讨价还价，如果他们认为一件商品的价钱合适就买下，不合适就走开。

英国人认为13和星期五是不吉利的，尤其是13日与星期五相遇更忌讳，这个时候，许多人宁愿待在家里不出门。不能手背朝外，用手指表示"二"，这种"V"形手势，英国人认为是蔑视别人的一种敌意做法。

英国人忌讳用人像、大象、孔雀做服饰图案和商品装潢。他们认为大象是愚笨的，孔雀是淫鸟、祸鸟，连孔雀开屏也被认为是自我吹嘘和炫耀。英国人忌讳送人百合花，他们认为百合花意味着死亡。

三、法国

法国，全称为法兰西共和国，位于欧洲西部，与比利时、卢森堡、德国、瑞士、意大利、摩纳哥、安道尔和西班牙接壤，隔英吉利海峡与英国隔海相望。法国人口6804万人（2023年1月统计），其中大多信奉天主教，法语为通用语。法国是联合国安理会常任理事国，对安理会议案拥有否决权。法国是欧盟和北约创始会员国之一，也是《申根公约》的成员国。法国不仅在工农业方面非常发达，也是世界文化中心之一。

（一）衔接历史

法国历史上经历过2个帝国和5个共和国。公元前，高卢人曾在此定居。公元前1世纪，罗马的高卢人总督恺撒占领了全部高卢，从此受罗马统治达500年之久。公元5世纪法兰克人征服高卢，建立法兰克王国。10世纪后，封建社会迅速发展。1337年，英王觊觎法国王位，爆发"百年战争"。初期，法国大片土地被英国侵占，法王被俘，后法国人民进行反侵略战争，于1453年结束百年战争。15世纪末到16世纪初形成中央集权国家。17世纪中叶，君主专制制度达到顶峰。随着资产阶级力量的发展，1789年法国爆发大革命，废除君主制，并于1792年9月22日建立第一共和国。1799年11月9日（雾月18日），拿破仑·波拿巴夺取政权，1804年称帝，建立第一帝国。1848年2月，爆发革命，建立第二共和国。1851年路易·波拿巴总统发动政变，翌年12月建立第二帝国。1870年，在普法战争中战败后，于1871年9月成立第三共和国，直到1940年6月法国贝当政府投降德国，至此第三共和国覆灭。1871年3月18日，巴黎人民举行武装起义，成立巴黎公社，同年5月底，被法国军队残酷镇压。第一次、第二次世界大战期间法国遭德国侵略。1944年6月，法国宣布成立临时政府，戴高乐担任首脑，1946年通过宪法，成立第四共和国；1958年9月通过新宪法，第五共和国成立，同年12月戴高乐当选总统。如今法国一直是第五共和国。

（二）节庆习俗

1. 圣诞节

圣诞节是法国重大的宗教节日之一。节日前夕，亲朋好友之间要互相寄赠圣诞贺卡，以表节日的祝贺和问候。如同我国的春节一样，法国的圣诞节是个合家团圆的日子，节日前，身在异地的人们纷纷赶回家里过节。

2. 复活节

复活节也称"耶稣复活瞻礼"或"主复活节"，是为纪念耶稣复活的节日。复活节节期不固定，随春分月圆的变化而变化，为每年春分（3月20日或21日）那个月月圆之后的第一个星期天，介于3月22日及4月25日之间，次日星期一放假。复活节的主要特征是复活节彩蛋。

3. 圣灵降临节

圣灵降临节也译作"圣神降临瞻礼"，是基督教的重大节日之一。教会规定每年复活节后第50日为"圣灵降临节"，又称"五旬节"（犹太人的）。圣灵降临节为复活节后第七个星期日，该节法国放假两天。

4. 耶稣升天节

耶稣升天节又叫"耶稣升天瞻礼"或"主升天节"，是基督教纪念耶稣"升天"的节日。复活节后第40日（5月1日和6月4日之间）定为"耶稣升天节"。这个节日大多是在星期四，法国人放假一天。

5. 国庆节

7月14日是法国的国庆节，全国放假一天。为庆祝国庆节，法国每年都要在香榭丽舍大街上举行大规模的阅兵仪式。

6. 愚人节

愚人节也称万愚节，是西方社会民间传统节日，节期在每年4月1日。愚人节与古罗马的嬉乐节和印度的欢悦节有相似之处。这一天，人们以多种方式开周围人的玩笑，但最晚只能开到中午12点，这是约定俗成的严格规矩。

【知识拓展】

愚人节的由来

每年4月1日，是西方的民间传统节日——愚人节。愚人节起源于法国。1564年，法国首先采用新改革的纪年法——格里历（目前通用的公历），以1月1日为一年之始。但一些因循守旧的人反对这种改革，依然按照旧历固执地在4月1日这一天送礼品，庆祝新年。主张改革的人对这些守旧者的做法大加嘲弄，在4月1日就给他们送假礼品，邀请他们参加假招待会，并把上当受骗的保守分子称为"四月傻瓜"或"上钩的鱼"。从此人们在4月1日便互相愚弄，成为法国流行的风俗。18世纪初，愚人节习俗传到英国，接着又被英国的早期移民带到了美国。在愚人节时，人们常常组织家庭聚会，用水仙花和雏菊把房间装饰一新。典型的传统做法是布置假环境，可以把房间布置得像过圣诞节一样，也可以布置得像过新年一样，待客人来时，则祝贺他们"圣诞快乐"或"新年快乐"，令人感到别致有趣。

（三）社交礼仪

法国人在社交场合与客人见面时，一般以握手为礼。男女之间、女士之间还常以亲面颊或贴面来代替握手。法国人还有男性互吻的习俗。在法国一定的社会阶层中，"吻手礼"也颇为流行。在施吻手礼时，不能吻戴手套的手，不能在公共场合吻手，更不得吻少女的手。

法国人在餐桌上敬酒先敬女后敬男，哪怕女宾的地位比男宾低也是如此；走路、进屋、入座，都要让女士先行。

（四）餐饮礼仪

作为举世皆知的世界三大烹饪王国之一，法国人十分讲究饮食。在西餐之中，法国菜可以说是最讲究的。在正常情况下用餐以前，所有法国菜所需要的刀叉等餐具就会被侍者准备好，规范地放在餐桌之上。需要注意的是刀刃方向是朝向盘子的。刀、叉、勺又各分成三种：前菜刀、主菜刀、甜点刀；前菜叉、主菜叉、甜点叉；前菜勺、主菜勺、甜点勺。当然也有可能把可以将黄油抹在面包上的黄油刀已经备好供使用，只需要从最外面的刀叉开始向内使用就可以了。

最符合格调的就座方法是从座椅的左侧入座，椅子被拉开后，应当使自己的身体在快要碰到桌子的时候站立。这时候领位者会将椅子推向你的腿弯，当腿弯触碰到后面的椅子之后就可以就座了。需要注意的是，如果有女性在场，应该由男性为女性将椅子拉开，在所有的女性就座完毕之后，在场的男性才能就座。这是法国菜浪漫而又优雅的绅士礼仪，这样的点滴渗入绅士文化，也让更多的人向往法国生活。

法国人爱吃面食，面包的种类很多；他们大多爱吃奶酪；在肉食方面，他们爱吃牛肉、猪肉、鸡肉、鱼子酱、鹅肝，不吃肥肉、宠物、肝脏之外的动物内脏、无鳞鱼和带刺骨的鱼。法国盛产白兰地烈酒和葡萄酒，他们几乎餐餐必喝，而且讲究在餐桌上要以不同品种的酒水搭配不同的菜肴。佐餐时，吃红肉类搭配红葡萄酒；吃鱼虾等海味时，搭配白葡萄酒。除酒水之外，法国人平时还爱喝生水和咖啡。

（五）禁忌

法国的国花是鸢尾花。菊花、牡丹、玫瑰、杜鹃、水仙、金盏花和纸花一般不宜送给法国人。

法国人忌讳核桃,厌恶墨绿色,忌用黑桃图案。法国人还视孔雀为恶鸟,并忌讳仙鹤(认为它是蠢汉与淫妇的象征)、乌龟。

在人际交往之中,法国人对礼物十分看重,且有其特别的讲究。在法国,宜选具有艺术品位和纪念意义的物品作为礼物,不宜以刀、剑、剪、餐具或是带有明显广告标志的物品作为礼物。

四、德国

德国位于欧洲西部,东邻波兰、捷克,南接奥地利、瑞士,西接荷兰、比利时、卢森堡、法国,北与丹麦相连并邻北海和波罗的海与北欧国家隔海相望;国家政体为议会共和制;联邦总统为国家元首;联邦政府由联邦总理和联邦部长若干人组成,联邦总理为政府首脑。德国是欧盟的创始会员国之一,是联合国、北约、地中海联盟的成员国。德国是世界第二大商品出口国和第三大商品进口国,同时在医学研究、技术创新等多个领域中处于世界前列。德国人口约8430万人(截至2022年年底),主要是德意志人,还有丹麦人和索布人等。德国居民中29.2%的人信奉基督教新教,30.2%的人信奉罗马天主教。此外,还有少数人信奉伊斯兰教和犹太教。德语为德国的通用语言,也是官方语言。

(一)衔接历史

公元前德国境内就居住着日耳曼人。公元2世纪至3世纪,德国境内逐渐形成部落,10世纪形成德意志早期封建国家,13世纪中期走向封建割据。18世纪初奥地利和普鲁士崛起,根据1815年维也纳会议,组成了德意志邦联。1848年,德国各地爆发革命,普鲁士于1866年的"七星期战争"中击败奥地利,次年建立北德意志联邦。1871年,统一的德意志帝国建立。该帝国1914年挑起第一次世界大战,1918年因战败而宣告灭亡。1919年2月,德意志建立魏玛共和国。1933年,希特勒上台实行独裁统治。德国于1939年发动第二次世界大战,1945年5月8日德国战败投降。

(二)节庆习俗

1. 圣诞节

圣诞节是德国最重要的节日,就像中国的春节。圣诞节的假期是12月25至26日,但很多企业和政府机关都从12月24放假至次年1月2日或1月3日。每年进入12月,各地的商店和街道就开始披上节日的盛装,市议会门前或广场总要竖一棵大的圣诞树,各种圣诞节的时令商品堆满货架。节前人们忙着采购鲜花、家庭圣诞树、圣诞礼物和各种"年货"。圣诞节合家会一直欢庆到深夜,有些家庭会到教堂去。第二天、第三天亲朋好友可以相互拜访。

2. 元旦

元旦的庆祝活动主要在12月31日夜晚举行,人们燃放鞭炮,欢呼新年的到来。为了欢庆新年,很多大城市要放烟火,举办音乐会。人们要在元旦之前给亲朋好友寄送祝福贺卡。

3. 狂欢节

2月10日左右是狂欢节。这一节日在科隆、美因茨等沿莱茵河流域城市的庆祝规模盛大。这一天人们身着盛装，戴上各种假面具，到街上载歌载舞。各种彩车驶上街头，站在车上的人们向街道两旁的人群撒糖果、巧克力和玩具等。狂欢节不分男女老少，均脸上化妆，穿奇装异服，翩翩起舞，场面壮观、热烈。很多地方结束游行后就到酒店举行传统的鱼宴狂欢节。

4. 复活节

复活节在每年过春节月圆后第一个星期日。复活节是德国的第二大传统节日。同时，它也是最古老的基督教节日，至今仍保留着种种节日习惯，如节前准备复活节兔子和复活节彩蛋，以此来欢庆春回大地、万象更新。

5. 慕尼黑啤酒节

慕尼黑啤酒节原名"十月节"，是地方传统节日。这个节日特别受游客的欢迎，每年都有来自世界各地的游客云集慕尼黑，在当地各大啤酒厂的节日帐篷内畅饮啤酒、啃烤鸡，气氛热烈。十月节会举行盛大的开幕仪式和五彩缤纷的游行，披上节日盛装的巴伐利亚人载歌载舞，几匹大马拉着啤酒桶缓缓经过闹市，揭开十月节的序幕。

【知识拓展】

慕尼黑啤酒节的由来

巴伐利亚加冕王子路德维希和特蕾瑟公主于1810年10月完婚，官方的庆祝活动持续了5天。人们聚集到慕尼黑城外的大草坪上，唱歌、跳舞、观看赛马和痛饮啤酒。从此，这个深受欢迎的活动便被延续下来，流传至今，每年9月的第三个星期六至10月的第一个星期日就固定成为啤酒节。

慕尼黑啤酒节之所以闻名，不仅因为它是全世界最大的民间狂欢节，也因为它完整地保留了巴伐利亚的民间风采和习俗。人们用华丽的马车运送啤酒，在巨大的啤酒帐篷中开怀畅饮，欣赏巴伐利亚铜管乐队演奏的民歌乐曲和令人陶醉的情歌雅调。人们在啤酒节上品尝美味佳肴的同时，还举行一系列丰富多彩的娱乐活动，如赛马、射击、杂耍、各种游艺活动及戏剧演出、民族音乐会等。人们在为节日增添喜庆欢乐气氛的同时，也充分表现出自己民族的热情、豪放和充满活力的性格。

（三）社交礼仪

拜访德国商人，宜穿着三件式西服，到访北部，戴帽子更佳。当地可快印英语、德语对照名片。

与德国人交谈时尽量说德语，或偕翻译人员同往。商务人士多半会说一些英语，但使用德语会令对方高兴。尽量以握手为礼，握手要用右手，伸手动作要大方。称呼对方多使用"先生""女士"等。如果对方身份高，必须对方先伸手，再与之握手。对方多半为你穿、脱外套，不妨接受，再说声"谢谢"（Danke）。有机会，也替他或其他人穿脱外套。

德国人不愿浪费时间，所以拜会前宜先熟悉问题，单刀直入。如果你应邀到德国人家中做客，通常宜带鲜花去，鲜花是送女主人的最好礼物，但必须是单数，5朵或7朵即可。

（四）餐饮礼仪

德国人是十分讲究饮食的。德国人的口味较重，主食以肉类为主。他们烹调肉食的方法，有红烧、煎、煮、清蒸，还有特制的汤等。他们一天的主餐是午餐，而午餐的主食大抵为炖的或煮的肉类，其肉食品以羊肉、猪肉、鸡肉、鸭肉为主，大多数人不爱吃鱼，只有北部沿海地区少数居民才吃鱼。德国人喜食马铃薯，常以之为主食。在饮料方面，德国人最喜欢的是啤酒。

德国人早餐简单，喜欢咖啡、小面包、黄油和果酱，或少许灌肠和火腿，午餐、晚餐稍丰盛。一般家庭都备有各种盘子、碟子、杯子和刀叉。

德国人在用餐时，吃鱼用的刀叉不得用来吃肉或奶酪；若同时饮用啤酒与葡萄酒，宜先饮啤酒，后饮葡萄酒，否则被视为有损健康；忌吃核桃。

（五）禁忌

在德国，不宜随意以玫瑰或蔷薇送人，前者表示求爱，后者则专用于悼亡。德国人比较喜欢黑色、灰色。

对于"13"与"星期五"，德国人极度厌恶。他们对于四个人交叉握手，或在交际场合进行交叉谈话，也比较反感。因为这两种做法，都被他们看作是不礼貌的。

德国人认定，在路上碰到了烟囱清扫工，便预示着一天要交好运。

在向德国人赠送礼品时，不宜选择刀、剑、餐刀和餐叉。

圣诞节与复活节前后两周勿到访。慕尼黑及科隆嘉年华期间也宜避免到访。

在与德国人交谈时，不宜涉及纳粹、宗教与党派之争。在公共场合窃窃私语，德国人认为是十分无礼的。

第三节 美洲国家和地区

一、美国

美国是一个由50个州和一个联邦直辖特区组成的宪政联邦制共和制国家，东濒大西洋，西临太平洋，北靠加拿大，南接墨西哥。美国是个多文化和多民族的国家；国土面积超过937万 km² （包括领海）；人口总量约3.3亿人（截至2023年2月）；主要宗教为基督教和天主教，其他还有伊斯兰教、犹太教等。美国有高度发达的现代市场经济，其国内生产总值和对外贸易额均居世界首位。当前，美国经济总体保持温和增长态势。

（一）衔接历史

自哥伦布1492年到达美洲以后，西班牙、英国和法国等欧洲国家陆续向美洲移民并建立殖民地。18世纪30年代，英国人在北美东海岸建立起13个殖民地。1775年，波士顿首先爆发独立战争，各殖民地开始联合反英。1776年7月4日，在费城召开了第二次大陆会议，组成由乔治·华盛顿任总司令的"大陆军"，并通过《独立宣言》，正式脱离英国，宣布建立美利坚合众国。1783年，美国独立战争结束。1787年，美国通过第一部宪法并沿用至今。1789年，华盛顿当选为第一任总统。19世纪中叶，北部工业化发展迅速，南部则发展以奴隶劳动为主的棉花种植业。南北矛盾不断加深，1861年4月12日爆发南北战争，持续4年，以北方胜利而告终，统一的联邦共和国继续维持。战争期间，林肯于1862年9月颁布了《解放黑奴宣言》。南北战争后的35年中，美国工业化发展突飞猛进，同时大批移民涌入美国。从20世纪初起，美国已成为世界上最大的经济强国之一。1917年，美国参加第一次世界大战；1941年12月"珍珠港事件"以后，美国从中立转为正式参加第二次世界大战。通过两次大战，美国的军事、经济力量急剧膨胀，第二次世界大战后登上世界霸主宝座。

（二）节庆习俗

在美国，每年人们都会欢度许多节日。这些节日按时间顺序先后有：

1. 元旦

每年1月1日庆祝新的一年开始，人们举办各种各样的新年晚会，到处可以听到"辞旧迎新"的钟声，为美国的联邦假日。

2. 圣瓦伦丁节

每年2月14日，是3世纪殉教的圣徒圣·瓦伦丁逝世纪念日。情人们在这一天互赠礼物，故又称"情人节"。

3. 复活节

复活节一般在每年春分后月圆第一个星期天，该节是为了庆祝基督的复活，过节人们吃复活节彩蛋，为美国的联邦假日。

4. 愚人节

愚人节为每年4月1日，在4月1日受到恶作剧愚弄的人称为"四月愚人"。

5. 母亲节

每年5月的第2个星期日为母亲节，政府部门和各家门口悬挂国旗，表示对母亲的尊敬。在家里，儿女们和父亲应给母亲买些礼物或做些家务。

6. 父亲节

每年 6 月的第 3 个星期日是父亲节，表示对父亲的尊敬。在家里，儿女们和母亲应给父亲买些礼物。

7. 国庆节

每年 7 月 4 日，庆祝美国建国，为美国的联邦假日。

8. 万圣节

每年 10 月 31 日为万圣节，在这天孩子们多化装成鬼，打着灯笼或点燃篝火尽情地玩耍。

9. 感恩节

感恩节在每年 11 月第四个星期四，以表示感谢上帝所赐予的秋收，为美国的联邦假日。

10. 圣诞节

圣诞节是每年 12 月 25 日，是基督徒庆祝基督诞生的日子，也是美国最隆重的节日。

（三）社交礼仪

美国人一般性情开朗、乐于交际、不拘礼节。美国人第一次见面不一定行握手礼，有时只是笑一笑，说一声"Hi"或"Hello"；握手的时候习惯握得紧，眼要正视对方，微弓身，认为这样才算是礼貌的举止。一般同女士握手美国人都喜欢斯文。在告别的时候，美国人也只是向大家挥挥手或者说声"再见""明天见"。但如果别人向他们致礼，他们也用相应的礼节，比如握手、点头、拥抱、行注目礼等。在美国如果有客人夜间来访，主人穿着睡衣接待客人被认为是不礼貌的行为；当被邀请去老朋友家做客时，应该准备小礼物。

在美国，如果要登门拜访，必须先打电话约好；名片一般不送给别人，只是在双方想保持联系时才送；当着美国人的面想抽烟，必须问对方是否介意，不能随心所欲。

在美国，参加重要宴会，应注意请柬上有关服装的规定。如果不确定服装的要求，可以先问问其他参加者，以免尴尬。请柬上有些字如"casual"（随便的）并不意味着你可以穿牛仔裤，"semi-formal"（半正式的）也并不表示你可以不打领带，最好问清楚。

（四）餐饮礼仪

美国人的食物因地区、民族不同而种类繁多、口味各异，汉堡、热狗、馅饼、炸面圈，以及肯德基炸鸡等都是风靡世界的食品，但美国人待客的家宴则是经济实惠、不摆阔气、不拘泥于形式的，通常的家宴是一张长桌子上摆着一大盘沙拉、一大盘烤鸡或烤肉、各种凉菜、一盘炒饭、一盘面包片，以及甜食、水果、冷饮、酒类等。

美国人将请客人吃顿饭、喝杯酒或到乡间别墅共度周末作为一种交友方式，并不一定要求对方报答，如有机会请对方到自家吃饭就可以了。吃完饭后，客人应向主人特别是女主人表示特别感谢。

美国人注重的餐桌礼节主要有以下几点：

第一，餐巾是用来拭嘴的，切忌用来擦手或餐具。

第二，注意使用刀叉顺序，以及叉匙的用途。

第三，刀叉斜放盘缘，表示尚在用餐之中；若完全放在盘中，则表示已使用完毕。

第四，盐、胡椒瓶倘离座远，不可伸手去取，而须请隔座代劳递送。

第五，在上甜点或咖啡时，主人可以开始致辞，主宾也可利用此时答谢。

（五）禁忌

美国人一般特别喜欢白色，认为白色是纯洁的象征；偏爱黄色，认为黄色是和谐的象征；喜欢蓝色和红色，认为蓝色和红色是吉祥如意的象征。他们喜欢白猫，认为白猫可以给人带来好运。

美国人忌讳别人冲其伸舌头，认为这种举止是侮辱人的动作。他们讨厌蝙蝠，认为它是吸血鬼和凶神的象征；忌讳数字"13""星期五"等；忌讳问个人收入和财产情况；忌讳问妇女婚否、年龄以及服饰价格等私事。美国人认为黑色是肃穆的象征，是丧葬用的色彩。

二、加拿大

加拿大位于北美洲北部，东临大西洋，西濒太平洋，西北部邻美国阿拉斯加州，东北与格陵兰（丹）隔戴维斯海峡遥遥相望，南接美国本土，北靠北冰洋达北极圈；海岸线约长24万多km，是世界上海岸线最长的国家。加拿大国境边界长达8892km，为全世界最长不设防疆界线。加拿大国土面积仅次于俄罗斯，居世界第二位，但仅有3950万（2023年1月统计）居民在此居住，人口密度非常低。加拿大居民以欧洲移民后裔为主，另外还有土著居民、亚裔、拉美裔、非洲裔等。英语和法语同为加拿大官方语言。加拿大是一个具有现代化工业科技水平且能源与资源充足的发达国家，经济体制主要依靠自然资源。

（一）衔接历史

加拿大原是印第安人和因纽特人（Inuit，前译"爱斯基摩人"）的居住地。1497年，英国人发现纽芬兰岛，宣布为英国领土。自16世纪起，法国和英国分别在此建立了殖民地。1756年，英法为争夺殖民地而爆发战争，双方打了7年，结果法国战败，于1763年签订《巴黎条约》，法国把在加拿大的殖民地割让给英国。1867年7月1日，英国议会通过《不列颠北美法案》，当时分散的北美四个省，即安大略省、魁北克省、新斯科舍省和新不伦瑞克省遂组成加拿大联邦，成为英国的一个自治领。随后，相继加入联邦的有马尼托巴省（1870年7月15日）、不列颠哥伦比亚省（1871年7月20日）、爱德华太子岛省（1873年）、萨斯喀彻温省（1905年9月1日）、阿尔伯达省（1905年9月1日）、纽芬兰省（1949年3月31日）。此外，联邦在1869年6月22日建立西北地区，1898年6月13日建立育空地区。1926年，英国"帝国议会"宣言中承认加拿大和英国有"平等的地位"，加拿大才取得外交上的独立。1931 年，加拿大成为英联邦成员国。1982 年 4 月 17 日，英女王在渥太华宣布加拿大在立法上脱离英国而独立，并签署了《加拿大宪法法案》。

1970 年 10 月 13 日，加拿大和中国正式建立外交关系。此后，两国关系不断发展。

（二）节庆习俗

1. 新年

新年 1 月 1 日这天是加拿大公众假日，大多数商店关门，也就是当人们从新年的除夕晚狂欢庆祝之后，新年就在午夜中悄悄地走近。

2. 情人节

2 月 14 日这天不是公众假日，但几乎是全世界公认的一个特殊日子。红色是这一天主要的颜色，圣·瓦伦丁（St. Valentine）是公众所公认的爱侣守护神。

3. 枫糖节

枫糖节在每年的 3 月底至 4 月初。加拿大盛产枫叶，其中以东南部的魁北克省和安大略省的枫叶最多最美。人们采集枫树树液，熬制枫糖浆。传统的枫糖节都向来自国内外的游人开放，尤其欢迎儿童。一些农场还专门保留着旧时印第安人采集枫树液和制作枫糖的器具，在节日里沿用古老的制作方法，为观光客表演制枫糖的工艺过程。

4. 复活节

复活节也是加拿大的一个重要节日。基督教教徒认为，复活节象征着重生与希望。

5. 维多利亚日

维多利亚日在 5 月 24 日前的最后一个星期一。这个节日是为了庆祝维多利亚女王的生日而设的，是一个公众假日。园丁通常以这一周的周末作为基准日来种植西红柿。

6. 加拿大国庆日

7 月 1 日是加拿大国庆日。这是一个全国性的节日，是一个公众假日。若 7 月 1 日刚好碰上周末，则会补假一天。

7. 感恩节

感恩节在加拿大是在 10 月的第二个星期一，而在美国则是在 11 月的第四个星期四。人们在那天会烤火鸡、烤番薯和烤番瓜派。它是加拿大的一个庆祝日，通常认为源自英国的丰收纪念日。

8. 万圣节

万圣节起始于天主教的 11 月 1 日的万灵日，而前一天晚上，也就是 10 月 31 日，就叫万圣节。今日北美，小孩甚至大人都会打扮成不同的鬼、卡通人物或明星等，到附近的邻居家里敲门要糖果，说"Trick or Treat"（不给糖就捣乱），而通常开门的人多会给一些糖果，以防要糖的人搞恶作剧。这天不是公众假日。

（三）社交礼仪

加拿大人比较随和友善、易于接近，他们讲礼貌但不拘于烦琐礼节。一般认识的人见面时要互致问候。在男女相见时,一般由女子先伸出手来。女子如果不愿意握手,也可以只是微微欠身鞠一个躬。加拿大人热情好客,亲朋好友之间请客一般在家里而不去餐馆,他们认为这样更友好。客人到主人家,进餐时由女主人安排座位,或事先在每个座位前放好写有客人姓名的卡片。在加拿大,一般应邀去友人家里吃饭,不需送礼物。但如去亲朋家度周末或住几天,则应给女主人带点礼品,如一瓶酒、一盒糖等。离开主人家后,回到家中应立即告诉女主人已平安抵家,并对受到的款待表示感谢。节假日访问亲友,通常也需要带一点礼物。

(四)餐饮礼仪

加拿大人在饮食习惯上与英美人相似。由于气候寒冷的缘故,他们养成了爱吃烤制食品的习惯,这是他们的独特之处。

加拿大人用刀叉进食,极爱食用烤牛排,尤其是八成熟的嫩牛排,习惯在用餐后喝咖啡和吃水果。加拿大人在饮食上讲究菜肴的营养质量,偏爱甜味,以面食、大米为主食,副食喜吃牛肉、鸡肉、鸡蛋、沙丁鱼,以及西红柿、洋葱、土豆、黄瓜等;调料爱用番茄酱、黄油等。他们有喝白兰地、香槟酒的嗜好。

加拿大人在进餐时,左手拿叉,右手拿刀,刀用完后,放在盘子边上;在吃东西时,不发出声音,不说话,不当众用牙签剔牙,不把自己的餐具摆到他人的位置上。加拿大人认为正确、优雅的吃相是绅士风度的体现。

(五)禁忌

加拿大人大多数信奉基督新教和罗马天主教,少数人信奉犹太教和东正教。他们忌讳"13""星期五",认为"13"是会给人带来厄运的数字,"星期五"是灾难的象征。他们忌讳白色的百合花,因为它会给人带来死亡的气氛,人们习惯用它来悼念逝者。他们不喜欢外来人把他们的国家和美国进行比较,尤其是拿美国的优越方面与他们相比更是令他们不能接受的。加拿大妇女有美容化妆的习惯,因此不欢迎服务员送擦脸香巾。

第四节 大洋洲国家

一、澳大利亚

澳大利亚联邦,简称澳大利亚。它位于南半球,介于西南太平洋和印度洋之间,国名来源于拉丁文"australis",意即"南方的"。澳大利亚有"骑在羊背上的国家""牧羊之国""坐在矿车上的国家""岛大陆""南方大陆""古老土地上的年轻国家""淘金圣地"等别称。面积769.2万 km^2,人口2639万人(2023年7月统计),英国及爱尔兰后裔占74%,亚裔占5%,土著居民占2.7%,其他民族占18.3%,居民多信奉基督教。澳大利亚为英联邦成员国，英国国王为澳大利亚国家元首。澳大利亚是 G20 和多个国际组织的成员，也是最早倡议成立亚太经济合作组织的国家。

（一）衔接历史

澳大利亚最早的居民为土著人。1770 年，英国航海家詹姆斯·库克抵达澳大利亚东海岸，宣布英国占有这片土地。1788 年 1 月 26 日，英国流放到澳大利亚的第一批犯人抵达悉尼湾，英国开始在澳大利亚建立殖民地，后来这一天被定为澳大利亚国庆日。1900 年 7 月，英国议会通过《澳大利亚联邦宪法》和《不列颠自治领条例》。1901 年 1 月 1 日，澳大利亚各殖民区改为州，成立澳大利亚联邦。1931 年，澳大利亚成为英联邦内的独立国家。1986 年，英议会通过《与澳大利亚关系法》，澳大利亚获得完全立法权和司法终审权。

（二）节庆习俗

1. 国庆节

1 月 26 日为澳大利亚的建国纪念日，达令湾（Darling Harbour）是活动的中心，以家庭娱乐为主，美味来自全世界，夜间将有音乐与炫目多彩的焰火表演上演。其他的精彩节目还包括 Ferrython（渡轮赛）大街游行活动、高桅横帆船赛，以及冲浪板挑战赛，比赛区域从悉尼歌剧院到麦马翰角。

2. 圣诞节

澳大利亚是南半球的国家之一。12 月底，正当北半球国家在寒风呼啸中欢度圣诞节时，澳大利亚正是热不可耐的仲夏时节。

3. 澳大利亚怨曲节

西部怨曲小桥镇是西澳大利亚最可爱的村庄，也是澳大利亚怨曲节举行之地。这个为期三天的音乐节，会源源不断地献上悠扬的怨曲。

4. 阿德莱德艺穗节

阿德莱德艺穗节始于 1960 年。当时，一些艺术家与表演者放弃了阿德莱德艺穗节的传统表演，从而组织他们自己的演出。每年 2 月底艺穗节盛宴期间，户外剧场、艺术品展览、街头表演、舞蹈演出、酒吧歌舞、电影放映和现场音乐应有尽有。阿德莱德艺穗节已经成为澳大利亚最大、世界范围内仅次于爱丁堡艺术节的第二大艺术节。

（三）社交礼仪

澳大利亚人见面时热情地握手，直呼其名，亲友之间亲吻或贴面。澳大利亚人很讲究礼貌，在公共场合从来不大声喧哗，在银行、邮局、公共汽车站等公共场所，都是耐心等待、秩序井然。澳大利亚同英国一样有"女士优先"的习惯；他们非常注重公共场所的仪表，男子大多数不留胡须，出席正式场合时西装革履，女性则穿西服上衣、西服裙。澳大利亚人的时间观念很强，约会必须事先联系并准时赴约。上门做客，可送鲜花给女主人，送酒给男主人。甜点、糖果、画册、小工艺品等均可作为礼品。

（四）餐饮礼仪

澳大利亚人的饮食习惯与英国人相似，口味清淡，偏甜酸，不喜欢太咸和辣味的食品。在饮品方面，澳大利亚人喜欢啤酒、葡萄酒和咖啡，红茶和香片茶也较受欢迎。澳大利亚人一般早餐吃麦片粥、牛奶、煎蛋、火腿、黄油、面包等；午餐多是快餐，有冷肉、凉茶、三明治、汉堡、热狗等；晚餐为正餐，有热菜、烧烤、炖煮食品、饮酒；上下午茶点有咖啡和茶，配饼干、小点心。澳大利亚人十分喜欢野餐，多以烤肉为主食；节庆多在餐馆用餐，讲究用餐礼仪，不能一边吃东西一边讲话，咀嚼和用餐具时不能发出大的声响。

（五）禁忌

澳大利亚人多数信奉基督教，相较欧美人更为严守周日去教堂做礼拜的习俗。澳大利亚人对兔子特别忌讳，认为兔子是一种不吉利的动物，人们看到它都会觉得倒霉。在数目方面，受基督教的影响，澳大利亚人对于"13"与"星期五"普遍反感至极。议论种族、宗教、工会和个人私生活，以及等级、地位问题，最令澳大利亚人不满。澳大利亚人对公共场合的噪声极其厌恶。在公共场所大声喧哗者，尤其是门外高声喊人的人，会被认为极度缺乏教养。

二、新西兰

新西兰，是位于南半球澳大利亚东南面的岛国，人口 522.81 万人（2023 年 4 月统计），官方语言为英语和毛利语，近一半居民信奉基督教。新西兰两大岛屿以库克海峡分隔，南岛邻近南极洲，北岛与斐济及汤加相望，面积 26.8 万 km^2，首都惠灵顿。新西兰经济以农牧业为主，农牧产品出口约占出口总量的 50%，羊肉和奶制品出口量居世界第一位，羊毛出口量居世界第三位。新西兰气候宜人、环境清新、风景优美、旅游胜地遍布、森林资源丰富、地表景观极富变化，生活水平也相当高。

（一）衔接历史

毛利人是新西兰的第一批居民。公元 14 世纪，毛利人从波利尼西亚来到新西兰定居，成为新西兰最早的居民，并用波利尼西亚语 "aotearoa" 做了它的名字，意思是"白云朵朵的绿地"。1642 年，荷兰航海家阿贝尔·塔斯曼在此登陆，把它命名为"新泽兰"。1769—1777 年，英国人詹姆斯·库克船长先后五次到新西兰并测量和绘制地图。此后英国向这里大批移民并宣布占领新西兰，把海岛的荷兰文名字"新泽兰"改成英文"新西兰"。1840 年，英国迫使毛利人酋长签订《威坦哲条约》，把这片土地划入了英帝国的版图。1907 年，英国被迫同意新西兰独立，成为英联邦的自治领，政治、经济、外交仍受英控制。1903 年，英国议会通过《威斯敏斯特法案》，根据这项法案，新西兰于 1947 年获得完全自主，仍为英联邦成员。

（二）节庆习俗

新西兰 70% 以上的人口是欧裔人种，主要信奉基督教新教和天主教，所以大部分节日和公众假日承袭了欧洲传统。

1. 新年

在新西兰最重要的节日是新年，他们的新年也是在每年的1月1日。这一天人们会穿上新买的衣服，和亲朋好友们一起促膝长谈、互相祝贺。在新西兰，新年意味着一切新的开始，新年期间也是非常热闹的，街上充满了欢声笑语。这一天人们可以不用工作，轻轻松松地玩。

2. 复活节

复活节在每年的4月初左右。复活节是为了纪念耶稣被钉在十字架上三天后复活，它是基督教的节日。在这一天人们为了表达对耶稣的敬意，会举办很多关于耶稣的活动，对于基督教教徒来说，复活节象征着重生与希望。

新西兰还有很多其他重要的节日，如圣诞节、国庆节、万圣节等。

（三）社交礼仪

新西兰人在社交场合与客人相见时，一般施握手礼，在和妇女见面时，应该等女士先伸出手才能握手问好；正式场合的称呼是先生、夫人、女士；一般情况下，如比较亲密可直呼其名，但还不熟时，最好先称呼对方的姓。新西兰人也像中国人一样有时施鞠躬礼。

新西兰人说话很轻，在街上遇见朋友，老远就挥手。他们不喜欢用"V"手势表示胜利，当众嚼口香糖或用牙签被视为不文明的举止；当众闲聊等是很失礼的行为。

新西兰商人第一次见面或业务会谈时，一般不互送礼品，但可以在生意谈成后宴请有关人士以表谢意。

（四）餐饮礼仪

新西兰人的饮食习惯大体上与英国人相似，口味清淡，不喜欢吃带黏汁或过辣的菜肴，对动物蛋白质的需求量比较大，牛肉、羊肉、鸡肉、鱼肉都是他们爱吃的。新西兰人采用欧洲大陆式的用餐方式，那就是始终左手握叉，右手拿刀。他们在吃饭时不喜欢谈话，有话一般要等到饭后再谈。新西兰人喜欢喝啤酒，人均年啤酒消费量达110L；国家对烈性酒严加限制，有的餐馆只出售葡萄酒，专卖烈性酒的餐馆对每份正餐只配一杯烈性酒。除了爱吃瘦肉外，欧洲移民的后裔们还爱喝浓汤，并且对红茶一日不可或缺。受英国习俗的影响，饮茶也是新西兰人的嗜好，一天至少七次，即早茶、早餐茶、午餐茶、午后茶、下午茶、晚餐茶和晚茶。茶叶店和茶馆遍布各地，许多机关、学校和企业都有专门的用茶时间。

（五）禁忌

新西兰人大多数信奉基督教新教和天主教。他们把"13"视为凶神，无论做什么事情，都要设法回避"13"。他们在国内忌讳男女同场活动，即使看戏或看电影，通常也分为男子场和女子场。他们视当众剔牙和咀嚼口香糖为不文明的举止，视当众闲聊、吃东西、喝水、抓头皮、紧裤带等为失礼的举止。新西兰的毛利人，对有人给他们照相是极为反感的。新西兰人不愿谈论有关种族方面的问题。在新西兰，人们忌讳直接提到性行为和人体的某些器官。对大多数新西兰人来说，打听陌生人或不太熟悉的人的年龄是不得体的。此外，收入多少、是否已婚、政治倾向、宗教信仰等也不宜过问。

第五节　非洲国家和地区

一、埃及

埃及，全称阿拉伯埃及共和国，地跨亚、非两洲，大部分位于非洲东北部，只有苏伊士运河以东的西奈半岛位于亚洲西南角，北濒地中海，东临红海，位居亚洲、非洲、欧洲三洲交通要冲，海岸线长约2900km。截至2023年2月，埃及人口约1.04亿人，伊斯兰教为国教，信徒主要是逊尼派，占总人口的84%，科普特基督徒和其他信徒占16%，官方语言为阿拉伯语，首都开罗。埃及人口和农业主要分布在尼罗河沿岸和河口三角洲地区，是人类文明的发源地之一。埃及旅游资源丰富，文化古迹众多，经济方面主要依赖农业、石油出口、旅游业以及劳务出口。另外，有300万埃及人在沙特阿拉伯等海湾国家和欧洲等地工作。埃及是世界重要的棉花产地和出口国。

（一）衔接历史

埃及是个具有悠久历史和文化的古国，古埃及和古巴比伦、古印度、中国并称"四大文明古国"。

公元前3200年，美尼斯统一埃及建立了奴隶制的统一国家，当时国王称法老。公元前525年，埃及被波斯人征服，成为波斯帝国的一个行省。公元前332年左右，希腊马其顿国王亚历山大打败波斯人，进行了希腊—马其顿人的统治。公元前30年，罗马执政屋大维出兵侵入埃及，从此罗马统治埃及达600余年，使埃及成为当时主要的基督教国家之一。公元640年左右，阿拉伯人进入埃及，建立阿拉伯国家，至9世纪中叶，埃及人的阿拉伯化大体完成。1517年，埃及被土耳其人征服，成为奥斯曼帝国的一个行省。1798年，埃及被拿破仑法军占领。1882年，英国殖民军占领埃及，成为英国的"保护国"。1922年2月28日，英国被迫承认埃及为独立国家，但仍保留对国防、外交、少数民族等问题的处置权。1952年7月23日，以纳赛尔为首的"自由军官组织"推翻了法鲁克王朝，成立"革命指导委员会"，掌握国家政权。1953年6月18日，埃及废除君主制，建立共和国，穆罕默德·纳吉布出任第一任总统兼总理。1954年11月，纳赛尔取代纳吉布任总统。1956年6月，最后一批英国军队撤出埃及。1958年2月，埃及同叙利亚合并，成立阿拉伯联合共和国（简称阿联）。1961年9月，叙利亚政变后脱离阿联，1971年改国名为阿拉伯埃及共和国。1956年5月30日，埃及同我国建交。

(二) 节庆习俗

1. 开斋节

开斋节是埃及伊斯兰教的主要节日之一。伊斯兰教的节日均以伊斯兰教历计算。每年教历9月为斋月，斋月期间，除了患病等各种特殊情况以外，成年男女穆斯林每日从黎明到日落不饮不食，称为"封斋"。斋月共有29天，有时30天。经过一个月的封斋，完成了"真主"的"定制"，于伊斯兰教历10月1日"开斋"，故称为开斋节。

2. 古尔邦节

古尔邦节是埃及伊斯兰教的重要节日之一。古尔邦在阿拉伯语中含有"牺牲、献身"的意思，因而古尔邦节又称"宰牲节"或"忠孝节"。相传，先知易卜拉欣，在一天晚上，梦见真主安拉命令他宰杀自己的爱子伊斯玛仪，以祭献给安拉，考验他对安拉的忠诚。先知易卜拉欣遵从安拉的旨意，第二天在宰杀伊斯玛仪时，安拉派天仙吉卜拉依勒背来一只黑头羝羊代替伊斯玛仪做祭物。从那以后，先知穆罕默德就把伊斯兰教历12月10日开始的3天定为"宰牲节"。

3. 惠风节

惠风节是埃及古老的节日之一，又称闻风节。此节日在埃及已有7000年的历史。基督教传入埃及后，每年春分月圆后的第一个星期日是基督教的复活节，所以信奉基督教的埃及人把惠风节和复活节合在一起庆祝，一般把惠风节定于复活节的第二天。目前，惠风节成为埃及民间节日，无论是穆斯林还是基督徒，大多数埃及人都过这个节日。

(三) 社交礼仪

埃及人的交往礼仪既有民族传统的习俗，又通行西方人的做法，上层人士更倾向于欧美礼仪。在埃及，一般正式场合穿西服，家访穿衬衣不扎领带，外出游玩宜着T恤衫和旅游鞋。

在埃及，男女之间一般不施握手礼，男士不宜主动伸手，握手时不应交叉，即四人呈"十"字形面对面握。男士握手时必须从座位上站起来，女士则不必，可以继续坐在椅子上。

埃及人不忌讳外国人家访，甚至很欢迎外国人的访问，并引以为荣。但异性拜访是禁止的，即使在埃及人之间，男女同学、同事也不能相互家访。一般埃及人家里都有客厅，卧室作为私房是不欢迎外人入内的。在家访时，应主动问候老人并与之攀谈，埃及人乐于天南海北地聊天。

(四) 餐饮礼仪

埃及在饮食上严格遵守伊斯兰教的教规，斋月里白天禁食，不吃一切忌物，也不吃红烩带汁和未熟透的菜；吃饭时不与人谈话，喝热汤及饮料时禁止发出声响，食物入口后不可复出，而且忌讳用左手触摸餐具和食物。

埃及人办喜事时喜欢大摆筵席，除了邀请贵宾亲友之外，有些平时与主人无甚交往者也可光临，同样也会受到热情款待；习惯上是先摆出巧克力和水果，然后诵《古兰经》，吃肉汤泡馍、米饭与煮肉；最后上点心和小吃。埃及人请客，座席也讲究身份及等级，主人还习惯用发誓的方式劝客人多吃，自始至终非常热情；菜肴越多越好，哪怕是原封未动地端上来又端下去，宾主都十分高兴，因为这是慷慨好客的标志之一。

（五）禁忌

在埃及，进伊斯兰教清真寺时，务必脱鞋。埃及人爱绿色、红色、橙色，忌蓝色和黄色，认为蓝色是恶魔的象征，黄色是不幸的象征，遇丧事都穿黄衣服，也忌熊猫，因它的形体近似肥猪；禁穿有星星图案的衣服，除了衣服，有星星图案的包装纸也不受欢迎，禁忌猪、狗、猫、熊。3、5、7、9是人们喜爱的数字，忌讳13，认为它是消极的；在吃饭时，要用右手抓食，不能用左手。无论送给别人礼物还是接受别人礼物时，都要用双手或者右手，千万别用左手。

在埃及，看不见袒胸露背或穿短裙的妇女，也遇不到穿背心和短裤的男人。虽然埃及人对外国人是宽容的，不像某些伊斯兰国家那么严厉，但必须提醒一点，在埃及穿背心、短裤和超短裙是严禁到清真寺去的。

二、南非

南非地处南半球，有"彩虹之国"之美誉，位于非洲大陆的最南端，陆地面积为121.9万 km²，其东、南、西三面被印度洋和大西洋环抱，北面与纳米比亚、博茨瓦纳、津巴布韦、莫桑比克和斯威士兰接壤。南非人口6060万人（2022年统计），分黑人、有色人、白人和亚裔四大种族，分别占总人口的81%、8.8%、7.6%和2.6%，英语和阿非利卡语为通用语言，约80%的人口信仰基督教。南非是非洲最大经济体和最具影响力的国家之一，对地区经济发展起到了重要的引领作用。南非财经、法律、通信、能源、交通业发达，拥有完备的硬件基础设施和股票交易市场，并且在2010年加入金砖国家，进一步与巴西、俄罗斯、印度、中国加强合作贸易交流。

（一）衔接历史

南非最早的土著居民是桑人、科伊人及后来南迁的班图人。1652年，荷兰人开始入侵，对当地黑人发动多次殖民战争。19世纪初英国开始入侵，1806年夺占"开普殖民地"，荷裔布尔人被迫向内地迁徙，并于1852年和1854年先后建立了"奥兰治自由邦"和"德兰士瓦共和国"。1867年和1886年，南非发现钻石和黄金后，大批欧洲移民蜂拥而至。英国人通过"英布战争"（1899—1902），吞并了奥兰治自由邦和德兰士瓦共和国。1910年5月，英国将开普省、德兰士瓦省、纳塔尔省和奥兰治自由邦合并成南非联邦，成为英国的自治领地。1948年，南非国民党执政后，全面推行种族隔离制度，镇压南非人民的反抗斗争，遭到国际社会的谴责和制裁。1961年5月31日,南非退出英联邦,成立了南非共和国。南非白人当局长期在国内以立法和行政手段推行种族歧视和种族隔离政策,先后颁布了几百种种族主义法律和法令。1989年,德克勒克出任南非国民党领袖和总统后,推行政治改革,取消对黑人解放组织的禁令并释放曼德拉等人。1991年,非国大、南非政府、国民党等19方就政治解决南非问题举行多党谈判,并于1993年就政治过渡安排达成协议。1994年4—5月,南非举行了首次由各种族参加的大选,非国大与南非共产党、南非工会大会组成三方联盟并以62.65%的多数获胜,曼德拉出任南非首任黑人总统,非国大、国民党、因卡塔自由党组成民族团结政府。这标志着种族隔离制度的结束和民主、平等新南非的诞生。1994年6月23日,联合国大会通过决议恢复南非在联大的席位。1996年12月,南非总统曼德拉签署新宪法,为今后建立种族平等的新型国家体制奠定了法律基础。

(二) 节庆习俗

1. 新年

1月1日新年的时候,人们会在全国各地共同欢度佳节,举行各种各样的文艺表演来庆祝新年。

2. 人权日

3月21日是南非的人权日,在那一天,南非人会哀悼当年的开荒者,还会互相讲述当年的开荒行动,也会举行一些表演来作为纪念。节日的由来是,在1960年的这一天,黑人掀起了一阵抗议行动,但是很多黑人没有通行证,因此遭到警方的袭击,很多人因此丧命,后来人们为了纪念死去的人,也为了纪念这天奋起反抗运动的兴起,便将这一天作为南非的人权日。

3. 自由日

4月27日是南非的自由日,每个民族都用自己独特的庆祝方式,来纪念南非的自由日。在1994年的这一天,南非历史上首部表达种族平等的宪法正式运行,所以人们将这一天记为南非的自由日,也就是南非的国庆日。

为了庆祝南非人的独立,为了庆祝人民获得自由权利,为了纪念南非历史上首次不区分种族的选举,人们特意设立自由日。那次选举,南非所有年满十八周岁的人都有相同的选举权,但是在此之前,不是白种人的种族都是有有限的选举权利的。

4. 曼德拉日

曼德拉日在7月18日,是南非人民为了纪念曼德拉而特意设立的节日,纪念他为南非人民留下的宝贵精神财富。

(三) 社交礼仪

在社交场合,南非人所采用的普遍见面礼节是握手礼,他们对交往对象的称呼则主要是"先生""小姐"或"夫人"。在黑人部族中,尤其是广大农村,南非黑人往往会表现出与社会主流不同的风格。比如，他们习惯以鸵鸟毛或孔雀毛赠予贵宾，客人此刻得体的做法是将这些珍贵的羽毛插在自己的帽子上或头发上。

在城市之中，南非人的穿着打扮基本西化。大凡正式场合，他们都讲究着装端庄、严谨。因此，在进行官方交往或商务交往时，最好穿样式保守、色彩偏深的套装，不然就会被对方视为失礼。另外，南非黑人通常还有穿着本民族服装的习惯，不同部族的黑人在着装上往往会有自己不同的特色。

（四）餐饮礼仪

南非当地白人平日以吃西餐为主，经常吃牛肉、鸡肉、鸡蛋和面包，爱喝咖啡与红茶。黑人喜欢吃牛肉、羊肉，主食是玉米、薯类、豆类，不喜生食，爱吃熟食。

南非著名的饮料是如宝茶。在南非黑人家做客，主人一般送上刚挤出的牛奶或羊奶，有时是自制的啤酒。客人一定要多喝，最好一饮而尽。

（五）禁忌

信仰基督教的南非人，忌讳数字13和星期五；南非黑人非常敬仰自己的祖先，他们特别忌讳外人对自己的祖先言行失敬。跟南非人交谈，有四个话题不宜涉及：

第一，不要为白人评功摆好。

第二，不要评论不同黑人部族或派别之间的关系及矛盾。

第三，不要非议黑人的古老习惯。

第四，不要为对方生了男孩表示祝贺。

【知识拓展】

《中国入境旅游发展报告（2023—2024）》（部分）

2024年2月1日，中国旅游研究院发布《中国入境旅游发展报告（2023—2024）》（以下简称报告）。报告指出，2023年，伴随疫情管理政策的调整，我国逐步放开与疫情相关的所有入境限制。我国入境旅游在沉寂三年后全面重启，步入恢复通道。2024年，随着入境旅游潜在需求显著提升，入境旅游便利化的政策效应进一步释放，入境旅游恢复形势较为乐观。从供给侧来看，入境旅行服务商正在修复和重建供应链，行业生态正在重构。各级目的地更加丰富的文化体验和美好生活可以更好地服务于入境游客的个性化需求。目的地需要专注于文化体验性和异地生活感的打造，不断增强中国作为文化旅游目的地的吸引力和影响力。

一、我国入境旅游步入恢复通道

进入 2023 年，随着疫情管控政策的调整，我国逐步调整入境通关手续，并最终于 11 月 1 日起，取消入境旅客海关健康申明卡的申报要求。至此，我国入境通关程序完全恢复到疫情前的常态化。与此同时，我国不断优化调整外国人来华签证政策，自 3 月 15 日起，恢复各类入境签证申请，恢复口岸签证、海南入境免签、上海邮轮免签、港澳地区外国人组团入境广东免签和东盟旅游团入境广西桂林免签。这标志着入境旅游在疫情三年之后的全面重启。在恢复入境签证的基础上，我国还配套出台了新的签证便利化措施。

二、入境旅行服务行业生态正在重构

为更好地区分不同类型入境旅行服务商在业务恢复过程的表现，课题组根据业务组织模式、主营产品、获客方式等，将入境旅行服务商分为三类：包价旅行服务商、平台型旅行服务商和主题定制型旅行服务商。包价旅行服务商主要是指传统入境旅行社，主营包价团队旅游产品，主要通过境外合作伙伴及同行推荐来获客。

三、目的地的文化体验性和美好生活感

中国文化和美好生活体验构成目的地的核心吸引力。根据中国旅游研究院入境游客满意度专项调查，超过六成的受访者将体验中国文化作为来华旅行的主要目的。美食、医疗保健、购物等构成的美好生活也是来华游客的主要体验内容。

【关键概念】

客源国　习俗与礼仪　禁忌

【拓展训练】

请以小组形式分角色表演各国特色礼仪，体会各国礼仪文化的差异。

第十章 我国主要少数民族礼仪与习俗

【案例导读】

少数民族优秀文化为铸牢中华民族共同体意识提供重要资源。习近平总书记指出:"一部中国史,就是一部各民族交融汇聚成多元一体中华民族的历史,就是各民族共同缔造、发展、巩固统一的伟大祖国的历史。"这部浩瀚的中国史,不仅是人类繁衍赓续、创造财富的物质文明发展史,更是中华文化积累、传承和精神文明的发展史,它不只记录在《史记》《汉书》《四库全书》等汉文文献中,也记载在《蒙古秘史》(蒙)、《创世纪》(傣)、《满文老档》(满)等少数民族历史文献中。这些少数民族文化经典生动记述了各民族共同缔造伟大祖国的历史进程,与汉文文献相互印证,共同构成中华民族光辉灿烂的5000年历史。自秦汉开启中国历史上第一个大一统时期以来,各民族交流融通、兼容并蓄,共同开拓疆土,西藏、新疆地区纳入中央政府管辖成为中国领土不可分割的一部分,都有汉文和少数民族文字的印信文书记载,有据可考。珍藏在博物馆里的文物,陈列在祖国广袤大地上的文化遗址,镌刻在典籍文本里的文字等文化遗产是各族人民携手共创伟大祖国、共同谱写中华民族悠久历史的坚实依据和佐证。

【学习目标】

1. 了解我国部分少数民族分布及不同的文化习俗、礼貌礼节、禁忌等。
2. 熟悉我国主要少数民族的基本情况,并能区分不同少数民族的服装、传统节日和礼仪要求;能与不同的少数民族友好相处。

第一节 部分少数民族礼仪与习俗

我国是一个统一的多民族国家,在长期历史发展中,各少数民族在礼貌、礼节、礼仪、饮食、禁忌等方面都形成了不同的风俗习惯和文化特点。了解并熟悉这些习俗,对于旅游从业人员具有重要意义，同时为加强民族团结打下坚实基础。现列举我国十个少数民族的一些礼仪习俗。

一、藏族

藏族主要居住在中国青藏高原地区，主要聚居在西藏自治区，以及青海、甘肃、四川、云南等省，人种属于蒙古人种。藏族以从事畜牧业为主，兼营农业。另外，尼泊尔、巴基斯坦、印度、不丹等国境内也有藏族分布。藏族有自己的语言和文字。藏语属汉藏语系藏缅语族藏语支，分卫藏、康方、安多三种方言。现藏文是7世纪初根据古梵文和西域文字制定的拼音文字。

（一）文化习俗

10世纪到16世纪，是藏族文化兴盛时期。几百年间，藏族文化大放异彩。结构宏伟、卷帙浩繁的世界最长史诗《格萨尔王传》，多少世纪以来，就一直在西藏及青海、甘肃、四川、云南的藏族地区广为流传。还有举世闻名的《甘珠尔》《丹珠尔》两大佛学丛书，以及有关韵律、文学、哲理、史地、天文、历算、医药等的专著。

藏族人民最喜爱白色，这与他们的生活环境、风俗习惯有着密切的关系。天祝草原四周被雪山环绕，一片银白，地上的羊群和牦牛，以及喝的羊奶、穿的皮袄、戴的毡帽，也都是白色。所以藏区人民视白色为理想、吉祥、胜利、昌盛的象征。

1. 饮食

绝大部分藏族以糌粑（炒面）为主食，即把青稞炒熟磨成细粉制成的食物。特别是在牧区，除糌粑外，人们很少食用其他粮食制品。糌粑既便于储藏又便于携带，食用时也很方便。在藏族地区，随时随地都可见身上带有羊皮糌粑口袋的人，饿了可随时食用糌粑。

在藏族民间，无论男女老幼，都把酥油茶当作必需的饮料。藏族喝酥油茶，还有规矩，一般是边喝边添，不一口喝完，但对客人的茶杯总要添满。假如客人不想喝，就不要动它；假如喝了一半，再喝不下了，主人把杯里的茶添满，客人就摆着，告辞时再一饮而尽，这是藏族的饮茶习惯。此外，藏族也饮奶茶，酥油茶和奶茶都是用茯茶熬制而成的。茯茶含有维生素和茶碱，可以补充由于食蔬菜少而引起的维生素不足，帮助消化。藏族普遍喜欢饮用青稞制成的青稞酒。

2. 服饰

藏族服饰多姿多彩，男装雄健豪放，女装典雅潇洒，女装盛装以珠宝金玉作为佩饰，形成高原妇女特有的风格。藏袍是藏族的主要服装款式，种类很多，从衣服质地上可分锦缎、皮面、氆氇、素布等。藏袍花纹装饰很讲究，过去僧官不同品级，严格区分纹饰。

帮典，即围裙，是藏族特有的装束，是已婚妇女必备的装饰品。帮典颜色或艳丽强烈，或素雅娴静。

藏帽式样繁多，质地不一，有金花帽、氆氇帽等一二十种。藏靴是藏族服饰的重要特征之一，常见的有"松巴拉木"花靴，靴底是棉线皮革做的。

头饰与佩饰在藏装中占有重要位置。佩饰以腰部的佩褂最有特色，饰品多与古代生息生产有关，讲究的还镶以金银珠宝。头饰的质地有铜、银、金等，还会镶嵌玉、珊瑚、珍珠等珍宝。牧区的藏族都要随身佩戴一把精制的藏刀，主要用来切割食物，还用于宰羊、剥皮、削帐房橛子等劳动。藏刀的制作历史悠久、工艺精湛。

（二）礼貌礼节

藏族在迎接客人时除用手蘸酒弹三下外，还要在五谷斗里抓一点青稞，向空中抛撒三次。在酒席上，主人端起酒杯先饮一口，然后一饮而尽。主人饮完头杯酒后，大家才能自由饮用。在饮茶时，客人必须等主人把茶捧到面前才能伸手接过饮用，否则认为失礼。用羊肉待客，以羊脊骨下部带尾巴的一块肉为贵，要敬给最尊敬的客人，在烹制时还要在尾巴肉上留一绺白毛，表示吉祥。

献哈达是藏族待客规格最高的一种礼仪（见图 10-1），表示对客人热烈的欢迎和诚挚的敬意。哈达是藏语，即纱巾或绸巾。它以白色为主，也有浅蓝色、淡黄色或五彩的，一般长 1.5~2m，宽约 20cm。五彩哈达，由蓝色、黄色、白色、绿色、红色五色组成，用于最高最隆重的仪式，如佛事等。

图 10-1　藏族献哈达

（三）节庆活动

1. 藏历新年

藏族节日繁多，其中最为隆重、最具有全民族意义的要数藏历新年。藏历新年相当于汉族的春节，是一年最大的节庆。从藏历十二月中旬开始，人们就准备过年吃、穿、用的节日用品。成千上万的农牧民涌入拉萨城，购买各种年货。此时是拉萨一年中最为繁忙的季节。

藏族称新年为"洛萨"。藏历年古时曾以麦熟为岁首或麦收为岁首，是在夏秋季。据记载，公元前 100 年以前，藏族就有自己的历法，它根据月亮的圆缺来推算日、月、年。公元 7 世纪，唐朝文成、金成两位公主先后入藏成婚结盟，带来内地的历法。此后，藏族古历法与汉历、印度历法相结合，到元代时形成了天干、地支、五行合为一体的独特的历法。大约 13 世纪元代的萨迦王朝时定藏历元月一日为新岁起始，沿袭至今。

藏族过年是从藏历十二月二十九日开始的。晚上，家家户户都要团聚在一起吃"古突"（面团肉粥），以此辞旧迎新，求得太平康乐。一家人在欢声笑语中吃完九道"古突"后，举着火把，放起鞭炮，呼喊着"出来"，走到十字路口祈望来年好运。

2. 转山会

转山会是藏族传统节日，又称浴佛节、敬山神，流行于甘孜、阿坝藏族地区。相传农历四月初八释迦牟尼诞辰时，有九龙吐水为其沐浴，故又称浴佛节。每年这一天，甘孜藏区远近群众身着民族服装，汇集到跑马山上和折多河畔。人们先到寺庙里燃香祈祷，焚烧纸钱。然后转山祭神，祈求神灵保佑。转山后，支起帐篷进行野餐，演藏戏，唱民间歌谣，跳锅庄舞、弦子舞，骑手们还进行跑马、射箭比赛。在此期间，人们还要举行物资交流活动和其他文化体育活动。

3. 雪顿节

雪顿节是藏族传统节日，起源于公元 11 世纪中叶，每年藏历七月一日举行，为期四五天。雪顿是藏语音译，意思是"酸奶宴"，于是雪顿节便被解释为喝酸奶的节日。因为雪顿节期间有隆重的藏戏演出和规模盛大的晒佛仪式，又称"藏戏节"或"晒佛节"。

（四）民族禁忌

藏族主要的禁忌有：

（1）不可以在别人后背吐唾沫、拍手掌。

（2）路遇寺院、玛尼堆、佛塔等宗教设施，必须从左往右绕行。

（3）不得跨越法器、火盆；经筒、经轮不得逆转。

（4）不可用手触摸他人头顶或触摸他人藏服。

（5）新娘出嫁，去男方家时，在没有给长辈磕头前不能露脸；脚不能对准他人，会被视为没教养、不礼貌。

二、蒙古族

蒙古族是东北亚的主要民族之一，也是蒙古国的主要民族。人种属于纯蒙古人种，语言为蒙古语。除蒙古国外，蒙古族人口主要分布在中国的内蒙古自治区，以及辽宁、吉林、黑龙江、新疆、河北、青海、河南、甘肃等省，以及俄罗斯。蒙古族有自己的语言文字。

（一）文化习俗

蒙古族是一个历史悠久而又富有传奇色彩的民族。千百年来，蒙古族过着"逐水草而迁徙"的游牧生活，中国的大部分草原留下了蒙古族牧民的足迹，因而被誉为"草原骄子"。

1. 饮食

蒙古族人民世居草原，以畜牧为生计。马奶酒、手扒肉、烤羊肉是他们日常生活最喜欢的饮料、食品和待客佳肴。每年七八月牛肥马壮，是酿制马奶酒的季节。勤劳的蒙古族妇女将马奶收于皮囊中，加以搅拌，数日后便乳脂分离，发酵成酒。随着科学的发达，蒙古人酿制马奶酒的工艺日益精湛完善，不仅有简单的发酵法，还出现了酿制烈性奶酒的蒸馏法。六蒸六酿后的奶酒方为上品。

2. 服饰

蒙古族服饰包括长袍、腰带、靴子、首饰等，因地区不同在式样上有一定的差异。蒙古男子穿长袍和围腰，妇女衣袖上绣有花边图案、上衣高领。妇女喜欢穿三件长短不一的衣服，第一件为贴身衣，袖长至腕，第二件外衣，袖长至肘，第三件无领对襟坎肩，钉有直排闪光纽扣，格外醒目。未婚女子把头发从前方中间分开，扎上两个发根，发根上面佩戴两个大圆珠，发梢下垂，并用玛瑙、珊瑚、碧玉等装饰，如图10-2所示。

蒙古摔跤服是蒙古族服饰中别具特色的一类服装。摔跤服包括坎肩、长裤、套裤、彩绸腰带，坎肩袒露胸部，长裤宽大，套裤上图案丰富，一般为云朵纹、植物纹、寿纹等。

图10-2　蒙古族女性服饰

（二）礼貌礼节

蒙古族人对长者尤为尊重，当接受长者的东西时习惯稍屈身子或单膝下跪，伸出右手去接。有的蒙古族人与客人见面时，喜欢拿出自己珍爱的鼻烟壶让客人嗅闻。客人若遇到这种情况，应该诚心实意地嗅闻，然后把壶盖盖好还给主人。蒙古族牧民与亲人或朋友打招呼问好时，一般不习惯先问对方身体如何，而是习惯先问对方的牲畜是否平安。这是蒙古族人的一种传统习俗。

蒙古族人在社交场合与宾客相见时，一般也施握手礼，但献哈达是蒙古族传统的礼节。尤其是在迎接贵宾时，献哈达是民间传统的一种礼仪，如图10-3所示。在献哈达的同时，蒙古族人常常还要向客人献上一碗鲜奶，以表达对客人深深的敬意。蒙古族人请让客人只以右手示意，即施请安礼；如果人在马上要先下马，坐在车上要先下车，以表示对对方的尊敬。请安的时候，男子要单屈右膝，右臂自然下垂；女子施礼则要双膝弯曲。蒙古族人亲属之间相见时，一般要施亲吻礼，晚辈出远门或归来，长辈要吻晚辈的前额，以示祝福。

223

图 10-3 蒙古族献哈达

(三) 节庆活动

1. 白节

蒙古民间一年之中最大的节日是相当于汉族春节的年节,亦称"白节",传说与奶食的洁白有关,含有祝福吉祥如意的意思。节日的时间与春节大致相符。除夕那天,家家都吃手把肉,也要包饺子、烙饼,初一的早晨,晚辈要向长辈敬"辞岁酒"。

在锡林郭勒盟民间除过年节外,还在每年的夏天过"马奶节"。节前家家要宰羊做手把羊肉或全羊宴,还要挤马奶酿酒。节日的当天,每个牧民家庭都要拿出最好的奶干、奶酪、奶豆腐等奶制品摆到盘子里,用以招待客人。马奶酒被认为是圣洁的饮料,献给尊贵的客人。

2. 那达慕

那达慕是蒙古族最为盛大、影响最广泛的节日。那达慕是蒙古语中娱乐或游戏的意思。每年七八月,牛羊肥壮,牧民们便开始酿制马奶酒,屠宰牛羊,缝制新衣,准备各种美味的食品,举办不同规模的那达慕,进行被称为"男儿三艺"的射箭、摔跤、赛马等传统体育比赛。

那达慕起源于 13 世纪初,在蒙古族人生活中占有重要地位。当时,那达慕的主要项目就是进行射箭、摔跤、赛马比赛。如今的那达慕已增加了物资交流、文艺演出等许多新内容,使这一传统的民族盛会,更加喜庆、吉祥、欢乐而富于实效。

那达慕一般进行 5~7 天。每逢此时,牧民们穿着崭新的民族服装,骑着马、赶着勒勒车,从四面八方汇集而来。在绿茵草地上搭起毡帐、熬茶、煮肉。整个草原炊烟袅袅,人欢马叫,一片欢腾。摔跤是那达慕的主要内容,没有摔跤不能称为那达慕。

(四) 民族禁忌

蒙古族人骑马、驾车接近蒙古包时忌重骑快行,以免惊动畜群;若门前有火堆或挂有红布条等记号,表示这家有病人或产妇,忌外人进入;客人不能坐西炕,因为西是供佛的方位;忌食自死动物的肉和驴肉、狗肉、白马肉;办丧事时忌红色和白色,办喜事时忌黑色和黄色；忌在火盆上烘烤脚、鞋、袜和裤子等；禁止在参观寺院经堂、供殿时吸烟、吐痰和乱摸法器、经典、佛像以及高声喧哗，也不得在寺院附近打猎。

蒙古族人崇拜火、火神和灶神，认为火、火神或灶神是驱妖辟邪的圣洁物。所以进入蒙古包后，禁忌在火炉上烤脚，更不许在火炉旁烤湿靴子和鞋子。不得跨越炉灶，或脚蹬炉灶，不得在炉灶上磕烟袋、摔东西、扔脏物。不能用刀子挑火、将刀子插入火中，或用刀子从锅中取肉。

蒙古人认为水是纯洁的神灵，忌讳在河流中洗手或沐浴，更不许洗女人的脏衣物，或者将不干净的东西投入河中。

三、维吾尔族

"维吾尔"是维吾尔族的自称，意为"联合"。维吾尔族主要聚居在新疆维吾尔自治区天山以南的喀什、和田一带和阿克苏、库尔勒地区，其余散居在天山以北的乌鲁木齐、伊犁等地，少量居住在湖南桃源、常德，以及河南开封、郑州等地。此外，在哈萨克斯坦、乌兹别克斯坦、吉尔吉斯斯坦等国家境内也有维吾尔族。中国境内的维吾尔语分中心、和田、罗布3种方言。现在使用以阿拉伯字母为基础的维吾尔文。维吾尔族群众普遍信仰伊斯兰教。

（一）文化习俗

维吾尔族有属于自己独特的文化艺术，如故事集《阿凡提的故事》、音乐舞蹈史诗《十二木卡姆》、维吾尔族舞蹈等闻名中外。维吾尔族传统舞蹈有："顶碗舞""大鼓舞""铁环舞""普塔舞"等；民间乐器有"达甫"（手鼓）"都他尔"和"热瓦甫"等。维吾尔民族医学是祖国医学的重要组成部分。

1. 饮食

维吾尔族人以面食为主，喜食牛肉、羊肉，主食的种类有数十种，最常吃的有馕、羊肉抓饭、包子、面条等。维吾尔族人喜欢饮茯茶、奶茶，夏季多伴食瓜果。新疆盛产绵羊，维吾尔族人有吃烤羊肉串的习俗。讲究的羊肉串肉质鲜嫩、味咸辣，孜然的特殊味浓郁。与羊肉串相媲美的手抓饭，也是维吾尔族人的传统风味食品。在新疆维吾尔、乌孜别克等民族地区，逢年过节、婚丧娶嫁的日子里，都必备抓饭待客。他们的传统习惯是请客人围坐在桌子旁，上面铺上一块干净的餐巾，随后主人一手端盆，一手执壶，逐个让客人净手，并递给干净毛巾擦干，然后主人端来几盘抓饭置餐巾上（习惯是2~3人一盘），请客人直接用手从盘中抓吃，故取名为"抓饭"。维吾尔族人抓饭的种类很多，花色品种十分丰富。

2. 服饰

维吾尔族传统服装极富特色。男子穿"袷袢"长袍，右衽斜领，无纽扣，用长方丝巾或布巾扎束腰间；农村妇女多在宽袖连衣裙外面套对襟背心；城市妇女现在已多穿西装上衣和裙子。维吾尔族男女都喜欢穿皮鞋和皮靴，皮靴外加胶质套鞋，男女老少都戴四楞小花帽。维吾尔族花帽有用黑白两色或彩色丝线绣成的民族风格图案，有些还缀有彩色珠片。维吾尔族妇女常以耳环、手镯、项链为装饰品，有时还染指甲，以两眉相连形式画眉；姑娘以长发为美，婚前梳十几条细发辫，婚后一般改梳两条长辫，辫梢散开，头上别新月形梳子为饰品，也有人将发辫盘系成发结。地毯、花帽、艾德来丝绸、民间印花布和英吉沙小刀等是维吾尔族最负盛名的传统工艺制品。

（二）礼貌礼节

维吾尔族是一个十分热情而又好客的民族，每当客人来他们家里做客时，都会受到热情的款待。客人来到后，主人在门口热情迎接，热情让座和互相问候。

款待客人的第一个程序是请客人喝茶。在喝茶时，主人要端出馕、方块糖、冰糖、葡萄干、杏干、瓜果及自己制作的各种小点心和饼干。

喝过茶后，主人还要做饭招待。用什么样的饭来招待客人，要根据不同的客人而定。如果是远道而来的客人，常做"玉古勒"（银丝擀面）来招待。这饭有面有汤，吃了利于解除疲劳。

吃过饭后，进行最后一道程序，那就是用烧茶或用水果。维吾尔族人待客周到，显示出其热情好客的性格。

维吾尔族人对长辈尤为尊敬，走路让长辈先行，谈话让长辈先说，坐下时让长辈坐在上座；晚辈在长辈面前不准喝酒、抽烟；亲友相见必须握手问候，互相致礼和问好，然后右臂抚胸，躬身后退步，再问对方家属平安；妇女在问候之后，双手扶膝，躬身道别；在屋内坐下时，要求跪坐，禁忌双腿直伸，脚底朝人；接受物品或给客人上茶时要用双手，单手接受物品被视为缺乏礼貌的举动。

信仰伊斯兰教的维吾尔族人特别爱清洁。他们洗脸用水壶浇洗，不用脸盆；喝茶、吃饭之前一定要洗手，特别是吃"抓饭"时，饭前洗手显得更为重要；洗后的手，必须双手紧握，挤出残留的水珠，然后再行擦拭。

（三）节庆活动

1. 古尔邦节

古尔邦节是阿拉伯语的音译，意为"宰牲"或"血祭"。维吾尔民族的古尔邦节同汉族的春节一样，节日气氛特别浓郁。在古尔邦节前，维吾尔族人要做各种准备，特别是作为"献牲"的牲畜要预先买好；节日的早晨进行沐浴全身的"大净"，然后盛装到清真寺参加聚礼；之后，人们要到麻扎（墓地）为亡故的先人祈祷；最后还要"换哈达"，即拔去坟头上的枯木，栽根新枝，浇些水再回家。

按传统，节日聚礼之后的早晨是献牲祭祀、取悦安拉的最佳时机。通常，人们把血祭的牲畜宰好入锅之后，男子们开始互相拜节，妇女们则留在家里炖肉、准备节日食品、烧茶等，准备迎接客人。对长辈拜节之后，才是同辈的亲朋好友之间的拜节。大家除了互相道贺、彼此问候之外，还一同进餐，吹拉弹唱，一起娱乐。

2. 开斋节

开斋节在伊斯兰教历 10 月 1 日，又称拉玛丹节，中国新疆地区称肉孜节（Roza，波斯语，意为斋戒）。按伊斯兰教法规定，伊斯兰教历每年 9 月为斋戒月。凡成年健康的穆斯林都应全月封斋，即每日从拂晓至日落前，禁止饮食和房事等。封斋第 29 日傍晚如见新月，次日即为开斋节；如不见，则再封一日，共为 30 日，第二日为开斋节，庆祝一个月的斋功圆满完成。是日，穆斯林前往清真寺参加会礼，听伊玛目宣讲教义。

3. 诺鲁孜节

诺鲁孜节是悠久的维吾尔族节日。诺鲁孜节是维吾尔族历史发展进程中产生的系统的迎新年节日，是为进入春耕生产、绿化、美化、净化环境做准备的节日，是艺术的节日、体育的节日。"诺鲁孜"一词来自古伊朗语，意为"春雨日"。相当于伊朗古太阳历的每年 3 月 22 日，也即公历 3 月 22 日。这天相当于汉族的春分，故而"诺鲁孜"节也叫迎春节。

诺鲁孜节已经有 3000 年的历史。联合国教育、科学及文化组织于 2009 年将诺鲁孜节列入《人类非物质文化遗产代表名录》。诺鲁孜是传承下来的庆祝活动，作为文化遗产和悠久传统和睦的象征，对加强各国人民建立在相互尊重、和平及睦邻友好的理想基础上的关系发挥着重要作用。

（四）民族禁忌

（1）维吾尔族信奉伊斯兰教，禁食猪肉、驴肉、狗肉、骡肉、动物血和自死的畜禽，土葬而不火葬。

（2）维吾尔族人在清真寺和麻扎（墓地）附近禁止喧哗。

（3）维吾尔族人吃饭时不能随便拨弄盘中食，不能随便到锅灶前面，不能剩饭；不慎落地的饭屑，要拾起放在餐布上，不能将拾起的饭粒再放进共用的盘中。

（4）维吾尔族人在衣着方面，忌短小，上衣一般要过膝，裤腿达脚面；最忌户外着短裤。

（5）在屋内就座时要跪坐，维吾尔族人禁忌双腿直伸，脚朝人。

（6）亲友相见要握手互道问候，然后男士双手摸胡须，躬身后退一步，右臂抚胸；妇女在问候之后要双手扶膝躬身道别。

（7）维吾尔族人接受物品或清茶要用双手，忌用单手。

四、回族

回族，主要聚居于宁夏回族自治区，在甘肃、新疆、青海、河北、河南、云南、山东也有不少聚居区。回族在长期历史过程中吸收了汉族、蒙古族、维吾尔族等的生活习俗，服饰特别。回族有小集中、大分散的居住特点。在内地，回族主要与汉族杂居；在边疆，回族主要与当地少数民族杂居；大都分布于水陆交通线上，因此经济文化较为发达。

（一）文化习俗

回族人在居住较集中的地方建有清真寺，由阿訇主持宗教活动，经典主要是《古兰经》，信徒称"穆斯林"，生活习俗固守回族传统，遵循教规，讲究卫生，不吃猪肉、狗肉、动物的血液等。伊斯兰教在回族的形成过程中曾起过重要作用。清真寺是回族穆斯林举行礼拜和宗教活动的场所，有的还负有传播宗教知识、培养宗教职业者的使命。清真寺在回族穆斯林心目中有着非常重要的位置。

1. 饮食

回族人分布较广，饮食习惯也不完全一致。例如，宁夏回族人偏爱面食，喜食面条、面片，还喜食调和饭；甘肃、青海的回族人则以小麦、玉米、青稞、马铃薯为日常主食。油香、馓子是各地回族人都喜爱的特殊食品，是节日馈赠亲友不可少的。回族民间特色食品有酿皮、拉面、打卤面、肉炒面、豆腐脑、牛头杂碎、臊子面等。多数人家常年备有发酵面，供随时使用。城市的回族人一年四季早餐习惯饮用奶茶。回族人肉食以牛肉、羊肉为主，有的也食用骆驼肉，食用各种有鳞鱼类，如北方产的青鱼、鲢鱼、鳇鱼等。鸽子在甘肃地区的回族人中被认为是圣鸟，可以饲养，但不轻易食用。西北地区的回族民间还喜食腌菜。

回族饮料较讲究，凡是不流的水、不洁净的水均不饮用；忌讳在人饮水源旁洗澡、洗衣服、倒污水。回族人喜饮茶和用茶待客，西北地区回族人的盖碗茶很有名。宁夏回族人还饮用八宝茶、罐罐茶，也很有特色。

2. 服饰

回族服饰有鲜明的民族特色，在回族聚居区中，回族群众依然保持着中亚人的传统穿衣打扮。

回族服饰的主要标志在头部。男子们都喜爱戴白色圆帽。圆帽分两种，一种是平顶的，另一种是六棱形的。讲究的人，还在圆帽上刺上精美的图案。回族妇女常戴盖头。盖头也有讲究，老年妇女戴白色的，显得洁白大方；中年妇女戴黑色的，显得庄重高雅；未婚女子戴绿色的，显得清新秀丽。不少已婚妇女平时也戴白色或黑色的带沿圆帽。回族男女都喜好穿青坎肩。特别是回族男子在白衬衫上套一件青色坎肩，对比强烈，清新悦目，显得文雅庄重。图10-4展示的是回族女性服饰。

图10-4　回族女性服饰

（二）礼貌礼节

回族人很重视礼节，讲究礼貌，民族自尊心很强。回族人严禁露顶，外出必须戴帽。在礼俗方面，回族人很敬重长辈。在待客用饭时，主人须为客人添饭添菜，即使客人表示已经吃饱了，也仍要添少许，以示尊敬；客人若不吃，便有失敬之嫌。在给客人端饭、菜时，回族人均用右手；客人要双手相接，否则被视为不礼貌。回族人把出生视为一种大礼，保留着许多传统的风俗习惯。在婴儿诞生时，若是男孩，则在家庭或亲属、近邻中，选择一个聪明、诚实、勇敢的人首先踏进产房；如是女孩，要选择一个温柔、善良、勤快的人首先踏进产房。这叫"踩生"。

(三) 节庆活动

1. 开斋节

回族穆斯林的斋月，是伊斯兰教历 9 月。回族视斋月为最尊贵、最吉庆、最快乐的月份。为了表示纪念，就在每年伊斯兰教 9 月封斋一个月。斋月的起止日期主要由新月出现的日期而定。

斋月里，回族穆斯林的生活安排得比平时要丰盛得多。一般都备有牛羊肉、白米、白面、油茶、白糖、茶叶、水果等有营养的食品。封斋的人，在东方发白前要吃饱饭。东方拂晓后，至太阳落山前，要禁止行房事，断绝一切饮食。封斋的目的就是让人们体验饥饿和干渴的痛苦，让有钱的人真心救济穷人。通过封斋，回族穆斯林逐步养成坚忍、刚强、廉洁的美德。

2. 古尔邦节

古尔邦节，又称"宰牲节"。在伊斯兰教历的 12 月 10 日举行。这一天也是穆斯林赴麦加朝觐的第三天。节日这一天，回族穆斯林沐浴洁身后，穿上节日的盛装，到清真寺去参加会礼，之后走坟，回家举行宰牲仪式。宰牲的牛、驼、羊肉除了自己食用外，还要分送亲友和贫孤之人。

3. 圣纪节

圣纪节是纪念伊斯兰教先知穆罕默德的诞辰和逝世的纪念日。由于穆罕默德的诞辰与逝世恰巧都在伊斯兰教历 3 月 12 日，因此回民一般合称"圣纪"。节日这天回族穆斯林首先到清真寺诵经、赞圣、讲述穆罕默德的生平事迹，之后，自愿捐赠粮、油、肉和钱物，并邀约若干人具体负责磨面、采购东西、炸油香、煮肉、做菜等，勤杂活都是回族群众自愿来干的。回民把圣纪节这一天的义务劳动视为是行善做好事，因此争先恐后，不亦乐乎。

(四) 民族禁忌

(1) 信仰方面，回族禁忌轻视真主的命令，崇拜偶像，否认圣行，用真主的专用名如热哈吗尼（普慈的）、勒黑木（特慈的）给人命名等。

(2) 回族禁忌放高利贷、赌博、背盟爽约、强占他人财产、参与非穆斯林的宗教活动。

(3) 回族禁忌奸淫、败坏他人名节、挑拨离间、搬弄是非等。

(4) 在饮食生活方面，回族禁食猪、马、骡、驴、狗、蛇、火鸡、自死肉、浮水鱼，以及一切动物的血；禁食虎、狼、狮、豹、熊、象、猴、鹰、鹞等鸷鸟猛兽；禁吸食毒品；

禁饮酒等。

五、壮族

壮族，旧称僮族，是中国人口最多的少数民族。壮族大多居住在广西，主要集中在柳州、来宾、河池、南宁、百色、崇左等地区。云南省的壮族主要聚居在文山州，红河、曲靖也有一部分。广东连山、肇庆怀集、贵州从江和湖南江华也分布有壮族。壮族在宋代史籍中始称为"撞""僮""仲"，明清时也有称为僮人、良人、土人的。1949年，中华人民共和国成立后统称"僮族"（"僮"与"壮"同音），直到周恩来倡议在1965年改"僮"为"壮"。

（一）文化习俗

壮族人民在集中本民族民间文学、音乐、舞蹈、技艺的基础上，创造了壮戏。铜鼓是壮族最有代表性的民间乐器。壮锦是壮族民间流传下来的一种独特的织锦艺术，已有一千年的发展史，与南京的云锦、成都的蜀锦、苏州的宋锦并称"中国四大名锦"。骆越与西瓯是构成今天壮族的两个主要支系，他们存在了一千多年，创造了灿烂的稻作文明。今天壮族传承的古代文化，在很多方面是骆越人、西瓯人创造的。骆越方国创造的稻作文化、大石铲文化、龙母文化、青铜文化、花山文化等，是中华民族宝贵的文化遗产。

1. 饮食

大米、玉米是壮族地区盛产的粮食，自然成为他们的主食。壮族对禽畜肉一般不禁吃，如猪肉、牛肉、羊肉、鸡肉、鸭肉、鹅肉等均无禁忌，有些地区还酷爱吃狗肉。壮族自家还酿制米酒、红薯酒和木薯酒，度数都不太高，其中米酒是过节和待客的主要饮料，有的在米酒中配以鸡胆称为鸡胆酒，配以鸡杂称为鸡杂酒，配以猪肝称为猪肝酒。饮鸡杂酒和猪肝酒时要一饮而尽，留在嘴里的鸡杂、猪肝则慢慢咀嚼，既可解酒，又可当菜。

2. 服饰

壮族服饰主要有蓝、黑、棕三种颜色。壮族妇女有植棉纺纱的习惯，纺纱、织布、染布是一项家庭手工业。用自种自纺的棉纱织出来的布称为"家机"，精厚、质实、耐磨，然后染成蓝、黑或棕色。用大青（一种草本植物）可染成蓝或青色布，用鱼塘深可染成黑布，用薯莨可染成棕色布。壮族服饰各有不同，男子、女子的服饰，男子、妇女、未婚女子的头饰，各具特色。壮族女子有佩戴银手镯辟邪的传统，多见小女孩、少女佩戴。未婚女子喜爱长发，留刘海（以此区分婚否），通常把左边头发梳绕到右边（约三七分）用发卡固定，或扎长辫一条，辫尾扎一条彩巾，劳作时把发辫盘上头顶固定。已婚妇女则梳龙凤髻，将头发由后向前拢成鸡（凤）尾般的式样，插上银制或骨质横簪。

（二）礼貌礼节

壮族是个好客的民族，过去到壮族村寨任何一家做客的客人都被认为是全寨的客人，往往几家轮流请吃饭，有时一餐饭吃五六家。壮族人平时就有相互做客的习惯，比如一家杀猪，必定请全村各户每家来一人，共吃一餐。壮族人招待客人的餐桌上务必备酒，方显隆重；敬酒的习俗为"喝交杯"，其实并不用杯，而是用白瓷汤匙。

客人到家，壮族人必在力所能及的情况下给客人以最好的食宿，对客人中的长辈和初次到访的客人尤其热情。在用餐时，壮族人需等最年长的老人入席后才能开饭；长辈未动的菜，晚辈不得先吃；给长辈和客人端茶、盛饭，必须双手捧给，而且不能从客人面前递，也不能从背后递给长辈；先吃完的要逐个对长辈、客人说"慢吃"再离席，晚辈不能落在全桌人之后吃完饭。

宴请宾客，壮族人极为注重礼节。壮族人坐席时，要请年老的客人与主家同辈老人坐正位，主人坐靠近中门一侧，客人在另一侧，年轻人要站在客人身旁，先给客人斟酒，然后入座；给客人盛饭，饭勺不能碰锅沿发出响声，怕客人以为锅中饭少，不敢吃饱；端饭得从客人后侧双手递上，但中间斟酒可以从席上探过身子，不算违礼；席上夹菜，极讲究规矩，无论荤菜还是素菜，每次夹菜，都由一席之主先夹最好的送到客人碟里。

(三) 节庆活动

1. 春社节

春社节又称"保阳节"，含有"春祈"之意。二月初二这天，壮族各村或宗族合资杀猪宰羊，到社坛或土地庙祭祀社王或土地公，祈求神灵保佑全村平安、风调雨顺、人畜兴旺，古有"春社，城乡醵钱祀土神，老幼聚饮散福"之俗。其祭社活动各家一人参加，一般都是男性（各家家长。如果其父去世，则由长子参加）。祭毕即在社坛前聚餐，或按户平分祭品回家祭祖先。

2. 花王节

花王又称花婆，是壮族虔诚敬奉的一位女神。传说花婆神专管人类生育，又是儿童的保护神。所以，婴儿出世后，壮族人就在卧室的床头边立一花王圣母神位，上置一束从野外摘回的花或以红纸剪扎成的花，每逢初一或十五，须焚香敬拜；孩儿得病，祭拜之。农历二月二十九则大祭之。这一天，壮族已婚妇女们相互结拜为姐妹，杀鸡供奉花婆神，祈求生儿育女，孩儿健康。祭毕，妇女们做米粉聚餐。

3. 三月三歌节

壮族每年有数次定期的民歌集会，其中以三月三歌节最为隆重，许多地方举行歌圩活动。歌节期间，男女老少到村边的山坡、草坪、晒场、树下，互用山歌对答，歌声此起彼落，热闹非凡。山歌内容广泛，有情歌、赞美歌、农事歌、古歌等。歌手们根据对方歌曲的内容，随编随唱，表现了壮族人的聪明和才智。参加者多为未婚的男女青年。大家以歌代言，以歌会友，以歌择偶，以歌倾诉衷情。许多青年或歌技出众者，在歌圩上找到了意中人，最后通过抛绣球互表爱意。有的地方，此日祭祀先人，各家各户做五色糯饭，备上祭品去拜山（即扫墓），纪念祖先。

(四) 民族禁忌

壮族人忌讳农历正月初一这天杀牲;有的地区的青年妇女忌食牛肉和狗肉;妇女生孩子的头三天(有的是头七天)忌讳外人入内;忌讳生孩子尚未满月的妇女到家里串门。

登上壮族人家的竹楼,一般都要脱鞋。壮族人忌讳戴着斗笠和扛着锄头或其他农具的人进入自己家中,所以到了壮族人家门外要放下农具,脱掉斗笠、帽子。火塘、灶塘是壮族家庭最神圣的地方,禁止用脚踩踏火塘上的三脚架以及灶台。壮族青年结婚,忌讳怀孕妇女参加,怀孕妇女尤其不能看新娘,特别是怀孕妇女不能进入产妇家。家有产妇,要在门上悬挂柚子枝条或插一把刀,以示禁忌。不慎闯入产妇家者,必须给婴儿取一个名字,送婴儿一套衣服、一只鸡或相应的礼物,做孩子的干爹、干妈。壮族人在吃饭时,忌用嘴把饭吹凉,更忌把筷子插到碗里;夜间行走忌吹口哨;忌坐门槛中间。

壮族是稻作民族,十分爱护青蛙,有些地方的壮族人有专门的"敬蛙仪",所以到壮族地区,严禁捕杀青蛙,也不要吃蛙肉。每逢水灾或其他重大灾害时,壮族人都要举行安龙祭祖活动,乞求神龙赈灾;仪式结束后,于寨口立碑,谢绝外人进寨。

六、彝族

彝族是中国具有悠久历史和古老文化的民族之一,有诺苏、纳苏、以诺、罗武、米撒泼、撒尼、阿西等不同自称,主要分布在云南、四川、贵州三省和广西壮族自治区的西北部。

(一) 文化习俗

彝族是中华民族最古老的一员,拥有源远流长的历史、古老迷人的彝族风情。在悠久的历史长河中,彝族人民养成了能歌善舞的特性,拥有丰富多彩的民族民间音乐舞蹈艺术,民族节目灿烂多姿。此外,他们还拥有独特的饮食、起居、婚丧、服饰、待客及庆典礼仪,尽可让人返璞归真,体验古老的文明之韵味。

1. 饮食

大多数彝族人习惯以杂粮、面、米为主食。金沙江、安宁河、大渡河流域的彝族,早餐多为疙瘩饭,午餐以粑粑作为主食,备有酒菜。贵州女宁荞酥已成为当地久负盛名的传统小吃。

彝族人肉食以猪肉、羊肉、牛肉为主,主要是做成"坨坨肉"、牛汤锅、羊汤锅,或烤羊、烤小猪,狩猎所获取的鹿、熊、岩羊、野猪等也是日常肉类的补充。

彝族人日常饮料有酒、有茶,以酒待客,民间有"汉人贵茶,彝人贵酒"之说。饮茶的习惯在老年人中比较普遍,以烤茶为主,彝族人饮茶每次只斟浅浅的半杯,徐徐而饮。

2. 服饰

凉山、黔西一带,彝族男子通常穿黑色窄袖右斜襟上衣和多褶宽裤脚长裤,有的地区穿小裤脚长裤,并在头前部正中蓄小绺长发,缠头帕,右方扎一钳形结。妇女较多地保留民族特点,通常头上缠包头,有围腰和腰带;一些地方的妇女有穿长裙的习惯;男女外出时身披擦尔瓦;首饰有耳坠、手镯、戒指、领排花等,多用金银及玉石做成。

(二) 礼貌礼节

彝族是一个重礼仪的民族。以大小凉山彝族为例,待客以热情、豪爽、大方、纯朴而著称。人们在日常生活中保持着传统礼仪。

彝族民间素有宰羊杀牛迎宾待客之习。凡有客至,必先宰牲待客,并根据来客的身份、亲疏程度分别以牛、羊、猪、鸡等相待。酒是敬客的见面礼,客人进屋,主人必先以酒敬客,然后再制作各种菜肴。待客的饭菜以猪膘肥厚大为体面,吃饭中间,主妇要时时关注客人碗里的饭,未待客人吃光就要随时加添,以表示待客的至诚。

彝族有一个极有特色的传统习惯——见面必须问候,即使途遇生疏的外地人,彝族人都会亲切地问候:"远方的客人,你要到何方?要到家里歇。"如果是中午相遇,会说:"吃一杆烟。"太阳偏西遇见便会相劝:"马到之处就是放鞍的地方。今晚在我家,明早再上路。"旅途疲劳的外地人或客人听到这些亲切礼貌的问语,会感到无限的温馨和轻松愉快。

(三) 节庆活动

1. 彝族年

彝族年也称十月年,"年"在彝语中称为"枯",意为返回、回转、循环等。冬天日落点南移到最南端后,不再南移,在此停留几天后又往北移,此端点称为"补枯",意为"太阳转回点"。然后,到夏季日落点又移到最北的端点,就不再北移而转为南移。此端点称为"补炯",意为"太阳回归点"。此后日渐南移,到最南的端点,即"太阳转回点"就是一年。彝族过年一般为三天,过年家家户户都杀一头年猪,随意吃喝,尽情欢歌劲舞,沉浸在一片欢乐的海洋中。

2. 火把节

火把节是彝族的传统节日,是彝族最为隆重的节日。它以浓郁的民族特色和独特的节日风情而蜚声国内外。有人说,凉山彝族"吃在过年时,玩在火把节"。这说明火把节的节日气氛更加热烈欢快。火把节的时间是每年农历六月二十四,为期三天,六月二十六结束。火把节里丰富多彩、五彩缤纷的民俗活动令人目不暇接,充满着民族特色的传统文娱体育活动妙趣横生。火把节期间举行摔跤、斗鸡、斗羊斗牛、野炊、选美、点火把等活动,多姿多彩。色彩斑斓的服饰,使节日充满了热烈、欢乐的气氛。

3. 吾昔节

吾昔节,"吾"意为年,"昔"意为新,"吾昔"即新年。吾昔节以二十八星宿为坐标,并以观测星宿的出现来确定节期,一般在星宿与月亮相遇之夜,即农历腊月初七开始过吾昔节,为期9天。过节前要备好柴、米、面粉、苏里玛酒,将近节日时,杀猪宰羊,沐浴换洗新衣，扫干净房内外，以示除旧迎新。过节这一天家家门前、屋顶、神台上都插着松桂经幡，神龛上的香炉点上香、点上神灯，锅庄上摆放着烟、酒、茶、糖等供品。下午进晚餐前鸣炮三响，吹响三声海螺，念诵敬锅庄的祝词，家中年长者品一口苏里玛酒，饭菜先敬狗，之后才全局开餐。次日清晨，烧香敬神，争取到河边取头桶水，以求大吉大利，并用新取水洗脸做饭，意为一切都要重新开始。这天早上，若家中有年满13周岁的男女，则要举行"成丁礼"，即男孩子举行"穿裤子"仪式，女孩要举行"穿裙"仪式。举行了"成丁礼"仪式后，标志着已进入了成年人的行列。过节第一天不串门，要祭祀、野餐，第二天要相互走访，举行文体活动，这样持续9天才恢复常态。

（四）民族禁忌

（1）彝族不准用脚蹬锅庄石，更忌从火塘上方跨过。

（2）彝族灵牌是祖灵的化身，禁外人接近或不洁之物摆放周围。

（3）彝族忌火把节时，在田地中间随意走动，如此会招来虫灾。

（4）彝族忌与人有冤仇时当着对方的面折断树枝、吐口水、打鸡、打狗、砍扫把、拍打头帕。

（5）彝族不许妇女抚摸男人的头，更不准从男人帽子上跨过。

（6）彝族忌对婴儿用"胖""重""漂亮"之类赞词。

（7）彝族禁食马、骡、狗、猫、猴、蛇、蛙等肉。

七、苗族

苗族主要分布在贵州、湖南、云南、湖北、海南、广西壮族自治区等省（自治区）。苗族聚居的苗岭山脉和武陵山脉气候温和，山环水绕，大小田坝点缀其间，出产水稻、玉米、谷子、小麦、棉花、烤烟、油菜、油桐等。苗族有自己的语言，属汉藏语系苗瑶语族苗语支，原先无民族文字，20世纪50年代后期创制了拉丁拼音文字，现今大部分人通用汉文。

（一）文化习俗

苗族的音乐、舞蹈历史悠久。苗族人民善于歌舞，各种苗歌舞形式丰富多彩。苗族舞蹈、鼓舞、芦笙舞令人叹为观止，群众喜爱的芦笙舞技艺很高。苗族的挑花、刺绣、织锦、蜡染、首饰制作等工艺也很高超。苗族服饰多达130多种，可以同世界上任何一个民族的服饰相媲美。苗医精通药草，善于运用草药治病救人。

1. 饮食

大部分地区的苗族均以大米为主食，油炸食品以油炸粑粑最为常见，如再加一些鲜肉和酸菜做馅，味道更为鲜美。肉食多来自家畜、家禽饲养，四川、云南等地的苗族喜吃狗肉，有"苗族的狗，彝族的酒"之说。苗族以辣椒为主要调味品，有的地区甚至有"无辣不成菜"之说。各地苗族普遍喜食酸味菜肴，酸汤家家必备。

苗族的食物保存，普遍采用腌制法，蔬菜、鸡、鸭、鱼、肉都喜欢腌成酸味的。苗族几乎家家都有腌制食品的坛子，统称酸坛。苗族酿酒历史悠久，从制曲、发酵到蒸馏、勾兑、窖藏有一套完整的工艺；日常饮料以油茶最普遍，湘西苗族还特制有一种万花茶；酸汤也是常见的饮料。

2. 服饰

如果说银饰是苗族女性的代表性标志，那么服饰则代表着苗家人独特的艺术风格。苗族服饰以夺目的色彩、繁复的装饰和耐人寻味的文化内涵著称于世。苗族服饰图案承载了传承本民族文化的历史重任，从而具有文字的部分表达功能。由于历史久远，这些图案所代表的文字功能和传达的特定含义也蒙上了神秘的色彩，无法完全解读。这也是苗族服饰图案所具有的独特魅力。苗族服饰也因而被称为"无字史书"和"穿在身上的史书"。图 10-5 展示的就是苗族女性的服饰。

图 10-5　苗族女性服饰

（二）礼貌礼节

苗族人十分注重礼仪。客人来访，必杀鸡宰鸭盛情款待，若是远道来的贵客，苗族人习惯先请客人饮牛角酒。在吃鸡时，苗族人要把鸡头敬给客人中的长者，鸡腿要赐给年纪最小的客人。有的地方还有分鸡心的习俗，即由家里年纪最大的主人用筷子把鸡心或鸭心分给客人。

苗族人勤劳朴实、开朗大方、热情好客，不论熟人还是陌生人，见面后常以一句"鸟荣"（一切可好）互相问候。当苗族人看到一个外族人会讲苗语时，认为这是对苗族人民的尊重，将把客人奉为上宾接待。一般主人的卧室，外人不得随意进入。

男性客人一定要接受苗家的敬酒，若实在不会喝酒，应该非常有礼貌地加以说明，否则被视为无礼，将失去苗族同胞的信任。在苗族人家做客，切记不能去夹鸡头吃。按苗族传统礼节，鸡头是要敬给老人的。为了表示对客人的最高敬意，主人常常把鸡头给客人，这时懂礼貌的客人就应该双手接过鸡头，然后再转献给在座的老人或长者。当你离开苗族主人家时，一定要有礼貌地说声"哇周"，意为"谢谢"，感谢主人家对你的盛情款待。当主人把客人送到门口或寨外，叮嘱客人下次再来时，客人应说"要来的"，而不能说"不来了"，否则也被认为不懂礼貌。

（三）节庆活动

1. 开年节

开年节是苗族人民的"春节"，也称作"客家年"。过年时，苗族家家户户杀猪宰羊，烤酒打粑庆丰收，希望来年风调雨顺、五谷丰登。按照风俗，苗族人民用对歌的方式表达他们对新年的祝福和希望。开年节一大早，黔湘渝边区的各族同胞就从四面八方赶到三省市交界的天星坡脚，用歌声表达迎新的喜悦。还要唱《开春歌》，歌词大意为思春、盼春、惜春、挽春等。

2. 踩花山节

踩花山节是苗族传统的节日。云南、贵州、四川等省苗族群众在农历正月、二月间或四月、五月间盛行踩山、跳场，源于青年男女的求爱活动。节日期间，青年男女对歌、跳芦笙舞寻求配偶；老农们则来到花场地交流生产经验，传授生产技术，祝愿五谷丰登。居于山区的苗民在节日还要进行斗牛比赛。屏边县的苗族还举办跳狮子和爬花秆比赛。

3. 姐妹节

在贵州省东部清水江畔的苗家村寨，每年农历三月十五至十八日为苗家"姐妹节"。节日里，苗家按传统风俗都要吃"姐妹饭"。这种饭是用姑娘们在山上采集的野花和叶把糯米染成五颜六色后蒸成的。节日里还有热闹的斗牛场面和"游方"活动。

（四）民族禁忌

（1）苗族忌坐门槛，因大门乃出入之通道，坐在门槛上会严重影响人们的出入行动，属不懂礼貌的行为，故忌之。

（2）苗族火坑右边（背向为北，面向为南，余类推）的中柱脚处，设有祖先神位，苗语称为"杭果"。一般青年和妇人严禁坐在这一方向烤火，孩童更不能在这里打打闹闹，以免惊动神灵。这是苗族最重要的禁忌之一。

（3）苗家的火坑里放有铸铁三脚架一个，苗语称为"果刚"，专用于架锅、鼎、罐煮饭、炒菜，任何人都不能用脚踩踏其上。因为传说三脚架是三个护火的祖先变成的，踩踏了三脚架就是对祖先的不恭。实则因为三脚架是铸铁所制，性刚脆易断，故忌之。

（4）苗族堂屋中央都有一块石板，石板下有一小坑，坑内放有清水一碗，是"龙"的栖身之处。如果有人震动了这块石板，据说"龙"就会受惊离去，主人家就会遭灾。

（5）苗族白色头帕是办丧事时晚辈戴的孝帕，若自己的父母健在晚辈就戴白色头帕，有诅咒老人之嫌，故忌之。

（6）苗族地区有这样的规矩："男人头，女人腰，准看不准闹（nāo）。"意为男人最忌讳被人摸头，否则就会事事倒霉、运气不佳；女人最忌讳被人掐腰，否则就会被认为不正经。

八、傣族

傣族人主要聚居在云南省的西双版纳傣族自治州、德宏傣族景颇族自治州、耿马傣族佤族自治县、孟连傣族拉祜族佤族自治县和临沧地区，少数散居在附近其他州县。傣族人通常喜欢聚居在大河流域、坝区和热带地区。绝大多数的傣族人信仰南传上座部佛教。

居住在国外的傣族主要分布于泰国、缅甸、柬埔寨、老挝、越南等东南亚国家。历史上傣族以泰国北部和缅甸为核心建有佛教国家——焚香国。后经历史演变，这个国家已不复存在，之后傣族散居于我国西南一带和中南半岛各个国家。

（一）文化习俗

傣族有千余年的老傣文文献，有古老的贝叶经。傣族有自己独特的历法。傣族文学的发展也大放异彩，反映了原始时期傣族先民的生产活动和生活状况。傣族人十分喜爱诗歌，尤其是叙述长诗。佛教的传入，傣文的创制，都为叙事诗的繁荣奠定了基础。傣族民间艺人接受、翻译和传播外来的佛经文学，同时还把傣族民间故事吸纳进来，创作了大量的民间叙事长诗。

1. 饮食

傣族以大米为主食，喜爱糯米，最具特色的是竹筒饭。制作方法是将新鲜的糯米装进竹筒加水后，用一个玉米胡塞上，放在火上烧烤，吃起来清香可口。傣族还有很多特色烧烤。香茅草烤鱼，是一道傣族风味菜。一般先将洗净的鱼裹上味道芬芳的香茅草，然后置于火上烧烤，并抹上适量的猪油，烤时香气四溢。这样烤出来的鱼香味扑鼻、鱼肉酥脆、味道鲜美独特。傣族的凉拌菜也十分美味。

西双版纳傣族自治州特产非常丰富，仅水果就有110多种。这里动植物品种繁多，是有名的"植物王国"和"动物王国"。1991年，西双版纳国家自然保护区正式向外界开放，人们可以亲身游历大自然的宝库，体味浓郁的亚热带风情。

2. 服饰

傣族男子一般上身穿无领对襟袖衫，下身穿长管裤，以白布或蓝布包头。傣族女子的服饰各地有较大差异，但基本上都以束发、筒裙和短衫为共同特征。筒裙长到脚面，衣衫紧而短，下摆仅及腰际，袖子却又长又窄。

（二）礼貌礼节

傣族自古以来就是一个讲究礼仪的民族。傣族民风淳朴、尊老爱幼、和睦相处，无论男女老少都以多行善事为社会公德。傣族人际交往十分讲究礼节礼貌。

傣族的礼仪教育由家庭教育、佛寺教育和法律法规三个部分组成，三者相互结合，相得益彰。

傣族信奉南传上座部佛教，即小乘佛教。男孩子从八九岁开始都要离家到寺庙当几年和尚。八九岁至十几岁，是一个人礼仪行为养成的重要阶段，佛教的教义教规对他们一生的道德礼仪的养成，具有十分重要的作用。

傣族由于主张行善而不作恶，人际关系是友善的、和睦的。在傣族内部，抚幼敬老，夫妻和睦，与邻里友爱互助，谁家有困难，全村来帮助，一家盖新房，全寨来帮忙。

到傣家做客，一般还会受到主人"泼水"和"拴线"的礼遇。客人到来之时，门口有傣家小"卜哨"（小姑娘）用银钵端着浸有花瓣的水，用树枝叶轻轻泼洒到客人身上。走上竹楼入座后，"咪涛"（大妈）会给客人手腕上拴线，以祝客人吉祥如意、平安幸福。

（三）节庆活动

1. 泼水节

泼水节是傣族的年节，又称"浴佛节"，是傣族人民送旧迎新的传统节日。泼水节一般在傣历六月中旬（清明前后十天左右）举行。节日期间的主要活动是祭祀、拜祖先、堆沙、泼水、丢沙包、赛龙船、放火花及歌舞狂欢等节目。泼水节是傣族最盛大的节日，这一节日傣语称"桑勘比迈"。届时要赕佛，并大摆筵席，宴请僧侣和亲朋好友，以泼水的方式互致祝贺。泼水活动是傣历新年节庆活动的主要内容，且这一活动深受各族人民的喜爱。2006年，泼水节被列入国家级非物质文化遗产名录。

2. 关门节

关门节傣语叫"进洼"，意为佛祖入寺，是云南傣族传统宗教节日，每年傣历九月十五（农历七月中旬）开始举行，历时三个月。

相传，每年傣历九月，佛到西天去与其母讲经，三个月才能重返人间。有一次，正当佛到西天讲经期间，佛徒数千人到乡下去传教，踏坏了百姓的庄稼，耽误了他们的生产，百姓怨声载道，对佛徒十分不满。佛得知此事后，内心感到不安。从此以后，每遇佛到西天讲经时，便把佛徒都集中起来，规定在这三个月内不许到任何地方去，只能忏悔，以赎前罪，故人们称之为关门节。

3. 开门节

开门节也称"出洼"，傣语为"豪瓦萨"，是我国信奉小乘佛教的傣族、布朗族、德昂族和部分佤族的传统节日，流行于云南地区，源于古代佛教雨季安居的习惯，类似于中原佛教的解复，时间在傣历十二月十五（约在农历九月中旬）。

开门节，象征着三个月以来的雨季已经结束，表示解除关门节以来男女间的婚忌，即日起，男女青年可以开始自由恋爱或举行婚礼。节日这天，男女青年身着盛装去佛寺拜佛，以食物、鲜花、腊条、钱币敬献。祭拜完毕，举行盛大的文娱集会，庆祝从关门节以来的安居斋戒结束，主要内容有燃放火花、点孔明灯、唱歌跳舞。青年们还将舞着各种鸟、兽、鱼、虫等形状的灯笼环游村寨。这时，正逢稻谷收割完毕，故也是庆祝丰收的节日。

（四）民族禁忌

（1）傣族村寨立有寨心（高约三四尺的木台子，中间装土）。此乃村寨的心脏或生命，故忌在其上坐、脚踏或拴马。德宏州傣族祭寨时，忌外人进寨，寨人外出，须等祭寨完毕方可出入。进佛寺者须先在门外脱鞋，方可入内，忌随便敲打佛寺里的鼓，忌摸神像，忌摸小和尚的头顶，走路时忌踩佛爷、和尚的影子。佛爷、和尚忌与一般人住在一起或住楼下。傣族忌外人进入寨神庙。

（2）傣族人从进洼（关门节）到出洼（开门节）（傣历九月十五以后的三个月）期间不许谈情说爱，不许结婚。

（3）傣族村寨若有人死，全寨人停止生产，妇女可外出砍柴、搜集饲料，但不可背进寨，待葬完死者后，方可将置于村边的木柴、饲料拿进家中。

（4）傣族经期、产期妇女，不得入佛寺。

（5）进傣家时，忌到楼口不脱鞋；进屋后，忌用脚踩地板；忌倚靠室内中柱，也忌挂物于中柱上。傣家火炕旁一般是家长的床铺，禁忌随便坐，也不可乱动床边的"圣水瓶"。

九、白族

白族是我国西南边疆的一个少数民族，主要分布在云南省大理、丽江、碧江、保山、南华、元江、昆明、安宁等地，贵州毕节、四川凉山、湖南桑植县等地也有分布，使用白语，属汉藏语系藏缅语族，还有说法主张白语（白族的语言）、土家语（也属于汉语族）。绝大部分白族人操本族语，通用汉语文，元明时使用过"僰文"（白文），即"汉字白读"，使用汉字书写，有自己的语言，文学艺术丰富多彩。

（一）文化习俗

白族人民在长期的历史发展过程中，创造了光辉灿烂的文化，对祖国的文明做出了贡献。苍洱新石器遗址中已发现沟渠的痕迹。在剑川海门口铜石并用遗址中发现居民已从事饲养家畜和农耕的遗迹。春秋、战国时期，洱海地区已出现青铜文化。蜀汉时，洱海地区已发展到"土地有稻田畜牧"。唐代白族先民已能建筑苍山"高河"水利工程，灌田数万顷；修治高山梯田，创建了邓川罗时江分洪工程。南诏有自己的历法，明代白族学者周思濂所著《太和更漏中星表》以及李星炜的《奇验方书》等，都是总结了古代天文和医学的代表作。白族在艺术方面独树一帜，其建筑、雕刻、绘画艺术名扬古今中外。

1. 饮食

白族人以玉米、荞麦、马铃薯为主粮，常吃大米饭、苞谷（玉米）饭及各种米面制品，牛肉、羊肉、猪肉及各种咸菜，喜食砂锅菜、酸菜等。白族人口味以酸、冷、辣为主，也喜爱粑粑、饵块、汤圆、米线、稀粥、糖饭（糯米与干麦芽粉制）等。大理生皮是白族特有的菜肴。这是将整只猪或羊置于稻草火上烘烤，待烤至半生半熟时，去毛再烤，直至皮肉呈金黄色时为止。吃时将肉切成肉丝或肉片，佐以姜、葱、蒜、炖梅、辣椒、芫荽等调料，又香又鲜，为款待贵客的民族佳肴。此外，白族还有海稍鱼、猪肝胙、雕梅、乳扇、凉粉等诸多地方特色美食。其中三道茶是云南白族招待贵宾时的一种饮茶方式，属茶文化范畴。驰名中外的白族三道茶，以其独特的"头苦、二甜、三回味"的茶道早在明代时就已成了白家待客交友的一种礼仪。

白族人大都喜饮酒，由于所用的原料和方法不同，酒的种类很多，制酒时常用40多种草药制成酒曲，再制成各种白酒，其中以窑酒和干酒为传统佳酿。另外，还有一种用糯米酿制的甜酒，是专为妇女和孕妇制作的，据说有滋补和催奶的作用。

2. 服饰

白族人崇尚白色，服饰款式各地略有不同，以白色衣服为尊贵。

大理等中心地区男子一般缠白色或蓝色包头，上穿白色对襟衣，外套黑领褂，下穿白色、蓝色长裤。洱海东部白族男子则外套麂皮领褂，或皮质、绸缎领褂，腰系绣花兜肚，下穿蓝色或黑色长裤；出门时，常背挂包，有的还佩挂长刀。

白族女子服饰各地有所不同。大理一带多用绣花布或彩色毛巾缠头，穿白上衣、红坎肩，或是浅蓝色上衣、外套黑丝绒领褂，右衽结纽处挂"三须""五须"银饰，腰系绣花短围腰，下穿蓝色宽裤，足蹬绣花鞋。已婚者挽髻，未婚者垂辫于后或盘辫于头，都缠以绣花、印花或彩色毛巾的包头。在白族姑娘的头饰上，蕴含着美好的寓意，这就是"风花雪月"——白族少女的头饰，垂下的穗子是下关的风；艳丽的花饰是上关的花；帽顶的洁白是苍山雪；弯弯的造型是洱海月。图10-6展示的是白族女性服饰。

图10-6 白族女性服饰

（二）节庆活动

1. 三月街

云南大理白族三月街，也叫大理三月会，是白族盛大的节日和街期。会期是每年农历三月十五至二十。三月街既是滇西最大规模的物资交流盛会，也是滇西风格独具的民族体育和文化娱乐盛会。

唐代，南诏国都城羊苴咩城（今大理古城）不仅是云南政治、经济、文化中心，而且是南诏国与东南亚储古国进行文化交流、贸易通商的重要门户。当时佛教已传入南诏，南诏白族先民对观音菩萨极为崇拜，"年年三月十五日，众皆聚集，以蔬食祭之，名曰祭观音处，后人于此交易，传为祭观音街"。这是最早的三月街。之后，三月街逐渐由宗教庙会演变为民间物资交流会。明代白族史学家李元阳的《云南通志》中记载："观音市，三月十五日在苍山下贸易各省之货。自唐永徽间至今，朝代累更，此市不变。"清代，三月街达至空前的规模和盛况。

1991年，大理白族自治州把三月街定为"三月街民族节"。节日期间，中外客商云集，集贸市场活跃。由多个县市代表队参加的大型文艺表演，演出霸王鞭、八角鼓、双飞燕、龙灯等富有民族特色的舞蹈。此外，还有赛马、洞经音乐演奏、龙舟赛等文体活动。2008年，大理三月街被列入国家级非物质文化遗产名录。

2. 火把节

火把节在白族语中叫"福旺午"，于每年农历六月二十五举行，是白族的传统节日。节日当天，男女老少聚集一堂祭祖，通过拜火把、点火把、耍火把、跳火把等活动，预祝五谷丰登、六畜兴旺。

节日前夕，全村同竖一根高一二十米的大火把，用松树做杆，上捆麦秆、松枝，顶端安一面旗。旗杆用竹竿串联三个纸篾扎成的升斗，意为连升三级。每个升斗四周插着绘有"国泰民安""风调雨顺""人寿年丰""五谷丰登""六畜兴旺"之类字画的小纸旗；升斗下面挂着火把梨、海棠果、花炮、灯具以及五彩旗。

火把节的高潮是耍火把。男女青年各持一个火把，见人就从挎包里抓出一把松香粉往火把上撒，每撒一把，发出耀眼的火光，并发出"轰"的一响，火苗燎向对方，叫作"敬上一把"。白族人认为火苗指向可燎去身上的晦气，故竞相燎耍，喜气洋洋。燎耍过后，青年要成群结队，举着小火把到田间地头，向火把撒松香粉，给谷物照穗，其意是消除病虫保丰收。

火把节的尾声还要跳火把。午夜前后，把狂欢时燃烧着的火柴棍堆成一堆堆的篝火。男女青年一个接一个地从篝火上来回跨越两三次，祈求火神"禳灾祛邪"，要看谁跨得高、跳得远，直到兴尽为止。

3. 绕三灵

每年农历四月下旬，白族人都要举行为期三四天的"绕三灵"。节日期间，成千上万的男女老少身穿民族盛装，弹奏着乐器，边唱边舞，齐聚"神都"圣源寺，进行朝拜仪式，并开展各种文艺活动。相传，南诏大将、大理国段氏祖先段宗膀，是白族中最高的神中之神。他所居住的寺庙称"神都"，建于上阳溪圣源寺。

（三）民族禁忌

家里来客人，只能听客人说话，不能插嘴、乱提问。白族人在吃饭时要请客人坐上位，主人不能脚踏饭桌栏杆，不能大声说话，意为尊重客人；不许用勺子在甑子里像挖地一样挖个洞，意为不与粮食吵架，平等待人。

白族人欠人钱财，必须在年三十晚前还清，忌讳背上腊月账；穿脏的衣物、门窗户壁也要在年三十晚清洗干净,意在除旧布新。白族农历三月十五是蛇的节日,家家门前、墙脚都要撒石灰,避蛇入户,这一天忌讳坐在门槛上,以免引蛇入室。这些禁忌无不包含着谨慎为人、文明行事、感恩戴德的生活哲理。

白族人结婚择日忌讳"四绝",即立春、立夏、立秋、立冬前一天都不能用,以免断子绝孙;还要忌讳"四离",即春分、秋分、夏至、冬至前一天不能用,以免妻离子丧。出席婚礼的客人不能穿素白服装;聋哑人、不会说话的小孩、孕妇不能进新房,以免给人带来晦气。

白族人家中长辈去世,孝子孝孙守灵时不能坐板凳,禁止饮酒等一切带有娱乐性的活动;在十天内不许洗头、剃须、洗澡,不准进别人家门,否则被视为对死者的不恭,或给别人带来晦气。

十、朝鲜族

中国境内的朝鲜族主要居住在中国东北部。朝鲜族通用语言为朝鲜语,一般认为属阿尔泰语系。朝鲜语属音位文字类型,有40个字母,是音素字母,在拼写时,把同一音节的音素迭成字块构成方块形文字。

(一)文化习俗

20世纪90年代之前朝鲜族主要从事农业,以擅长在寒冷的北方种植水稻著称,生产的大米洁白、油性大、营养丰富,延边朝鲜族自治州被誉为"北方水稻之乡"。延边地区还是中国主要的烤烟产区之一。延边黄牛是中国五大地方良种黄牛之一。如今大部分朝鲜族人从事制造业。

朝鲜民族能歌善舞,无论年节喜庆还是家庭聚会,男女老幼伴随着沉稳的鼓点与伽倻琴翩翩起舞习以为常。

1. 饮食

朝鲜族的传统风味食品很多,其中最有名的是打糕、冷面、泡菜。打糕是用蒸熟的糯米打成团、切块、撒上豆面并加稀蜜、白糖制成。冷面是在荞麦面中加淀粉、水,和匀成面条,煮熟后用凉水冷却,加香油、辣椒、泡菜、酱牛肉和牛肉汤等制成,吃起来清凉爽口、味道鲜美。泡菜是将大白菜浸泡几天,漂净,用辣椒等佐料拌好,放进大缸密封制成,腌制时间越长,味道越可口。

2. 服饰

朝鲜族人比较喜欢素白色服装,以示清洁、干净、朴素、大方,故朝鲜族自古有"白衣民族"之称,自称"白衣同胞"。妇女穿短衣长裙,这也是朝鲜族妇女服装的一大特色。短衣朝鲜语叫"则高利",是一种斜领、无扣用带子打结、只遮盖到胸部的衣服;长裙,朝鲜语叫作"契玛",腰间有细褶,宽松飘逸。这种衣服大多用丝绸缝制而成,色彩鲜艳。

图 10-7 展示的是朝鲜族女性服饰。朝鲜族男子一般穿素色短上衣，外加坎肩，下穿裤腿宽大的长裤，裤脚系上丝带，外出时多穿斜襟以布带打结的长袍，现在改穿制服或西服。

（二）礼貌礼节

朝鲜族礼节很严；晚辈对长辈说话必须用敬语；平辈之间初次见面也要用敬语；与长者同路时，年轻者必须走在长者后面；路遇认识的长者，要问安让路；就餐时给老人摆单人桌，父子不同席，儿媳恭顺地侍候，待老人吃完，全家才能就餐；晚辈不能在长辈面前喝酒，席间若无

图 10-7 朝鲜族女性服饰

法回避时，年轻人应举杯背席而饮；年轻人不能在老人面前吸烟，不能借火，更不能和老人对火。

（三）节庆活动

朝鲜族节日与汉族基本相同。朝鲜族人一向崇尚礼仪，注重节令，每逢年节和喜庆的日子，饮食更加讲究，所有的菜肴和糕饼，都要用辣椒丝、鸡蛋片、紫菜丝、绿葱丝或松仁米、胡桃仁等加以点缀。

1. 春节

能歌善舞的朝鲜族人民的节日生活丰富多彩，除夕全家守岁通宵达旦，古老的伽倻琴和洞箫的乐曲声，将人们带入一个新的境界。节日期间，朝鲜族男女老少纵情歌舞，压跳板、拔河等，竞赛场上，热闹非凡，人们扶老携幼争相观看。

2. 上元节

上元节是朝鲜族传统岁时节日，每年农历正月十五举行，节期一天。这一天，朝鲜族人要先到祖坟送灯，然后在堂内点"属"灯、院内挂天灯、院门两旁挂壁灯，还要到河里放灯船。这一天还要吃药饭、五谷饭，喝聪耳酒。药饭以江米、蜂蜜为基本原料，掺大枣、栗子、松子等煮成。因药饭原料较贵，不易凑齐，一般以大米、小米、大黄米、糯米、饭豆五种做的"五合饭"代替，以盼望当年五谷丰登。晚上，大家举着火炬上东山高处迎圆月，谁当年有福，谁就能望见初升圆月，迎月之后，男女老少在月光下踏桥。踏桥，也叫跺桥。朝语中"桥"和"腿"两词同音，踏桥意为练腿。在踏桥时，每人要在桥上往返的次数必须与自己的岁数相等，以求祈福禳灾。

3. 婴儿生日节

婴儿生日节即婴儿周岁生日节。在朝鲜族人的人生仪礼中，婴儿的一周岁纪念日最受重视。婴儿一周岁纪念日的庆祝活动非常隆重。婴儿生日到来之际，婴儿的妈妈要把自己打扮得漂漂亮亮的，给孩子穿上一套精心制作的民族服装，然后把孩子抱到已准备好的生日桌

前，让婴儿"过目"专门为他摆设的"涉猎物"。桌子上会摆放一些打糕、糖果、食品、笔、书、小枪等带有象征意义的东西。客人到齐后，婴儿的妈妈就叫孩子从桌子上五花八门的东西中随便拿自己的中意之物。当孩子伸手从桌子上拿一样东西时，客人们就欢腾起来，说一些祝福的话。这个过程汉族叫作"抓周"。

4. 回婚节

在朝鲜族的家庭节日中，最隆重的是"回婚节"，也称"归婚节"，即结婚60周年纪念日。举行回婚节必须具备如下三个条件：一是老两口都健在；二是亲生子女都在世；三是孙子孙女无夭折。如果亲生子女或孙子孙女中有死亡者，则不能举行回婚节。因此，谁家能举行回婚节，是种很大的荣耀，亲朋好友都要前来祝贺，一对老人穿上年轻时的结婚礼服，相互搀扶着入席，大家频频举杯祝福，比年轻人的婚礼更为热闹隆重。

（四）民族禁忌

朝鲜族人喜食狗肉，但婚丧与佳节不吃，忌讳人称"鲜族"，因为它是日本侵略时代留下的蔑称。

第二节　其他少数民族礼仪与习俗

一个民族的风俗习惯是建立在这个民族的生活条件之上的。由于我国各民族所处的自然和社会环境条件不同，因而所形成的风俗存在很大的差异，都具有浓厚的民族特点。任何一个民族的风俗习惯，都是一定的社会历史发展阶段的产物。它具有深刻的社会根源、历史根源和自然根源。只要民族存在，反映民族特点的风俗习惯就会长期存在。我国少数民族众多，有一些特色民族的风俗习惯，为局部地域所特有，而且世代相传，渗透这个民族日常生活的各个方面和社会生活的各个角落。

一、满族

我国的满族人有一半以上居住在辽宁省，其他散居在吉林、黑龙江、河北等省，以及北京、西安和成都等大城市。满族人很早就信奉萨满教，每逢祭祖、祭天，要由萨满戴上神帽，穿上裙子，系上腰铃，击鼓起舞，边祷边跳。满族人重礼节，有一个时期，小辈对老辈是三天一小礼，五天一大礼；三天见长辈要请安，五天见长辈要"打千"。男人打千要哈腰，右手下伸，左手扶膝，像拾东西一样；女人打千要扶膝下蹲。满族男人留发梳瓣，穿马蹄袖袍褂，系腰带；妇女头顶盘髻，穿宽大的直统旗袍，不缠足。今天，旗袍已经成为典型的东方妇女服饰，风靡全球。

二、土家族

土家族主要分布在湖南省西北部、湖北省恩施地区和四川省东部等地。在唐宋时期，土家族人手工生产的溪布、水银和朱砂远近闻名,成为贡品。"西朗卡铺"(土家铺盖)是土家族的两朵艺术之花之一,它编织精巧,色泽绚丽,有100多种图案。土家族人的另一朵艺术之花是摆手舞,它是土家族流行的古老舞蹈,古朴优美,生活气息浓厚。

土家族妇女爱穿左襟大袖短衣、滚花边,下着八幅长裙或镶边筒裤,头挽发髻,喜欢戴耳、项、手、足圈等银饰物;男子穿对襟衣,多扣子。衣料多用土布或麻布,史书上称为溪布、峒布。

三、布依族

布依族主要聚居在贵州省黄果树瀑布周围的黔南布依族苗族自治州和兴义、安顺地区的几个布依族苗族自治县。

布依族男子大多穿多襟短衣或长衫,包蓝色或白底蓝方格头巾。妇女大多穿右大襟上衣和长裤,或套镶花边短褂,或系绣花围腰,也有穿大襟大领短袄,并配蜡染百褶长裙的。在节日里,妇女还戴各种银质首饰。蜡染是布依族珍贵的手工艺品。

布依族居住区风景秀丽,除了黄果树瀑布外,还有被誉为"贵州高原之花"的花溪。那里土地肥沃,适宜农耕,盛产木棉、剑麻、竹笋、香蕉、黄果,以及松杉、青冈等建筑木材。

四、侗族

侗族主要分布在贵州、湖南两省和广西壮族自治区。他们主要从事农业生产,兼营林业。鼓楼是侗族村寨中别具一格的建筑物,形似宝塔,是村民聚会、休息和娱乐的地方。各村寨都有鼓楼,有的高达13层,颇为壮观。逢年过节,侗族人民便聚居在鼓楼前的广场上,尽情歌舞。

侗族人大多穿自纺、自织、自染的侗布,喜青、紫、白、蓝色;村落依山傍水,住房一般用杉树建造木楼,楼上住人,楼下关牲畜或堆放杂物;饮食以大米为主,普遍喜食酸辣味,好饮米酒,用油茶待客。

五、哈尼族

哈尼族主要分布在云南省西南部的哀牢山区。他们善造梯田。元江南岸遍是层层叠叠的梯田,有的高达数百级,从河谷一直延伸到山顶,梯田内还养鱼,堪称哀牢山区的鱼米之乡。

哈尼族人喜欢用自己染织的藏青色土布做衣服,男人穿对襟上衣和长裤,以黑布或白布裹头;妇女穿右襟上衣,下穿长裤,胸前挂成串的银饰,头戴圆帽。哈尼族人的住宅大多在山腰,依山势而建,房屋多为土墙草顶楼房,分上、中、下三层,上层堆放杂物,中层住人存粮，下层关养牲畜。

哈尼族人大多信奉多神崇拜和祖先崇拜，以"龙树"为保护神。几段打了结的绳子作为账本，被哈尼族人珍藏在家中最安全的地方。1957 年，哈尼族创制了以拉丁字母为基础的文字。

六、黎族

黎族生活在海南省最南端天涯海角地区。这是一个能歌善舞的民族。其钱铃双刀舞、打柴舞、舂米舞等具有独特的民族风格。黎族妇女精于纺织。宋末元初，著名纺织家黄道婆高超的纺织技术，就是在黎族地区居住了 40 多年学到的。黎族地区以农业生产为主，主要种植水稻、玉米、甘薯等，还盛产橡胶。

黎族妇女在脑后梳髻，上插用箭猪毛或金属、牛骨制成的发簪，披绣花头巾，上衣对襟开、胸无扣，下穿无褶、织绣花纹的筒裙；盛装时戴项圈、手镯、脚环、耳环等。黎族男人上穿无领对襟衣服，下穿前后两幅布的吊襜。部分地区的黎族人保留着文面、文身风俗。黎族人喜欢吃水饭，肉食用火烧或生腌，腌肉掺加米粉、野菜等，酸渍后长期保存。

七、哈萨克族

哈萨克族主要聚居在新疆维吾尔自治区伊犁哈萨克自治州和木垒、巴里坤两个自治县，少数分布在甘肃和青海等地。

哈萨克族在长期的游牧生活中形成了独特的生活习惯和风俗。他们的服装多用皮毛制成，长袖肥身，便于骑乘。男子在冬天穿皮大氅，腰系皮带，右侧佩挂小刀。妇女穿连衣裙，天冷时外罩对襟棉大衣。姑娘们的花帽上常用猫头鹰羽翎做帽缨，十分美丽。妇女们所戴的白布披巾绣有各种图案。哈萨克族人以肉类和奶制品为主食。哈萨克牧民按季节转换牧场，春、夏、秋住圆形毡房，俗称"宇"，冬季住平顶土房。

哈萨克族人热情好客，在进餐时，主人献上羊头，客人要将羊头右面颊上的肉割下来放在盘中，再割一只羊耳给座上年幼的人，这是表示接受的礼节。

八、高山族

高山族主要居住在我国台湾地区。由于地区、语言的差异，高山族内部有阿美人、泰雅人等不同的分支。高山族有本民族的语言，但各地语言差别较大，没有本民族的文字。

高山族的衣服主要用麻布、棉布制成，样式各地不一。一般高山族男子穿披肩、背心、短裙、短裤；妇女穿短上衣、围裙和自肩上向腋下斜披的偏衫，在衣服上加刺纹绣，并佩戴用贝壳、兽骨磨成的装饰品。高山族人民能歌善舞，精于雕刻和绘画。

高山族人主要从事农业生产，种植水稻、旱稻、粟、黍等。雅美人以捕鱼为主，同时饲养鸡、犬、猪。排诱人主要养牛。

九、纳西族

原游牧在青海省黄河、湟水谷地的古羌人，辗转南迁至川西南、滇西北一带，并分化成不同的民族，其中就包括纳西族。"纳"有大或尊贵之意，"西"意为人。丽江纳西族的摩梭人信奉神灵，崇拜大自然，相信天地万物皆有神灵主宰。纳西族每年农历七月二十五的"转山节"祭祀狮子山，就是人们敬拜自然实体的公共祭祀庆典。丽江一带的纳西族妇女身穿宽腰大袖、前幅短、后幅长的镶边女袄，外加紫色或藏青色的坎肩，腰系百褶围裙，下穿长裤，脚穿船形绣花鞋，背披一袭缀有七个圆布圈及七对垂穗的羊皮披肩，俗称"披星戴月"，象征着纳西族妇女的智慧与勤劳。

十、傈僳族

傈僳族分布广泛，居住于不同地区的傈僳族服饰也各有特点。但他们大多喜欢红、黑、白、绿等几种颜色，并以此为基色来配色，缝制衣服。傈僳族妇女的服装式样，不同地区区别较大，怒江一带的妇女穿右衽上衣、麻布长裙，已婚妇女耳戴大铜环，头上佩以珊瑚珠等饰物，年轻女子则用缀着小白贝的红线系发辫。她们还喜欢在胸前佩玛瑙、海贝或银币串等，傈僳族将这些佩饰称为"拉白里底"。居住在泸水一带的傈僳族妇女则不穿长裙，喜穿长裤、右衽上衣，腰系一小围裙，十分精神。永胜、德宏的傈僳族妇女，服饰色彩极为鲜艳，衣服右衽，裙长及地，衣裙的边角饰有花边，长裙后块以各色布拼成图形，胸和腰都饰有银坠，美观大方。

【关键概念】

少数民族　民俗礼仪

【复习思考】

1. 你是如何理解少数民族礼仪的保护与传承的？
2. 假设你今天接到的一个旅游团里有两位不同民族的客人，分别是维吾尔族的和藏族的，请结合我们所学的相关知识来谈谈如何安排好这次行程。
3. 说说自己最喜欢的少数民族节日及其来源。
4. 简要说明各民族有哪些民族忌讳。
5. 实训题：让学生选择不同的民族，进行民俗礼仪的情景模拟。

参考文献

[1] 周公. 周礼仪礼 [M]. 曹海英, 译. 哈尔滨: 北方文艺出版社, 2016.
[2] 藏圣辑. 礼记 [M]. 哈尔滨: 北方文艺出版社, 2016.
[3] 伍新蕾. 服务礼仪与形体训练 [M]. 大连: 东北财经大学出版社, 2016.
[4] 金正昆. 社交礼仪教程 [M]. 5版. 北京: 中国人民大学出版社, 2016.
[5] 牟红, 杨梅. 旅游礼仪实务 [M]. 北京: 清华大学出版社, 2015.
[6] 马英. 旅游服务礼仪 [M]. 北京: 中国旅游出版社, 2016.
[7] 孙东亮. 旅游服务礼仪 [M]. 武汉: 华中科技大学出版社, 2017.
[8] 王丽华, 谢彦君. 旅游服务礼仪 [M]. 北京: 中国旅游出版社, 2016.
[9] 田彩云. 酒店管理概论 [M]. 北京: 机械工业出版社, 2016.
[10] 雷明化. 酒店服务礼仪 [M]. 北京: 中国人民大学出版社, 2015.
[11] 李宏, 杜江. 旅行社经营与管理 [M]. 天津: 南开大学出版社, 2015.
[12] 温燕, 王昆欣. 旅游景区服务与管理 [M]. 武汉: 华中科技大学出版社, 2017.
[13] 叶明. 商务礼仪基于国际视野礼仪 [M]. 北京: 清华大学出版社, 2015.
[14] 王兴斌. 中国旅游客源国概况 [M]. 北京: 旅游教育出版社, 2016.
[15] 李家发. 外交外事知识与国际交往礼仪 [M]. 桂林: 广西师范大学出版社, 2008.
[16] 国家民委政策法规司. 少数民族风俗与禁忌 [M]. 北京: 民族出版社, 2011.
[17] 许亚非. 中国传统道德规范及其现代价值研究 [M]. 成都: 四川大学出版社, 2002.
[18] 毕坚. 云南少数民族奇风异俗录 [M]. 广州: 广东旅游出版社, 1988.
[19] 冯友兰. 中国哲学简史 [M]. 北京: 北京大学出版社, 2013.
[20] 左慧. 新编现代礼仪现用现查 [M]. 呼和浩特: 内蒙古人民出版社, 2022.
[21] 张然. 现代礼仪规范教程 [M]. 北京: 中国纺织出版社, 2011.
[22] 陈刚平, 周晓梅. 旅游社交礼仪 [M]. 北京: 旅游教育出版社, 2015.
[23] 张宪. 公关礼仪训练 [M]. 北京: 高等教育出版社, 2022.
[24] 薛可, 余明阳. 人际传播学 [M]. 上海: 同济大学出版社, 2007.